KB216708

기독교 윤리의 숲
세상 속의 그리스도인
기독교 윤리의 숲
세상 속의 그리스도인
**기독교 윤리의 숲**
세상 속의 그리스도인
기독교 윤리의 숲
세상 속의 그리스도인
기독교 윤리의 숲
세상 속의 그리스도인
기독교 윤리의 숲
세상 속의 그리스도인
기독교 윤리의 숲
세상 속의 그리스도인
기독교 윤리의 숲
세상 속의 그리스도인
기독교 윤리의 숲
세상 속의 그리스도인
기독교 윤리의 숲
세상 속의 그리스도인
기독교 윤리의 숲
세상 속의 그리스도인
기독교 윤리의 숲
세상 속의 그리스도인
기독교 윤리의 숲
세상 속의 그리스도인
기독교 윤리의 숲
세상 속의 그리스도인

느헤미야 기독교 입문 시리즈 ⑦

**기독교 윤리의 숲** –세상 속의 그리스도인

| | |
|---|---|
| **지은이** | 김동춘 |
| **초판발행** | 2021년 3월 20일 |
| **펴낸이** | 배용하 |
| **책임편집** | 배용하 |
| **등록** | 제364-2008-000013호 |
| **펴낸곳** | 도서출판 대장간 |
| | www.daejanggan.org |
| **등록한곳** | 충남 논산시 매죽헌로1176번길 8-54 |
| **편집부** | 전화 041-742-1424 전송 0303-0959-1424 |
| **분류** | 기독교 | 윤리 | 신학 |
| **ISBN** | 978-89-7071-552-0 |
| | 978-89-7071-322-9 04230(세트) |

이 책은 저작권법에 의해 보호를 받는 출판물입니다.
기록된 형태의 허락 없이는 무단 전재와 복제를 금합니다.

 값 14,000원

느헤미야 기독교 입문 시리즈 ⑦

# 기독교 윤리의 숲

세상 속의 그리스도인

## 김 동 춘

# 차례

## 세상 속의 그리스도인

# 제1강
## 왜, 그리스도인이 세상에서 선한 영향을 끼치지 못하는가?


## 한국교회가 실패하는 이유

그리스도인임에도 불구하고 왜 우리는 그리스도인답게 살지 못할까? 오늘날 많은 그리스도인은 명목상의 신앙인으로 살아가고 있다는 것이 치명적인 위기다. 자신을 신자라고 말하는 대다수 그리스도인은 세례를 받았으며, 회심을 경험했고, 거듭났다고 확신하며, 사영리 전도방식이나 간단한 성경구절을 통해 구원의 확신에 의지하여 살아간다. 그들은 주일이면 교회를 출석하고, 교회의 충성된 교인으로 봉사하며, 기도생활에도 열심인 경우가 많고, 성경을 읽고 묵상하는 등, 누가 보더라도 규칙적이며, 성실한 신앙생활을 하며 살아간다. 많은 경우 제자훈련과 성경공부 프로그램을 이수한 신앙경력이 있다. 그들은 교회에서 집사, 장로, 권사라는 직분을 가졌다. 그런데 왜 많은 그리스도인은 전혀 신자답게 살아가지 않는가?

### 1. 분리된 신앙과 삶: 이원론 신앙

■ 그리스도인의 삶에서 하나님 사랑과 이웃 사랑, 하나님을 향한 수직적 차원과 인간을 향한 수평적 차원, 예배와 삶, 신앙생활과 생활신앙, 교

회에서의 신앙과 세상 속에서 생활이 서로 이원론적으로 분리된 채로 살아가기 때문이다. 더 정확히 말한다면, 하나님과 관련한 수직적 차원이 이웃과 세상과 관련한 수평적 차원으로 연결되지 않고, 이 두 차원이 서로 결합하지 않고 분열되어 있는데 원인이 있다. 이것은 결국, 우리 그리스도인과 교회의 모습에서 믿음과 순종, 고백과 실천, 구원과 삶, 복음전도와 사회적 책임, 하나님께 기도하는 것과 이웃 사이에서 정의를 행하는 것이 현저하게 동떨어져 있기 때문이다.

　■우리는 이것을 이원론적 신앙이라고 부른다. 이원론적 신앙이란 신앙과 삶의 두 차원이 균열되고 분리되어 있어 신앙의 총체성을 구현하지 못한 상태를 말한다. 그렇다면 이원론적 신앙은 왜 발생하는가? 그 이유는 신앙과 삶의 모든 차원이 신앙의 관점에서 통합되지 않기 때문이다. 우리 삶의 모든 것이 신앙의 관점에서 통합되지 않을 때 이원론적 신앙만이 남게 된다. 이원론은 그리스도께서 우리 삶의 모든 차원을 다스리지 않기 때문이다. 다시 말해 삶의 모든 영역에서 그리스도의 주되심의 구현에 실패했기 때문이다. 우리의 신앙이 반쪽짜리 신앙, 파편화된 신앙, 불균형한 신앙으로 남지 않으려면, 믿음과 행위, 믿는 것과 순종하는 것, 신앙의 고백과 삶의 실천이 통전적으로 결합해야 한다.


## 2. 윤리 결핍의 교리지상주의

　우리는 건강한 기독교 신앙이란 견고한 교리가 뒷받침되어야 한다고 생각한다. 그러나 성육신, 동정녀 탄생, 십자가에 의한 대속교리, 부활신앙을 확고하게 고백한다고 해서 그 자체로 좋은 신앙good faith이라고 말하는 것은 섣부른 단정에 불과하다. 이것은 그야말로 교리지상주의dogmatism 사고다. 예수님의 십자가 대속교리를 철석같이 믿는다고 고백은 하지만,

정작 십자가 고난을 즐겁게 감내하며 참여하는 제자도의 길에 따라 살지 않는 신자들이 대부분이다. 하나님의 살아계심을 믿는다고 입술로 고백하면서 정통 기독교 교리를 확고하게 강조하지만, 정작 실천적 무신론자practical atheist로 살아가는 신앙인들이 상당히 많다.

### ■ '오직 믿음으로만'의 오해

구원과 윤리, 믿음과 행위가 분리된 신학적 원인은 '오직 믿음으로만' sola fide의 오해에 있다. 종교개혁의 칭의교리에 따르면, 구원은 인간의 행위가 아니라 하나님의 은혜로 예수 그리스도에 대한 믿음을 통해 이루어진다는 '오직 믿음으로의 구원'justification by faith alone이었다. 그런데 칭의교리의 잘못된 이해로 믿음으로 죄용서 받아 의롭게 된 신자는 무슨 죄를 지었든지, 아무렇게 살아도 모든 죄를 용서받을 수 있다는 "값싼 은혜"의 교리로 변질되었다. 그리하여 "한번 구원은 영원한 구원"이라는 공식처럼, 믿음으로 구원받은 신자는 그의 행위와 상관없이 반드시 구원에 이르게 된다는 잘못된 구원교리로 인해 신자의 도덕적인 삶과 행위는 구원과 아무 관계가 없다고 가르쳐 왔다. 이는 개신교 구원교리가 마치 인간의 선행을 반대하는 것으로 간주하거나 윤리를 경시하고 불필요한 것처럼 설교함으로써 도덕 무용론 혹은 도덕 폐기론을 초래하게 되었다.

종교개혁의 정신을 따르는 개신교 신앙은 은혜로 얻는 구원만 강조하고 행함과 윤리는 소홀히 해도 괜찮다고 말한다. 그러나 종교개혁자들은 행위와 선행이 구원의 근거나 원인이 아니라는 것을 강조한 것이다. 그들은 가톨릭교회가 구원을 위해 은총과 믿음 외에도 선행과 공로가 추가되어야 한다는 점을 반대한 것이다. 그들은 구원받은 신자에게 선행과 도덕적 삶이 동반되어야 한다는 조차 무시한 것은 아니었다. 종교개혁적 신앙은 칭의와 함께 성화도 강조하였으며, 믿음과 더불어 믿음의 표지요, 열매인 행위와 사랑을 강조했다. 개신교 신앙이 행위가 약화된 이유는, 행위를 강조하면, 마치 행위구원론에 빠질 수 있다는 우려 때문이다. 공로 구원론이나 선행 구원론에 대한 경계심으로 믿음과 함께 행함을 강조하는 것을 주저한 측면이 있다.

■ 인간의 전적 부패와 무능력 교리의 잘못된 이해

전적 부패 교리에 따라 인간은 전적으로 부패하여 선을 행할 어떤 능력도 소유하고 있지 않다고 말한다. 그러나 인간은 비록 부패하였지만, 인간에게 하나님의 형상이 완전히 소멸된 것이 아니라 훼손되었으며, 그 잔여분이 여전히 남아 있다. 따라서 죄로 인한 타락에도 불구하고 인간은 여전히 하나님의 형상이며, 선을 행할 수 있으며, 양심적 기능을 유지한다. 다만, 그러한 선행 능력이 인간을 죄로부터 구원할 수 없다. 그러므로 인간의 전적 부패교리를 오해하게 되면 인간의 도덕성과 선행능력을 배제하려한다. 그러나 그리스도 밖에 있는 자연인도 탁월한 선행을 베푼다.

인간은 전적으로 부패하여 선을 행할 어떤 능력도 소유하고 있지 않다고는 생각이 지배하고 있다. 그러나 정통개혁신학에 따르면, 인간은 비록 부패하였음에도 불구하고 하나님의 형상은 박탈된 것이 아니라 심각하게 훼손되었고, 일그러져있으며, 여전히 인간에게 하나님 형상의 잔여분이 남아 있으며, 인간은 여전히 하나님의 형상임을 강조한다. 죄로 타락하였으나 인간은 여전히 선을 행할 능력이 있다. 그러나 그 선행과 선을 행할 능력이 인간을 죄로부터 구원할 수는 없다. 물론 전적부패교리는 본질적인 의미에서 인간의 선행능력을 의문시한다. 그러나 그리스도 밖에 있는 자연인도 어느 정도 선행을 베푼다. 따라서 그리스도인이 윤리적 각성을 촉구하고 도덕적 선을 강조한다고 해서 인간에 대한 전적부패나 무능력 교리와 배치되는 것이 아니다.

■ 세상에서 문화적 소명을 무시하고 저세상의 구원에만 집중하기 때문이다

내세 종말관

세대주의적 종말사상은 현세를 부정하고 다가올 천국을 대망하는 사고를 초래한다. 세상은 불타 없어질 것이므로 세상을 아름답게 하거나 세상에서 책임적인 삶을 살려고 하는 것은 불신앙적이라는 것이다. **구명선신학**Lifeboat Theology처럼 그리스도인들은 이 세상을 신속히 탈출하여 천국에 들어가는 것이 급선무라고 말한다. 그리하여 하나님나라를 내적인 영역으로 축소하거나 먼 미래로 넘겨버린다. 그러나 세상을 창조하신 하나님은 세상을 사랑하여 그리스도를 통해 구속하셨으며, 그리스도인들을 세상 속으로 파송하셔서 이 땅에 하나님의 나라가 임하기를당신의 나라가 임하옵시며 소망하면서 삶의 모든 영역에서 문화명령을 수행하기를 원하신다.

피안적 종말관

오도된 종말사상으로 하나님나라가 저세상에서만 실현된다는 사고이다. 하나님나라의 현재적 실현을 부정하면, 이 세상에서의 신자의 삶의 의미가 부정되고 만다. 이 사고에 따르면 세상은 불타 없어져 버릴 도성이다. 신자에게 세상을 아름답게 보존하고, 세상에서 성실한 삶을 살아야 할 의무가 없어지게 된다. 신속히 세상을 탈출하여 천국에 들어가는 것이 급선무가 된다. 그러나 하나님은 세상을 창조하신 후 세상을 경작하고, 문화를 창달하여 역사의 발전을 위해 이바지하도록 문화명령을 위임하셨다.창1:28

■ 사적 신앙(private faith)으로서 기독교

사적 신앙은 신앙의 목표를 개인구원과 개인 경건에만 치중한다. 예수 믿는 이유는 구원받고 마음의 평안과 행복을 얻으며, 죽은 다음 천국 가

기 위해 신앙생활을 한다고 생각한다. 이런 기독교 신앙은 개인의 내면적 경건에 머물러 있다. 예수 믿는 첫째 이유를 오로지 '천국 가는 것'에 두기만 한다. 예수 믿으면 심령의 평안을 얻고, 가정이 평안하고, 만사가 형통한다고 생각한다. 이것이 신앙의 사사화privatization이다. 기독교 신앙의 차원을 오로지 '하나님과 나'에 집중하거나, 가족의 행복과 안녕에 제한하면서, 교회의 울타리를 넘지 못하고, 신앙의 공공성을 확보하지 못하고 있는 것, 이것이 한국교회가 지닌 왜곡된 신앙의 현주소이다.

# 한국교회가 경계해야 할 두 가지 요소: 이원론과 세속화

## 1. 이원론적 신앙

### 1) 믿음과 행함의 이원화

#### ■ 행위와 분리된 구원중심의 신앙

한국교회의 설교와 가르침에서 예수 믿는 목적과 신앙의 이유를 '구원' 받고 천국 가는 것에 초점을 맞춘 결과 구원 그 이후 신자의 삶과 행위는 소홀하게 취급되어 왔다. 교회의 신앙훈련은 그리스도인의 건강한 삶과 윤리에 대해서는 거의 가르치지 않는다. 오로지 구원중심의 신앙에 편중해 있다. 교회에서 성경공부나 제자훈련에서 매번 확인하는 질문은 "죄 사함 얻었습니까?", 혹은 "거듭났습니까?, "구원의 확신이 있습니까?" "지금 당장 죽는다면 천국 갈 확신이 있는가?" 등의 질문이었을뿐, "구원받은 신자로서 어떻게 세상 속에서 성경적 원리와 가치를 가지고 살아갈 것인가?", "교회 안에서 그리스도의 제자로서, 그리고 사회의 시민으로서 어떻게 살아갈 수 있을까?" 등의 문제는 가르치지 않는다. 이제 한국교회는 기독교 신앙의 기초에 맴도는 수준을 넘어서 세상 속에서 그리스도인의 삶을 더 고민하고 가르쳐야 한다.

## ■ 신앙과 삶의 불일치

예수님에 대한 믿음과 이웃과 세상 속에서 삶과 행위가 서로 분리된 채 살아간다. 믿음생활은 잘하는 것처럼 보이는데주일성수, 헌금생활, 교회봉사, 세상 속의 그리스도인과 시민으로서 삶은 불량하고 저급한 수준이라면, 그것을 좋은 신앙인이라고 할 수 있겠는가? 이제 한국교회는 구원받은 그리스도인이지만, 동시에 양심적이며 시민교양을 갖춘 건강한 인간이 필요하다.

한국 그리스도인들에게 가장 치명적인 문제는 '신앙과 삶의 분리'에 있다. 신앙은 좋은데, 윤리적으로는 부도덕한 삶을 살아가는 그리스도인이 많다. 교회생활과 일상의 삶이 통합되지 않고, 불일치한다. 그래서 교회는 성장했고, 기독교 인구는 늘어났고, 기독교의 사회, 물리적 영향력은 증대했는데도 복음의 원리가 개인과 사회와 문화와 제도 등 삶의 전 영역에서 구현되지 않고 있다. 결국, 신앙과 삶이 이원화되어 있는 것이 문제이다. 지금의 한국교회의 문제는 믿음이 결여된 신앙보다 행위 없는 신앙, 도덕이 결여된 신앙이 더 문제다. 따라서 신앙과 삶, 구원과 윤리가 동떨어진 이원론적 신앙을 극복하고, 양자를 균형 있게 통전적으로 결합하는 노력이 급선무라 할 수 있다. 그래서 이제는 '신앙생활'이 아니라 '생활신앙'으로 가야한다.


## ■ 교회와 세상의 이원화

한국교회는 교회 안의 신자인 교인을 양육하는 데 집중했다. 목회자가 원하는 성도는 '세상 속의 그리스도인'이 아니라 주일성수와 십일조 생활, 그리고 교회봉사에 충실한 '교회안의 그리스도인'이다. 그래서 많은 목회자들은 "예배에 목숨 걸라"고 하면서 예배 출석은 강조하여 교회를 위해 충성된 신자로 양육하는 데는 열중했지만, 직장과 일터, 일상의 삶, 그리고 사회의 공적 자리에서 상식과 교양, 도덕성을 갖춘 시민으로 살아가도록 세상 속의 그리스도인을 양육하는 일에는 거의 관심조차 없었다. 신앙생활은 곧 교회생활이 전부라는 생각에 머물고 있을 뿐, 세상에서 그리스도인들이 어떻게 살 것인가에 대해 설교와 교육을 통해 전혀 양육되고 있지 않은 실정이다. 이것은 한국교회의 신앙 형태가 여전히 교회당 중심의 신앙과 성속이원론적 신앙에 머물러 있음을 보여준다.

교회당 중심의 신앙: 한국교회 성도들의 신앙형태는 주로 예배활동주일예배, 주중예배과 기도생활새벽기도, 금요기도회, 그리고 개인적인 신앙성장을 위해 개인적인 묵상큐티에 열심하며, 양육을 위해 성경공부와 제자훈련에 치중하고 있다. 한국교회가 일반적으로 요구하는 모범적인 그리스도인은 주일성수, 십일조, 교회봉사가 기준이 되어 있다. 그렇게 훈련받은 평신도들의 목표는 집사, 권사, 장로가 되어 교회 직분상의 서열에 따라 상승하는 것으로 인식하고 있다. 바로 이런 이유로 한국교회는 여전히 예배당 중심의 기독교를 극복하지 못하였으며, 그로 인해 세상 속의 그리스도인, 사회적 제자도를 따라 살아가는 그리스도인을 양육하는 데 실패하였다.

## 2) 이원론적 신앙이란?

■ 이원론적 신앙은 영적인 영역영혼과 육적인 영역육체, 성스러움과 속된 것을 분리시킨다. 그뿐만 아니라 전자는 거룩하고, 후자는 속되어, 피해야 할 것으로 간주하는 관점이다. 이원론적 세계관은 교회 '안'과 교회 '밖', 현세와 내세, 예배와 일상, 종교적 활동과 세속적 활동을 이분법적으로 분리하고 배척한다. 이것은 성속이원론의 신앙형태라고 할 수 있다.

교회 안에서 이루어지는 종교적 활동예배드리는 일, 찬양, 기도, 교회봉사은 거룩한 일이고, 세상 속에서 행하는 일직장, 돈벌이, 여가활동은 속되고 불경건한 일이 된다. 또한, 강단에서 설교하는 목사직이나 구령사업에 힘쓰는 선교사와 복음전도자는 하나님의 소명에 부응하는 직임이고, 천사도 흠모할 만한 영적 직분이며, 일상의 직업활동과 인간적인 삶식사, 우정, 대화, 놀이, 잠자기, TV시청, 영화관람은 영적인 것도 아닐 뿐 아니라, 신앙과 아무 상관없는 일이라고 생각한다.

■ **예배와 삶, 주일과 일상의 이원론**: 주일은 주님께 드리는 시간이고, 주의 날이므로 성별하여 지켜야 하는 거룩한 날이고그래서 주일성수라고 부른다, 평일은 세속적인 날시간이므로 경건하게 보내든 그렇지 않든 상관할 바 없는 날이라고 생각한다. 이것은 결국, 예배와 삶이 이원화가 된 그리스도인의 모습이다.

■ **교회안의 그리스도인과 세상 속의 그리스도인 사이의 이원론**: 우리는 교회에서 성도로, 신자로, 직분자로 살아가는 모습과 세상 속에서 직장인과 월급쟁이로, 회사에서 상사와 직원으로 살아가는 두 종류의 모습에서 너무나 괴리된 방식으로 살아간다. 그러나 이러한 이원화의 모습은 도덕적 행위에서 그릇된 것이 아니라면, 기능적 측면에서 이원화는 문제 될 것이 없지 않은가?

■ **성속이원론**: 교회는 거룩한 곳이고, 교회 밖의 세상은 죄악된 곳으로 이분법적으로 처리하거나, 예배드리고, 기도하며, 교회 사역하는 것, 그래서 목사, 선교사로 서원하여 살아가는 것은 하나님의 뜻에 합당한 '거룩한 부르심'의 일이지만, 이 세상과 세상에 속하여 인간적인 일을 하며 살아가는 것은 죄스럽고 속된 삶을 사는 것으로 간주한다. 그리하여 세상 속에서 행하는 일과 활동은 아예 부정적인 차원이거나, 아니면 천국 갈 때까지 이 땅에서 최소한의 생존을 위해 어쩔 수 없이 수행하는 소극적 차원으

로 격하된다. 그러므로 신자가 영적인 일<sup>여기서 영적인 일이란 교회 섬기는 것, 전도</sup>여기서 영적인 일이란 교회 섬기는 것, 전도와 예배에 힘쓰는 것이다, 다시 말해 종교적인 활동에 헌신하지 않고, 세상 직업에 빠져 돈벌이를 하며 살거나, 연애하거나 카페에서 친구들과 노닥거리며 시간을 보내는 것, 취미 생활이나 여가활동을 즐기는 것, 가정에서 소소한 행복을 추구하거나 정치적 행동에 참여하거나 다양한 시민활동을 하며 살아가는 것 등을 죄다 그리스도인으로서 합당하지 않는 '배설물'로 여기는 사고방식이다. 그래서 그리스도인은 세속과 세속적 일에 물들지 말고, 세상과 세상 문화와 분리하여 살아가야 한다고 강조할 때, 그것이 바로 성속이원론이다.

■ **영육이원론:** 성속이원론은 영육이원론과 유사하지만, 다른 표현이기도 하다. 영육이원론은 영적인 것은 거룩하고, 고상하나 육적인 것은 죄스럽고 악하다는 사고다. 성속이원론이 장소나 영역에 따라 좋고 그름을 구분 짓는 개념이라면<sup>교회는 성스럽고 세상은 속되다</sup>, 영육이원론은 "영혼은 선하지만, 육체는 악하다"라고 하여 영靈과 육체의 존재 자체를 선악의 이분법적 도식으로 갈라내는 존재론적 개념이다. 영혼 혹은 정신은 선하고, 육체軆 혹은 물질은 그 자체가 악하다는 이원론은 성경적 관점이 아니라 플라톤주의화된 비기독교적 이원론이다. 성경의 창조교리에 따르면, 물질계인 창조물을 매우 '선하다'고 선언하고 있으며, 그리스도는 육체를 입은 인간으로 오셔서, 육체의 고난과 죽음을 통해 구속을 성취하셨으며, 사도신경은 몸의 부활을 구속의 최종적 희망임을 고백한다.

■ **존재론적 이원론과 윤리적 이원론:** 이원론은 '하늘과 땅', '정신과 물질', '영혼과 육체'의 관계를 총체적으로 접근하지 않고, 이 둘을 양분하여 분열적으로, 그리고 상하관계와 우열관계 바라보는 관점을 말한다. 그런

데 이러한 이원론은 존재론적 윤리론ontological dualism에 해당한다. 반면 그리스도인으로 신앙생활하는 모습과 세상 속의 자연인으로 살아가는 모습이 균열되어 있고, 상반된 모습으로 살아간다면, 윤리적 이원론ethical dualism에 해당한다. 믿음과 행함, 신앙과 삶, 구원과 윤리, 교회에서 신앙과 세상 속에서 삶이 분리된 채 일치된 모습을 보이지 않는다면, 그것은 윤리적 이원론이다. 성속이원론과 영육이원론은 존재론적 이원론이지만, 윤리적 이원론과 연관되어 있다. 한국교회가 당면한 이원론의 문제는 존재론적으로, 그리고 윤리적으로 이원론의 방식으로 살아가는 데에 있다.

### ■ 이원론 신앙에서 총체적 신앙으로

한국교회가 세상 속에서 선한 영향을 끼치지 못하는 이유는 신앙과 삶이 따로국밥처럼 동떨어져 있기 때문이다. 신앙은 삶으로 연결되지 않고, 삶은 신앙에 비추어 살고 있지 않기 때문이다. 교회에서의 신앙과 세상 속에서 삶이 전혀 불일치하는 방식으로 움직이고 있기 때문이다. 본회퍼는 "하나님은 우리를 종교로 부르신 것이 아니라, 삶으로 부르셨다"고 말한 바 있다. 여기서 본회퍼가 말하는 종교란 습관적으로 행해지는 예배와 기도, 식사기도, 혹은 묵주나 성호를 긋는 것 등, 내면의 자각과 삶의 변화 없이 행해지는 종교의식儀式과 종교적 관습에서 보이는 기독교의 모습을 말한다. 아브라함 카이퍼Abraham Kuyper 역시 기독교는 종교가 아니라 하나의 삶의 체계Life System라고 정의를 내린 바 있다. 삶이 동반하지 않고 삶이 빠져 있는 기독교 신앙은 진정한 기독교가 아니라 반쪽짜리 기독교에 불과하다. 기독교는 단순히 '종교' 그 이상이다. 그런 점에서 믿음과 행함, 신앙과 삶, 구원과 윤리, 교회와 세상이 이분법처럼 나누어진 이원론 신앙은 총체적 신앙으로 결합하여 온전한 기독교로 거듭나야 한다.

우리의 주님은 믿음의 주님일 뿐 아니라 삶의 주님이 되셔야 한다. 그는 우리의 구주Savior만이 아니라 주Lord가 되셔야 한다. 그리스도는 교회에서나 세상에서나, 우리의 모든 삶의 자리에서 주님으로 다스려야 한다. 그리스도는 교회의 주님만이 아니라, 일터와 직장에서, 돈주머니를 사용하는 소비와 경제활동에서, 정치적 영역에서도, 학문과 예술, 여가와 취미생활 등 삶의 모든 영역에서 주님이 되셔야 한다. 이원론을 극복하는 길을 삶의 전 영역에서 그리스도의 주재권을 구현하는 것에 있다. 그리스도를 믿음의 주님으로 고백하는 것을 넘어서 매일의 삶에서 우리의 주님이 되지 않는다면, 그는 모든 것 안에서 주님이 아니다.

## 2. 세속주의적 신앙: 문제는 이원론이 아니라 세속화다

한국교회가 직면한 새로운 과제는 이원론이 아니라 세속화 문제에 봉착하였다. 성속이원론과 영육이원론이라는 이원론과 씨름하던 한국교회는 세속화가 찾아오게 되자 어느 사이 이원론 문제는 물 건너갔다는 것을 감지하게 되었다. 이제 누구라도 이원론을 걱정하지 않는다. 오늘날 그리스도인들의 세계관에서 육체, 물질, 지상적인 것, 현세적인 것이 그 자체가 악하다고 생각하지 않는다. 그런데 바로 이런 범주들은 종래의 한국교회가 극복해야 할 이원론의 문제들이었으나, 오늘의 그리스도인 누구도 영혼과 정신만이 선한 것이며, 물질과 육체는 그 자체가 악하다고 생각하지 않는다. 적어도 한국교회의 신앙의식에서 존재론적 이원론ontological dualism은 극복되었다. 물론 그들의 의식구조 안에 여전히 물질보다 정신이, 육체보다 영혼이 우선하는 '존재의 층위'라든가 전자가 후자보다 '열등하다'는 사고는 어느 정도 혼재하지만, 적어도 오늘의 기독교인들은 영혼과 육체, 정신과 물질을 이분법적으로 상하와 우열관계로 바라보지 않는다. 그리스도인이라고 하여 '육체 없는 정신'영혼을 강조하는 관념론적 인간관이나 '영혼 없는 육체'만의 유물론적 인간관은 배격하고 있다. 또한, 오늘날 그리스도인들의 세계관은 이 세상 저편과 내세의 영원한 삶만을 동경하는, 현세의 지상적 삶을 혐오하는 이원론적 세계관에서 이미 탈출하였다. 오히려 그들은 내세와 현세, 저 천국과 지상의 삶, 영혼구원과 함께 몸의 건강과 물질적 번영이 서로 모순된다고 생각하지 않고 긍정적으로 바라보고 있다. 어떻게 이런 관점이 가능했을까? 그 이유는 세속화에서 찾을 수 있다. 근대적 사회의 변동으로 이원론적 세계관이 저물고 세속화 사회가 도래하자 무의식적으로 현세와 육체성, 물질성을 긍정하게 되었다.

그런 점에는 지금의 한국교회는 표면상 이원론은 극복되었다고 할 수 있다. 여기서 주목할 것은 한국교회가 극복한 이원론이란 존재론적 이원론을 의미하는 것이지, 윤리적 이원론ethical dualism이 아니다. 즉 구원받은 신자이나 비윤리적인 인간으로 살아간다거나 믿음은 있지만 행함이 없으며, 교회에서의 삶과 세상 속에서의 삶이 이원화된 채 살아가는 그런 의미의 이원론은 여전히 한국교회 전반에 만연된 신앙인의 모습이다.

**이원론이 물러가고 세속화 신앙이 도래했다.**

그러나 분명한 것은 한국교회는 영육이원론이나 성속이원론같은 그런 의미의 이원론은 이제 더는 문제가 아니다. 세속화는 이원론을 자연스럽게 극복할 수 있게 해주었다. 지금의 문제는 이원론이 아니라 세속화에 직면한 기독교가 어떻게 세속화 현상이라는 당혹스러운 곤경을 극복할 것인가가 새로운 과제로 대두되었다. 지금의 한국교회는 근대화의 개발성장기를 거치면서 육체와 물질, 그리고 현세적 삶을 긍정하고 찬양하면서, 건강, 복지, 웰빙, 물질의 번영과 같은 요소들에 더욱 적극적인 의미를 부여하였고, 그것들을 소유하려 했으며, 오히려 그런 요소들을 집착하면서 확보하려는 상황에 이르렀다. 세속화가 도래하기 이전 이원론의 패러다임에서는 현세적 삶으로부터 내세로 도피하려 했고, 물질은 악하므로 육체의 건강은 신자의 관심사가 아니라고 생각했고, 물질의 부요함은 신앙인이 추구할 가치가 아니라고 여겨왔던 신앙적 동인動因들이 세속화 시대로 진입하자 신자들의 내면에 거대한 역전이 일어났다. 요약한다면, 이원론 신앙은 세속화 신앙으로 전환된 것이다. 세속화의 도래로 미래의 저 천국은 지금 여기의 현세 천국으로 바뀌었으며, 영적인 부요함은 물질의 부요함으로 대체되었으며, '영혼의 구원', '몸의 건강', '범사에 잘됨'과 같은 번영신앙의 요소들은 왜곡될 해석의 여지가 많음에도 불구하고 '총체적 구원'wholistic salvation으로 포장되어 설파되기에 이르렀다. 사실상 기복주의와 주술적 무속신앙의 변형이라 할 수 있는 '적극적 사고방식'로버트 슐러, 노먼 빈센트 필, 지그 지글라과 자기 최면술이나 다를 바 없는 '긍정의 힘'과 '잘되는 나'조엘 오스틴의 긍정 심리학은 현대인의 성공과 번영 심리를 탐욕의 복음으로 변질시킴으로써 십자가의 복음을 나쁜 종교로 만들어 버렸다.

### 현세 초월적 세계관이 물러나고, 현세 내재적 세계관이 찾아왔다

정리한다면, 이원론dualism에서 세속화secularization로의 이동은 근대화 과정이 파생시킨 사회적 변동과정이자 이행과정으로 일종의 사회적이며, 세계관적 패러다임 전이paradigm shift를 말한다. 세속화secularism는 현실의 세계가 세계 밖의 초월적인 신적 의지나 힘으로 움직여 나간다고 믿는 현세 초월적 세계관이 물러나고, 그 자리에 내재적 세계관이 찾아옴으로써 이제 세계는 외부의 보이지 않는 힘에 의해서가 아니라 세계 내부의 인과론적因果論的 합법칙성과 인간의 자유의지와 결정에 따라 운영된다고 생각하는, 일종의 이신론적 세계관에 가까운 세계관적 인식의 거대한 변동을 의미한다.

### 주술적 세계관에서 세속화 사회로의 이동: 피할 수 없는 사회의 발전 과정

그러므로 세속화는 전근대적 사회에서 근대화로의 사회적 변동에 따른 피할 수 없는 이행과정이며, 그것으로 파생된 세계관적 변환이다. 따라서 세속화 자체가 나쁜 것은 아니다. 어떤 의미에서 초월적 세계관에서 현세 지향의 세계관으로, 이원론에서 세속화로의 이행은 보편적인 맥락에서 인간 의식의 성숙에 따른 자연적인 변화라고 할 수 있다. 그러므로 근대적 세계관으로 살아가는 인간이 그 이전의 주술적 세계관으로 돌아갈 수 없다. 근대 세계는 이미 마법과 주술의 힘으로부터 풀려난 탈신화화의 세계가 되었으며, 합리성이라는 시계장치에 의해 유지되고 있으므로 다시금 세속화 이전의 주술종교의 세계나 초월성의 세계로 환원할 수 없다. 물론 그렇다고 하여 사회학의 오판처럼, 현대사회가 탈종교 사회가 되거나 종교 없는 사회로 넘어가지는 않는다. 종교성과 종교적 의례는 여전히 개인의 심리적 내면과 사회의 전통과 관습, 그리고 정치라는 공공영역에까지 세속화 사회 한복판에서 강력한 영향을 미치고 있다. 그러나 세속화 시대의 종교는 신화적 세계관에 좌지우지되거나 근대 이전의 주술종교나 주술신앙의 형태로 존립하지 않고, 윤리적이면서 합리적인 신앙 형태를 보이게 되고, 무엇보다 세속성을 긍정하는 방식으로 존립한다. 물론 세속화 시대의 종교도 초월성을 추구하기는 하지만, 그 종교의 성향은 현세화, 물질화, 사사화를 특징으로 하는 세속화된 종교로 존재한다.

### 세속화에 의한 사회적 변동은 세속주의적인 왜곡된 신앙을 초래하였다.

그런데 문제는 초월성의 세계가 내재성의 사회로 넘어오면서, 종래에는 초월과 현세로 이원화된 세계관을 보유하면서, 인간의 현세적 삶이 초월성에 의해 긴밀한 영향을 받으면서 초월세계와 교류하고 그것의 영향력에 의존하며 살아왔던 삶의 방식이 세속화의 이행과정에서 결과적으로는 세속주의적 신앙으로 변이가 일어났다는 것이다. 이원론이 기독교 신앙을 세상 도피적 종교로 만들어 그리스도인을 세상과 부적응하게 했다면, 세속화는 그리스도인을 세상과 세속문화에 적응하고 길들이도록 하였다. 왜냐하면, 세속화는 그리스도인으로 하여금 세속성을 긍정하여 세상 문화와 가치를 거부감없이 수용하게 함으로써 결국, 그 체제 안으로 동화하도록 만들기 때문이다. 결과적으로 세속화에 직면한 기독교가 그 본래의 신앙 영성을 보존하지 못하고, 철저 제자도 정신으로 세속화의 흐름에 저항하지 못할 때, 세속화 시대의 기독교는 세속주의의 욕망과 탐욕의 포로가 되어 혼탁한 종교로 전락하게 된다. 기독교적 세속주의는 복음, 구원, 하나님 신앙이 초월성에서 내재성으로 이동할 때 일어난다. 물론 여기서 말하는 초월성과 내재성의 범주는 존재론적 의미에서 초월성은 선이며, 내재성은 나쁘다는 뜻이 아니다. 왜냐하면, 현세성과 물질성, 육체성, 그리고 세속성과 같은 내재성의 범주들은 그 자체가 죄스럽거나 악한 것이 아니기 때문이다. 문제는 이것들이 그리스도인의 삶의 방향과 가치를 주도하는 동인動因이 되었을 때, 내재성의 신앙은 초월상실의 신앙이 되면서 1) 급기야 세속주의적 기독교 이념으로 변질된다는 것이다.2) 세속화는 사회적 변동과정이므로 세상 속의 그리스도인과 교회가 맞이하게 되는 불가피한 과정이지만, 그 세속화가 그리스도인과 교회의 사고와 삶의 방식에 왜곡된 가치와 방향성과 결합할 때, 의도하지 않게 비도덕적인 결과들이 파생된다는 것이다. 그러므로 우리는 세속주의의 오염으로부터 성도

---

1) 미국 복음주의 교회의 치명적인 문제를 내재성으로의 회귀와 초월성 상실에서 그 원인을 찾는 사례로는, 데이비드 웰스, 『거룩하신 하나님』, 윤석인 옮김, 부흥과개혁사, 2007; 칼 헨리, 『복음주의자의 불편한 양심』, 박세혁 옮김, IVP, 2009.

2) 초월신앙이 극단의 근본주의 신앙 형태에서 나타나듯 언제나 나쁜 신앙 유형은 아니다. 내세 초월신앙은 그것이 현실 도피로 퇴각하지 않는다면, 개인의 욕망을 이겨내고, 사회의 악의 힘에 저항하면서 세상을 변혁하는 신앙의 동력으로 전환될 수 있다. 주기철 목사는 내세 초월의 종말관에 서 있었지만, 그가 품고 있던 내세에 대한 희망과 재림신앙 때문에 일제에 맞서 일사각오의 순교를 보여주는 사례라고 할 수 있다.

의 거룩한 삶을 지켜내기 위해 세속적 정신과 가치로부터 자신을 구별되어 살아가도록 힘써야 한다. 세속주의라는 거대한 세력 앞에 대항하지 않은 채 그 흐름에 동화되고 길들게 될 때, 세속화라는 사회 현상이나 사회적 과정에 머물지 않고 기독교 신앙의 도덕성과 가치를 타락시키는 세속주의에 빠지게 될 것이다.

### 세속화 시대를 살아가는 그리스도인은 어떻게 살아야 하는가?

세속화 시대에 우리는 어떻게 세속주의라는 늪에 빠지지 않고 진정한 그리스도인으로 살아갈 수 있을까? 어떻게 우리는 세상에 살면서도 죄악된 세상악한 문화와 구조들에 길들여지지 않고 살아갈 수 있을까? 그 대답을 "우리는 세상 속에 머물러 있지만, 세상에 속하지 않는다"We are in the world, but not of the world라는 고전적인 명제에서 찾을 수 있다. 우리는 이원론에서 그랬던 것처럼, 세속성worldliness과 세속적 삶을 경멸하지는 않으면서, 현세적 일이 땅의 일들에 열중하며 살아가며, 이 땅의 것들로 둘러싸여 살아가면서도, 이 세속적 삶의 방식과 일상의 삶을 죄스러운 것으로 정죄하거나 멀리해서는 안 될 것이다. 그것은 또다시 이원론적 신앙으로 회귀를 의미하며, 그런 방식은 충분한 해답이 될 수도 없다. 세속화 시대의 그리스도인은 몸의 건강을 추구하며 살아가며육체성, 지속 가능한 삶의 보존과 유지를 위해 물질의 필요들을 위해 힘쓰며 살아가야 하며물질성, 더좋은 삶good life, 웰빙well being의 삶을 위해 육체적이고, 물질적 번영지상성과 현세성을 추구할 수 있다.3) 그러나 우리의 신앙이 초월성은 내팽개치고, 내재성에만

---

3) 이원론적 세계관에서는 물질성, 육체성, 지상성의 범주들은 그리스도인이 추구해서는 안 될 것들로 간주되어 이를 배척했지만, 이러한 요소들은 창조주 하나님에 의해 제공된 아름다운 선물들에 속한다고 말할 수 있다. 그러나 이러한 '보시기에 좋은 것들'이 어느 순간 기독교인의 절대 가치가 될 때, 그것은 하나님의 선한 선물이 아니라 세속적인 욕망과 탐욕의 목표로 변질된다. 그런 점에서 사회정의와 공평을 추구하는 진보적 사회변혁을 추구하는 기독교에서 물질의 부요함과 자아의 행복, 그리고 나르시시즘에 빠지는 근본주의 우파 기독교를 향해 '웰빙 기독교'로 규정하면서 비판하는 것은 당연하다. 김진호의 '웰빙-

치닫거나, 내세의 희망은 망각한 채 현세에서의 풍요와 번영만을 추구하거나, 이웃과 타자들이 겪는 비참에 무감각한 채 나만의 행복과 형통만을 추구한다면, 그러한 신앙은 그야말로 물질구원주의4)와 나르시시즘<sup>자기애</sup>에 빠진 자아 행복주의 신앙이며, 이것이 바로 세속주의 기독교 신앙의 모습이라 할 수 있다. 세속화 시대에 직면한 그리스도인은 이원론만큼이나 세속주의를 경계하면서 철저 제자도의 신앙으로 살아가야 할 것이다.

---

우파와 대형교회'(8): 돈과 신앙, '착한 동거'의 논리를 찾아서, http://weekly.khan.co.kr/khnm.html?mode=view&code=115&artid=201608161705431

4) 구원물질주의란 물질 만능주의로서, 돈의 전능함을 신봉하며, 의료적 성과나 과학기술의 힘을 통해 인간의 복지와 웰빙의 삶 모두가 보장받을 것이라는 맹목적인 확신을 말한다.

# 교회 친구에게 보내는 세속화와 세속주의 기독교에 관한 글

## 왜 교회는 사회에서 뒤처진 집단으로 전락했는가?

과거에는 교회가 사회를 선도해 갔는데, 왜 지금의 교회는 세상보다 뒤처진 집단이 되고 말았는가 하는 질문을 자주 받고 있네. 여기에 그 원인을 나름대로 이렇게 정리해 보았네.

한말 개화기에 교회가 복음을 받아들이면서 선교사들을 통해 서양문물의 운반처 역할을 하였다네. 그러면서 교회는 당시 사회 집단가운데 가장 선진적인 곳이라고 인식되었다네. 그러니까 교회는 의료, 복지, 신학문 같은 선진화된 서양문물을 실어 나르는 유통의 산실이 되었고, 교회의 목사는 우리 사회에서 상당히 지식인층에 속한 계층이었다네. 그런데 교회를 통해 제공된 선진문화의 유통 결과로 우리 사회는 상당한 성장과 발전을 가져왔다네. 여기서 서구문화가 과연 선진적인가 하는 문제는 지금의 논의에서 건너뛰도록 하세. 그런데 지식과 의료, 복지의 첨병이었고, 그것의 전달자 역할을 했던 교회는 이 세상을 향해서는 상당히 과학적이고 합리적인 문화를 전달해 주었으면서, 정작 자신들은 교회 안에서 늘 하던대로 "믿음으로", "은혜로", 그리고 '하나님의 기적을 믿으라'는 비상식적인 사고방식을 주입한 결과 점점 교회집단은 일반사회보다 뒤처진 집단이 되고 말았다고 생각하네.

사회는 점차 민주화되고, 탈권위 사회로 진화되어 가는데, 본래는 가장 진보적이고 선진화된 문화를 간직하고 있던 교회는 시간이 흐르면서, 더욱 남성우월적인 사고방식과 가부장주의, 권위주의, 비민주적 사고 안에 갇혀 버리면서 교회운영이나 생각하는 방식이 상당히 구태의연함을 고집하면서 우리 사회로부터 가장 낙후된 집단이 되고 말았다는 것이 내 생각이라네. 더구나 가장 거룩함, 경건함, 세상과 구별된 삶의 방식을 추구해야 할 종교집단인 교회가 이상하게도 가장 세속적인 욕망을 붙들고 살도록 신자들을 향해 설교와 훈육을 통해 가르쳤을 뿐 아니라, 목회자 자신들도 세속적인 욕망에 휘말린 결과 지금의 비참한 결과를 낳게 되고 말았다는… 한국교회가 세상보다 못한 집단으로 전락한 배경을 이런 각도에서 설명할 수도 있지 않을까 생각하네.

### 교회의 세속주의, 단순히 도덕적 타락 때문일까?

그러나 더 근본적인 원인은 따로 있다네. 우리는 단순히 교회가 이렇게 된 것은 전부 도덕적으로 타락해서 그렇다고 생각하면서, 목사들을 향해 화를 내며 열을 내는데, 물론 목사들의 도덕적인 타락이 원인인 것은 분명하네. 그럼 "왜 목회자들이 그렇게 타락의 길로 가고 있는가" 하는 것이네.

나는 거기에는 그럴만한 분명한 이유가 있다고 생각하네. 한국교회가 타락한 원인 중의 하나는 바로 교회의 신앙이 이원론 신앙에서 세속화된 신앙으로 이동한 결과로 생겨난 것이라고 진단한다네. 그런데 더 중요한 것은 교회가 이렇게 된 것은 우리 사회에 어떤 변동이 찾아 왔기 때문이라네. 80년대를 기준으로 한국사회는 세속화 시대로 접어들었다네. 80년대가 되면서 우리 사회가 전통적인 가치를 중시하는 사회에서 부요함, 물질 숭배, 성공지향적 가치들이 전면으로 등장하게 되었다고 생각하네. 그리고 80년대가 군사독재 시대였지만, 전두환과 노태우 같은 집권자들은 자신들의 군사정권의 정당성을 위해 우리 사회에 일정한 분야를 풀어주기 시작했네. 그래서 80년대가 접어들면서 해외여행 자유화, 통금해제, 칼라 TV 보급, 스포츠 경기 활성화, 포르노 상업의 증가 등이 일반화되면서 우리 사회의 목표가 과거에는 '황금 보기를 돌같이 하라'였지만, 언젠가부터 강남개발 등, 부동산 개발이 시작되면서 벼락부자가 생기기 시작했고, 그러다가 점점 일반인들도 부동산 투기 대열에 합류하게 되었고, 서점가에는 『부자 아빠, 가난한 아빠』, 『10억 벌기』 등이 우리 사회의 대중들이 추구하는 가장 중요한 인생 목표로 설정되기 시작했네. 어쩌면 그때부터 한국사회는 욕망이라는 전차에 올라타기 시작했다고 할 수 있을 것 같네.

**문제는 초월신앙의 상실과 구원물질주의다.**

그런데 원래 한국의 전통사회에서는 '현세와 저세상', '지금 여기의 세계와 이승의 세계' 사이가 단절되어 있지 않고, 서로 긴밀하게 연결되어 있어서, 현세의 삶을 어떻게 살았냐에 따라 이승에서의 행복이 결정된다는 사고가 존속되어 있었다네. 바로 이것 때문에 '초월세계에 대한 존중과 연결 심리'가 있어서, 이것이 현세의 삶을 살아가는데, 어느 정도 도덕적인 가치관을 유지하게 만들어 주었다고 생각하네. 그러나 천박한 자본주의 사고가 유입되자 사람들은 물질구원주의에 사로잡히게 되었다네. 물질구원주의란, 물질만이 우리를 구원할 수 있다는 사고라네. 그러니까 이제 정신적 가치, 예를 들어 '호랑이에게 물려가도 정신만 차리면 살 수 있다', '개천에서 용 난다'. 이런 신념들이 어디론가 사라져 버렸다네. 이제는 나는 금수저인가, 흙수저인가, 각 개인에게 태어날 때부터 물려받은 물질적인 조건, 연줄, 인맥, 출신 배경이 성공적인 인간이 되기 위한 아주 중요한 조건이 되어버렸네. 그래서 인간의 삶에서 중요한 것은 '존재'가 아니라 '소유'가 우리의 덕목이 되어버렸다네. 결국, 사람을 평가하는 현대인의 관점은 '존재적 인간'에서 '소유적 인간'으로 탈바꿈했다고 할 수 있네.

**한국교회 신앙이 물질과 현세적 욕망의 종교로 변질되어 간 것이 문제다.**

이렇게 세속화된 사회가 도래하자, 전통적인 유교사회에서 지탱해 왔던 초월세계에 대한 동경이나 의미부여가 거의 사라져 버리고, 오직 현세에서 행복과 성공과 번영만이 중요한 삶의 목표가 되어버렸다네. 한 마디로 세속화 이후 한국인들은 초월세계로부터 현세지향적 인간으로 변모하게 되었네. 그런데 이런 세속주의 사고가 우리 사회에 널리 퍼지게 되자, 그런 사고의 물결이 종교적 가치를 추구해야 할 교회에도 물밀듯이 찾아와서 강단의 설교도 이런 세속주의 흐름에 물들어졌고, 목회자들의 의식 구조에도 그런 가치들을 복음적 가치인 양 생각하게 되면서, 목사들도 그렇게 설교로 가르쳤지만, 교회 다니는 평신도들도 자연스럽게 "예수 믿으면 부자된다"라고 말하기 시작하였다네. 그러나 교회가 점점 더 솔직하게 세속욕망을 드러내기 시작했는데, "부자 되는 것이 하나님 뜻이다", "네 처음은 미약하였으나 네 나중은 창대하리라", 그리고 예수 믿으면 영혼만 구원받아 천국 가는 것이 아니라, 영혼은 천국 가지만, 육신도 건강하고몸의 건강, 물질적으로 부요하게 되고물질의 번성, 만사의 형통범사가 잘되는을 누리는 세속화된 신앙인을 길러내게 되었다네. 물론 이것을 기복주의라고 부르고 있네.

교회는 이렇게 내용적으로 세속주의적 이념을 자기 것으로 체화하였지만, 교회선택도 역시 상업주의나 소비주의적 사고에 물들기 시작했다네. 교회를 마치 백화점에서 마음에 드는 상품을 고르듯 하고, 교회 선택에서 중요한 사항이 주차장과 프로그램이 잘 갖춰진 교회를 찾기 시작했네. 그리하여 한국교회는 소비주의 신앙인 혹은 소비자 종교를 탄생하게 만들었고, 늘 하는 이야기지만, 번영신앙과 행복주의에 물든 자기애나르시시즘로 충만한 신앙인을 양산하게 되었다고 할 수 있네. 결론적으로 나의 소견으로는 세속화 현상이 찾아온 것은 근대화 현상으로 인해 어쩔 수 없는 사회의 발전 과정이지만, 그런 세속화 정신과 가치관을 교회가 복음의 정신으로, 성경적 가치로 이겨내지 못하고, 기독교가 이 거대한 세속주의 욕망의 물결 안으로 휘말려가면서, 그것에 길들기 시작했고, 이제는 그런 이념들이 마치 복음인 양 설교하고 말하는 목회자들과 신자들이 너무 많아졌다고 할 수 있겠네. 그래서 한국교회 타락의 원인은 단순히 목사 개인이나 교인들의 도덕적 결핍이나 도덕적 해이 때문이라기보다 전통사회에서 세속화 사회로 이동하는 한국사회의 변동기에 따른 도덕적 불감증이 한국교회의 도덕적 부패의 원인이 있다고 진단할 수 있겠네.

이처럼, 현대인의 의식구조가 초월세계로부터 물질주의적 욕망의 구조로 탈바꿈한 것에 대해 중국의 유명한 인문 사상가가 쓴 책에 중국인들에게 자본주의 사고가 들어오면서 물질, 즉 돈이 최우선이 되면서 중국인들의 사고방식에도 초월세계가 상실되면서 그 자리에 물질구원주의가 팽배한 사회가 되어버렸다는 진단을 읽고 나서 나의 이런 추론이 나름대로 근거가 있다고 확신하게 되었다네.

세속화 시대가 찾아오자 한국교회의 신앙 구조에도 커다란 변동이 찾아 왔다는 증거가 몇 가지 있네.

### 한국교회 신앙 의식의 변동, 개신교 신앙은 어떻게 달라졌는가?

■ 영혼구원을 강조하던 기독교가 이제는 물질과 육체의 구원을 강조하게 되었다네. 그러니까 영혼 구원받아 천국 간다는 신앙관은 사라지고, 물질의 부요와 육체의 건강, 그리고 현세에서 행복이 중요한 신앙적 가치로 둔갑했다는 것이네.

■ 현세 종말관의 등장: 지난날 전통신앙은 임박한 내세 종말과 내세 천국을 강조했는데, 지금은 죽은 다음에 들어갈 천국보다 지금 여기서 천국을 만들어야 한다고 생각하기 시작했네. 천국은 다른 곳이 아니라 지금 여기, 이 세상이 천국이라는 생각이 많아지고 있다는 것이네. 과거에는 현세에서 내세로 들어가는 천국이었으나, 지금은 현세 천국만을 꿈꾸고 있는 경향이 강하다네. 이것이 바로 세속주의 신앙의 특징의 하나라고 할 수 있네.

■ 무소유 신앙이 사라졌다: 무소유를 강조했던 법정 스님이 열반했을

때, 그의 화두가 워낙 강렬해서 기독교인들에게도 상당한 영향을 미치고 있을 때, 한국교회의 대형교회 목회자들이 그날 주일설교에서 말하기를, "기독교는 무소유의 종교가 아니라 유소유의 종교다. 우리는 예수 안에서 풍요한 삶, 부요한 삶이 목표다. 그러니 무소유를 꿈꿀 필요가 없다". 이렇게 망발식의 설교를 했다고 하네. 그것은 이미 교회목회자들가 교인들에게 "더 많이 소유하라", "네 입을 크게 열라", "주님의 축복받아 더 많이 누리며 살라", "부자 되는 것이 하나님의 뜻이다". 이렇게 설교했기 때문에 무소유라는 가치를 방어할만한 마땅한 논리를 찾기 어려웠기 때문이라고 생각하네. 결론적으로 한국교회는 우리 사회에 밀고 들어 온 세속화라는 거대한 파도를 저항하거나 대항하지도 못한 채 순응적으로 타협한 결과 이런 교회 타락의 결과를 빚어 왔다고 생각한다네.

이제 정리하려네. 물론 내세 천국만이 답이 아니고, 그렇다고 현세 천국이 전부 문제가 있는 것은 아니네. 성경은 둘 다 말하고 있네. 하나님나라는 이 세상 속에도 임하는 것이니까. 그러나 항상 모든 것에는 양날의 칼날이 있으니 분별해서 판단해야 하네. 이것으로 마치네. 그냥 내 생각을 정리할 겸사겸사 끄적거렸다고 생각해 주시게. 밤늦게 미안하네.

한 가지만 더 사족을 달겠네. 한국교회의 타락은 개인의 도덕적 부패가 모여, 그것이 집단화되어 나타난 현상으로 설명하기보다 우리 사회가 전반적으로 세속화 현상이 일어나면서 거기에 크리스천 개인의 신앙과 교회의 전체 분위기가 이전과는 다른 방향으로 변화하면서예를 들어 초월적 신앙에서 현세지향적이고, 물질지향적 사고, 육체적 관심, 존재에서 소유로의 가치관의 변화 등 생겨난 일종의 집단현상의 결과라고 보아야 한다네. 그러니 교회의 타락현상을 개인의 도덕적 부패에서만 찾으려하는 개인주의적, 도덕주의 관점으로는 설명하기에는 어려운 점이 많다네. 교회의 타락을 개인의 도덕관이나 가치관의 변화, 그리고 행동양식을 개인의 도덕적 성향이나 기질에서만 볼 것이 아니라 사회적 구조의 변화에서 바라보는 사회실재론에밀 뒤르카임으로 보아야 한다는 것이네. 이 말은 개인의 변화로 사회가 변화하기보다 사회의 변화가 개인을 변화하게 만든다, 개인의 도덕적 가치관의 변화는 사회의 변화에 개인이 흡수되어 떠밀려가는 것이라는 전제가 깔려있다는 뜻이네. 왜 사교육이 좋지 않다고 생각하면서도, 다들 자녀교육을 위해 사교육에 매달리는가?, 왜 너도나도 부동산에 쏠렸다가 이제는 주식에 열광할까?, 왜 다들 명품을 소유하려 할까?, 이것은 단지 개인의 욕망 분출만이 아니라 사회적 욕망이 개인을 덮어버린 것이라고 보아야 한다는 게 내 생각이네.

그럼 교회가 갈 길은 무엇일까? 이런 세속화, 더 정확히 말해 세속주의화 된 현상 앞에 교회가 성경의 근원적인 가치로 그리스도인들을 단단하게 훈련시켜야 한다고 말하고 싶네. 그런데 이것은 다시 세속화에서 이원론 신앙으로 돌아가거나 현세 추구적인 사고에서 금욕주의로 회귀해야 한다는 의미가 아니네. 우리는 기독교적 관점에서 **현세성, 물질성, 육체성**을 긍정하고 이것들을 누리며 살되, 다시 말해 부 자체가 죄악이 아니라 부를 탐닉하는 것, 물질 자체가 죄가 아니라 물질주의적인 인간으로 사는 것, 섹스나 쾌락 자체가 죄가 아니라 쾌락주의적으로 사는 것 등, 그러한 요소들 안에 함축된 세속주의적인, 그러니까 속물화된 요소를 식별하여 이것을 신앙의 힘으로 이겨내야 한다는 것이네. 결론은 세속화 시대에 크리스천들도 여기에 적응하면서도 그것을 뛰어넘는 신앙의 자원과 힘을 구축해야 한다는 것이네.

# 재정리

# 세속주의에 물든 기독교

**세속화 시대의 기독교: 초월신앙의 상실과 물질욕망의 한국교회**

1. 한국교회의 세계관적 모형변이－이원론에서 세속화로

**이원론을 넘어서자 세속화가 기다리고 있었다.**

| 성스러움 | 영적 | 신앙불합리에도 믿는다 | 하나님 | 초월세계 저편 |
|---|---|---|---|---|
| 세속적인 | 육적 | 이성합리적이라야 믿는다 | 세상 | 내재현실 여기 |

**초월세계가 해체되었다.**

세속화 시대 이전에는 초월세계가 현실세계의 사고방식과 행동방식을 결정지었다.

근대 이전의 인간은 두 세계를 통일적으로 생각했다: 경험세계현세와 초월세계영원의 일치. 경험세계 바깥에 현실세계와 다른 영원한, 궁극적인 세계가 있다는 믿음을 가지고 있는데, 이런 믿음이 분쇄되었다.

### 세속화의 도래

■ 세속화란 이 세계의 신성함의 제거를 말한다. 세계는 신들로 가득 차 있으며, 세계의 운명은 외부의 신적 힘에 의해 작동되고 있다는 생각이 붕괴되는 것이 세속화다.

■ 그런데 기독교의 창조신앙은 신화로 이해된 세계관, 즉 세계의 신성화로부터 자유하게 하여 세속화를 촉발시킨다.

■ 세속화는 정신과 물질, 성스러움의 영역과 속된 영역을 양분하여, 현실세계에서 초월적인 것과 성스러움을 추방시켰다.

■ 그리하여 세상은 마법으로부터 풀려남으로 탈주술화된 세계가 되어 세속화된 세계가 되었다.

### 세속화의 결과

■ 세속화 시대의 세계관: 세계는 알 수 없는 초월적인 힘에 의해 좌우된다는 두려움이 제거되고, 합리성에 의해 운영된다고 믿는다. 인간의 자율능력에 대한 확신.

■ 성인된 세계는 **해결사 하나님**(기계장치의 하나님), **틈새를 메꾸는 신**을 호출하지 않는다.

■ 이신론적 신자: 신은 세계를 창조하셨으나 자율적이 된 세상을 이젠 통치하지 않는다. 하나님은 나의 삶 전체의 주권자가 아니라 종교영역이나 해결 불가능한 경우에만 요청한다.

■ 세속화는 신자들의 삶에서 하나님은 축소되고, 자아의 욕망의 자리는 확장된다.

### 한국사회는 어떻게 초월세계가 해체되고 세속화가 도래했는가?

근대화: 농경사회 ⇒ 산업사회 ⇒ 물질주의 사회

### 세속화가 초래한 물질구원주의 인간

• 욕망적 자아: 초월세계를 동경하지 않고, 오로지 현세적이며 물질적 욕망을 갈망하는 인간이 출현한다.

• 물질구원주의: 물질만이 우리를 구원할 수 있다는 신앙. 물질만을 전능한 신으로 숭배하여 물질 만능에 물든 맘몬 숭배적 인간이 등장한다.

• 도덕적 가치관은 존재에서 소유로 이동하여 물욕적 인간, 소비적 인간, 소유적 개인주의에 몰입한다.

• 초월적 가치와 종교적 관심에서 멀어지게 되고 도덕적 가치를 추구하지 않고, 현세에서의 성공과 욕망추구를 위한 목적지향적인 인간으로 살아간다.


### 2. 세속화는 기독교 신앙에 무엇을 가져왔는가?

초월신앙에서 세속화로 이동, 세속화 시대의 물질 욕망에 사로잡힌 교회


### 초월신앙의 상실

• 이 세상 너머의 궁극적 관심을 상실했으며, 초월적인 하나님나라에 관한 소망을 내던졌다.

• 내세 구원과 영혼구원에 대해 거의 관심이 없다. 현세구원 신앙으로 바뀌었다.

• 미래의 하나님나라를 희망하는 종말신앙은 해체되고, 그 자리에 현세적이고, 세속주의적인 종말관으로 대체되었다.


### 물질적이며, 현세적인 구원관

• 건강, 형통, 행복을 추구하는 신앙

• 물질구원주의, 자아중심의 신앙: 나르시시즘 신앙

- 기복신앙, 형통신앙, 번영신앙, 행복주의 기독교.
- 적극적 사고방식로버트 슐러, 긍정의 힘, 잘되는 나조엘 오스틴
- 물질주의적 욕망에 물든 기독교

**물질욕망에 포로된 교회의 신앙**
- 불경건한 축복을 욕망하는 그리스도인들
- 세속주의로 물든 기독교가 복음으로 포장된 사례

■ 구원의 물질성: 오순절신학육체의 건강, 물질의 부요과 해방신학구원의 지상성
■ 영혼의 구원, 육체의 건강, 만사형통: 영적 구원 외에 육체적 건강과 물질의 부요함을 강조하면서, "오히려 총체적 구원관이 아닌가". 순복음이 말해왔던 그 복음이 총체적 구원이요 통전적 복음이라는 우스꽝스러운 주장.
■ 십자가 고난이 빠진 축복과 형통의 복음이나 철저한 제자도 없는 행복주의 복음은 복음의 변질이요, 세속주의 복음이다!

## 3. 세속화 시대의 기독교, 어디로 가야 하는가?
**주술신앙으로 복귀?**
■ 세속화에 반대하여 주술신앙으로 복귀할 수 없다.
세속화는 역사발전의 필연적인 과정이므로 불가피하다. 우리가 경계할 것은 세속주의secularism이지 세속화secularization 자체는 아니다.
■ 초월신앙을 잃어버렸다고 하여 그 해답을 주술신앙마법신앙으로 복귀하는 것은 아니다.
**주술신앙: 마법적 종교: 기적, 초월능력, 비합리**
■ 주술신앙은 하나님의 살아계심을 기적이나 비합리, 즉 자연법칙 밖

에서만 일하신다고 생각한다. 그렇게 되면 합리적 규칙 세계, 즉 합법칙의 세계인 일상의 영역에서 하나님의 현존을 생각하지 못한다.

■ 마법적 신앙은 하나님께서 비상한 방식으로 기적을 발동하실 때만, 하나님이 살아계시다고 생각한다. 그리하여 기적 없는 인간적인 세계, 자연법칙이 지배하는 영역에서는 하나님께서 부재不在하신다고 생각하게 된다. 그러나 우리의 삶은 대부분 일상으로 채워져 있으며, 자연법칙 내에서 진행되고 있다.

■ 신앙인의 삶을 비범성과 예외성, 특별함으로만 채워져야 한다고 생각하면서 그것들만 갈구하는 것만이 건강한 신앙이 아니다.

■ 믿음 안에서 살아가는 신앙인들도 일반성, 평범함, 자연법칙의 세계 안에서 살아간다.


### 계몽화 된 도덕신앙이 해답인가?

도덕종교: 이신론, 이성적 기독교

■ 기독교는 도덕종교이다. 종교는 대개 주술신앙에서 도덕신앙으로 발전한다.

그러나 도덕성은 기독교 신앙의 하나의 요소이지, 도덕성만이 기독교 신앙 전부는 아니다. 기독교를 도덕종교로 끌어낸 철학자는 칸트I. Kant이다.

■ 기독교 신앙은 몰이성적거나 반이성적이지 않고 초이성적이다. 물론 이성적이기도 하다.

신앙은 '믿기 위해서 이해한다'도 중요하지만, '불합리하므로 믿는다' Credo quia absordum도 가능하다.


**초월신앙이란 주술종교로 복귀하는 것도 아니며, 그렇다고 세속화 시**

대에 걸맞은 도덕종교로 타협하는 것도 아니다.

■ 자유주의적 개신교 신앙은 자신들을 계몽된 교회로 자처하면서 기독교 신앙의 초월성을 미신적 신앙으로 치부하는 경향이 있다. 또한, 도덕적 가치관에서 관용과 자율성이라는 이름으로 도덕적 개인주의나 무정부주의적 사고로 치닫는 경향이 있다.

■ 위 두 가지의 위험: 기독교 신앙을 개인의 주관적인 종교경험이나 도덕적 신념으로 축소해버린다. 기독교 신앙의 합리적이고, 객관적이며, 보편타당한 **공적 진리**public truth의 측면이나 신앙의 독특성과 특수성이 상실될 우려가 있다.

■ 그렇게 되면, 신앙은 사적인 영역에서나 믿을만한 것이 되면서, 기독교 신앙은 개인의 주장이나 의견이 되고 만다. 여기서 또 다른 **신앙의 사사화**가 출현한다.

■ 기독교는 보편적이며 공적인 진리이면서, 동시에 **인간 이성으로는** 이해 불가한 측면이 있으며, 그래서 신앙은 **초월적인 요소**가 있으며, 비범성의 차원이 있다.

### 어떻게 가야 하는가?

• 기독교의 세속성의 측면을 주목해야 한다.본회퍼

기독교가 교회, 골방, 수도원에서만 통용되지 않고, 이 세상 전체에서, 그리고 세속적 삶의 한복판에서도 믿어지도록 하려면 복음과 신앙의 세속적 의미를 새롭게 이해해야 한다.

• 동시에 세속화 시대를 살아가는 그리스도인들은 **신앙의 초월성**을 주목해야 한다.

여기서 초월성이란 현실에서 도피하는 초월이나 내세 지향적 초월만이 아니라 현세적인 삶을 살면서도 신앙의 궁극적인 의미와 가치를 추구하는 초월을 말한다.

■ 중재의 길: 양극단을 피하고 서로를 연결 짓는 방안
• 영원한 지금, 내재적 초월, 일상속의 초월– 변증법적 논리
• 상관관계의 방식을 통한 중재 틸리히

근본주의자들은 인간의 상황을 도외시하고, 위로부터 들려오는 하나님 말씀만 듣기만 하라고 하고, 자유주의자들은 초월적인 말씀을 무시하고, 말씀을 인간 상황에 맞추려고만 한다.
• 궁극 이전의 것과 궁극적인 것본회퍼
• 하나님 차원과 인간의 차원은 결코 배타적인 것은 아니다. 신성과 인성이 성육신을 통해 분리되지 않고 나누어지지 않고 결합되었듯이 초월신앙과 내재신앙, 초이성적인 신앙과 이성적 신앙, 저 편을 향한 신앙과 지금 이 편을 향한 신앙은 결합되어야 한다.

■ 철저한 제자도의 길
• 세상적인 삶의 방식과 주류 문화를 거부하고, 이에 맞서는 대항문화공동체로서 교회를 지향하면서, 철저한 제자도radical discipleship의 기독교 신앙으로 탈바꿈이 필요하다.

# 보충강의 1

# 기독교인들이 흔히 잘못 생각하는 것들

## 1. 예수님이라면 어떻게 하실까?

사회문제나 교회문제로 갈등상황이 발생했을 때, 경건한 그리스도인들이 흔히 사용하는 어법의 하나가 "예수님이라면 어떻게 하실까"[5] 물어보라고 권면한다. 그들의 대답에 의하면 이렇다: 틀림없이 주님은 이 상황에서 분노하거나 불만을 표하지 않으시고, 묵묵히 기도하셨을 것이다. 그리고 인내하시면서 하나님의 뜻에 맡기셨을 것이다. 모든 문제 앞에서 우리가 할 일은 그저 기도할 뿐이며, 하나님께서 해결하시도록 그분께 모두 맡길 뿐이다. 이런 신앙어법은 개인적인 문제이든, 사회문제이든, 또한, 교회문제이든, 기독교인들이 직면하는 다양한 문제 앞에서 목회적으로 처방되는 묵종주의의 전형적인 사례다. 그러나 이런 방식은 우리에게 직면한 문제에 아무런 해결책을 주지 못한다. 더구나 이런 대답은 문제의 원인을 자신에게 돌리면서 도리어 자신을 향해 자기책망과 자기학대로 결론짓게 만든다. 이러한 순응주의 방식을 예수님께서 취하신 유일한 방법이라고 단정하는 것은 대단한 착각이며 아전인수격 해석이다.

---

[5]) 찰스 쉘던의 "예수님이라면 어떻게 하실까"는 여러 출판사에서 출간되었다. 그러나 본래 쉘던이 이 질문을 던졌을 때, 그는 예수님이라면, 가난한 사람들의 문제에 외면하지 않으시고, 그들을 적극적으로 돕고 보살폈으리라는 취지로 이야기를 기술하고 있다. 많은 경우 이 질문은 정치적 사안이나 동성애, 차별금지법 등의 문제에 대처하는 보수기독교가 접근하는 방식으로 활용되고 있다.

## 2. 예수님만으로 충분합니다.

예수만이 해답입니다. 복음이면 충분합니다. 예수님은 모든 문제의 해답입니다.

이런 구호들은 신앙적인 것처럼 들리지만, 사실은 매우 위험할 수 있다. 우리는 이런 신앙관을 경계해야 한다. 왜냐하면, '오직 예수!' 같은 이런 구호는 구원의 유일한 길로서 예수 그리스도를 강조하는 논리라면 몰라도, 개인의 문제나 이웃이 처한 고통의 문제나 사회문제를 해결하는데 타당한 해결책을 주지 못하기 때문이다. 설교단과 길거리에서 외쳐대는 이런 구호성 멘트는 공허함을 줄 뿐이다. 그리스도인이 세상을 살아가는데 있어서 '오직 믿음', '오직 복음', 오직 예수'만으로 해결되지 않는 문제들이 너무 많다. 그리스도를 '절대 신앙'으로 살아가는 신앙인에게도 예수와 복음 말고도 인간 이성과 지성, 분별력이 있어야 한다. 이성 없는 믿음, 타당성이 결핍된 복음, 합리성이 배제된 예수신앙은 인간사회에서 건강하고 상식적인 삶을 살아가는 데 있어서 치명적인 해악을 가져올 뿐이다.

물론 그리스도인은 예수에 대한 철저한 따름제자도과 복음을 위한 전적인 헌신을 결단할 수 있으며, 그래야 한다. 그러나 분별없이 사용하는 과격한 결단주의는 시민사회, 공공의 삶, 보편상식, 통념적 사고를 깡그리 무시하거나 붕괴시킴으로써 사회적 혼란과 무정부적 사태를 초래하는 경우가 많았다. '오직 예수', '오직 복음'으로 모여든 광적인 신앙집단과 이단들은 대부분 어느 정도 환각상태에 빠진, 즉 몰아적인엑스터시 형태를 띠었으며, 그들로 인해 사회적으로나 기성 기독교에 치명적인 결과를 초래한 경우가 매우 빈번했다.

또한, 선교지 상황에서도 오직 복음만으로 충분하지 않다. 선교를 위

해서는 복음과 함께 떡이 필요하다. 선교사역에서 '오직 복음', '오직 예수
'만을 외치는 것은 추상적인 관념놀이에 불과한 것이 될 수 있다. 복음전
파는 입술로 증거하는 행동만이 아니라 복지적 필요와 의료적 도움, 그리
고 문화적 도구들이 반드시 포함한다. 참된 선교는 '오직 예수'나, '예수를
믿으라'고 외치거나 선포만 하지 않고 이웃과 대화하는 것이며 정의를 실
천하는 일과도 연관된다.

### 3. 문제의 원인을 사회에서 찾지 마라. 개인이 문제이지 사회구조가 아니다.

정치적으로 민감한 문제가 사회적 이슈로 제기되거나, 교회 공동체에
심각한 부조리와 부패가 발생했을 때, 설교자들은 문제 제기자들을 교회
의 화평을 해치는 자로, 그리고 갈등 유발자로 규정한다. 그러면서 사회의
갈등문제는 사회 내부나 사회구조에 있는 것이 아니라 바로 나에게서 문
제가 있으니, 나를 돌아보라고 권고한다. 천주교회에서 한때 유행한 "내
탓이요" 캠페인이나 "요나"선지자가 문제라는 설명이 그것이다. 이런 접근
방식은 사회문제를 내면화하여, 아무런 해결책을 찾지 못하게 된다.

### 4. 사회문제는 교회의 과제가 아니다. 교회는 복음을 전하여 영혼을 구원하는 기관이다.

교회의 정치참여나 사회행동이 요구되는 시점에 흔히 변호되는 어법이
다. 교회의 사명은 오직 영혼구령이라는 지상과제에 집중해야 하므로 세
속적인 문제에 개입해서는 안 된다는 논리이다. 교회와 국가는 분리되어
야 한다는 고전적인 정교분리 원칙을 주로 사용해 왔거나 로마서 13장을

인용하여 교회는 국가의 권위에 복종해야 한다고 가르쳐 왔다. 그러나 최근 보수교회의 적극적 정치참여와 반이슬람, 반동성애 운동에 참가함으로 이러한 고전적인 어법은 무너지고 있다.

## 5. 기독교는 도덕이 아니다

기독교는 윤리가 아니라, 구원과 믿음의 종교일 뿐이다.

"복음은 결코 도덕이 아니다", "기독교는 오직 은혜의 종교다", 이렇게 말하면서, 신앙과 도덕은 모순인 것처럼 말한다. 그러면서도 교회가 왜 그렇게 도덕적이지 않으냐고 비난한다. 기독교는 도덕이 아니라는 반도덕적 사고의 뿌리는 근대 자유주의 기독교와 월터 라우쉔부쉬의 사회복음에 대한 보수기독교의 거부감에서 출발한다. 그러나 성경은 구원과 함께 윤리를, 신앙고백과 함께 신앙실천을, 믿음과 함께 선한 행실을 줄기차게 강조하고 있다. 구약성경은 가난한 자들과 약자들에 대해 이스라엘 백성들의 책임적인 윤리와 배려를 명령하고 있으며, 예언자들의 주된 메시지는 고위관리들의 도덕적 부패와 불의함에 대해 고발하고 있다.

## 6. 교회와 기독교인들이 아집과 독선에 빠지는 이유는 세상과 불신자들에 대해 잘못된 편견을 가지고 있기 때문이다.

이 세상은 죄악으로 인해 타락한 장소라는 인식 때문이다. 세상 사람들은 모두 죄인들이며, 세상은 온통 부패했으며, 하나님의 심판대 앞에 설 것이다. 이 세상과 불신자들은 하나님의 저주 아래 있으며, 흑암의 권세 아래 살고 있다고 생각한다. 그러나 자신들은 하나님의 선택받은 자녀로서 구원받은 사람들이며, 하나님의 특별하신 은총을 입은 사람들이다. 기독교인들의 이런 배타적 사고 때문에 세상을 무가치하게 바라보거나 비신 앙인들의 삶을 무의미하게 평가하는 기독교인들이 있다. 이런 사고는 그 야말로 아집과 독선에 빠지게 하고 있으나, 이런 사고는 지금에 와서는 전 혀 설득력도 없으며, 망가져 버린 사고가 되었다.

# 보충강의 2

# 어떻게 하면 해로운 신앙에서 탈피할 수 있을까?: 신앙과 이성

　신앙만능주의 혹은 신앙지상주의는 이성과 합리적 사고를 전혀 고려하지 않는다. 신앙생활에서 이성을 강조하고 합리성을 말하는 것을 마치 불신앙적인 태도로 사고하는 것은 이성을 일반은총의 선물로 주신 것을 무시하는 반신앙적 사고이다. 왜냐하면, 그리스도인의 삶의 방식에서 비이성적 신앙사고가 주는 폐해는 엄청나기 때문이다. '오직 믿음만'이란 구호는 구원의 유일한 근거라는 점에서만 타당하다.

## 신앙과 이성의 관계유형

| 유형 | 기본명제 | 해 설 | 사례 |
|---|---|---|---|
| 대립관계 | 신앙은 이성에 대립한다 (신앙주의) | 신앙은 불합리하다. 따라서 신앙은 이성을 배격한다. | 터툴리안 |
| 종합관계 | 신앙과 이성은 보완적이다 (상호보완) | 신앙은 이성과 서로 보완적이며, 균형과 조화되어야 한다. | 가톨릭적 종합주의 |
| 일치관계 | 이성은 신앙과 일치한다 (이성주의) | 신앙은 이성적이라야 한다. 따라서 신앙의 비합리적인 요소를 추방한다. | 근대적 계몽주의 |
| 역설관계 | 신앙과 이성은 별개이나 동등하다.(distinct, but equal) (역설적 분리주의) | 신앙은 신앙이고, 이성은 이성이다. 신앙과 이성은 별개의 영역이다. | 근대적 분리주의 |

## 1. 대립관계: 신앙은 이성에 대립한다.(신앙주의) – 터툴리안적 대립

■ 기본입장: 신앙은 그 자체가 불합리한 것이므로 이성과 충돌한다.

불합리하므로 믿는다. 아테네와 예루살렘이 무슨 상관이 있는가? 아카데미철학는 교회와 함께 무엇을 이룰 수 있을 것인가?

■ **불합리하므로 믿는다.**

신앙은 이성에 조화될 이유가 없다. 신앙은 그 자체가 불합리한 것이다. 터툴리안은 '예수 그리스도에 대해 사색할 필요가 없으며, 복음에 관해 탐구할 필요가 없다'라고 하여 이성을 거치지 않는 직접적인 신앙을 강조했다.

그가 헬라철학은 이단의 어머니요, 모든 악의 뿌리라고 한 것은 기독교 진리의 타당성을 헬라철학적 이해에 근거하는 시도를 반대한 것이며, 신앙의 독특성을 강조한 것이었다. 터툴리안의 의도는 신앙은 이성과 불일치하는 그 점이 오히려 역설적으로 진리가 되며, 신앙은 불합리하더라도 믿을 만한 가치가 있다는 점을 강조한 것이다.6)

■ 페트루스 다미아니P. Damiani: 이스라엘 사람들은 철학이라는 머리털을 밀어 버려야 한다. 손톱의심의 결과도 잘라내야 한다. 민21:10-13, 7)

### 문제점

■ 이 관점에 따르면, 이성혹은 지식은 복음의 거침돌장애물이다. 신앙을 이성적으로 사고하는 태도를 정죄시하여, 이성에 대한 적개심이나 이성 사용을 불신앙으로 이해하는 태도이다. 이런 관점은 신앙이란 논리나 합리적

---

6) 강학순, "신앙과 이성: 기독교철학적 관점", 신학지평, 제12집(2000), 봄, 여름, 137.

7) 고대 이스라엘 전쟁법에서 노예로 잡아온 여자 포로들을 어떻게 다룰 것인가에 대한 보도이다. 이 본문을 알레고리칼하게 해석하여 철학이라는 머리털을 밀어버려야 한다는 것이다. 즉 불필요한 이론들을 없애버려야 한다는 것이다. 손톱도 잘라내고, 전에 입었던 옷도 벗겨낸 다음에 신부로 맞아들여야 한다. 그리하여 여자 포로는 주인의 여종으로 남아야 한다. 이런 해석에 근거하여 교회는 중세철학을 '신학의 시녀'로 다루었다.

설명이 불가하므로 따지거나 묻지도 말고 무조건 믿고 순종해야 한다고 말한다.

■ 이러한 경향을 **신앙주의**fideism 혹은 **신앙지상주의, 과격한 신앙주의, 신앙근본주의**라고 부른다. 그러나 비이성적이고 비합리적 신앙, 열광주의 신앙은 매우 해악을 끼친다. 합리와 이성이 모자라면 주술신앙, 무속신앙이 된다. **신앙 만능주의**는 건전한 신앙을 파괴한다. 신앙은 합리적 판단과 지성과 이성의 사용을 배척하지 않는다. 그러나 이단종파나 극단적 신앙 집단은 건전한 이성의 사용을 신앙의 적이나 불신앙으로 간주하려 한다. 의술과 기도의 능력은 모순되지 않고, 서로 보완된다. 페니실린은 하나님께서 인간에게 주신 일반은총의 선물이다. 하나님은 매사를 항상 이성과 합리성을 뛰어넘어 행하는 분이 아니다. 하나님은 비상섭리나 기적도 사용하지만, 자연질서와 자연법칙 안에서 일반섭리를 사용하여 세상을 다스리신다. 그리스도인이 항상 초자연적인 돌발변수나 예기치 않는 기적에만 의존하는 신앙은 좋은 것이 아니다.

■ 성령의 역사를 핑계로 이성의 분별력을 마비시켜서는 안 된다. 성령충만은 이성을 마비시키는 것이 아니라 이성의 이해력을 더 분별력 있게 한다.[8] 성령의 역사하심을 빌미로 이성적 사고를 추방하고, 몰아지경의 열광주의의 폐해를 주의해야 한다.


### 신앙은 이성을 무조건 배척해야 하는가?

■ 신앙은 많은 경우 초자연적 영역하나님, 천국, 영원한 세계을 다루므로 이성의 영역을 초월한다. 그러나 이성과 지식은 복음의 거침돌장애물이 아니라, 하나님을 논리적으로 설명하는 변증하는 수단이 될 수 있다.

■ 이성은 그 자체가 악마적이거나 사탄적인 것이 아니다.

---

8) 그러므로 어리석은 자가 되지 말고 오직 주의 뜻이 무엇인가 이해하라. 술 취하지 말라 이는 방탕한 것이니 오직 성령으로 충만함을 받으라(엡 5:17-18)

바울은 결코 지식을 배격하지 않는다.고전3:18-20, 골2:9, 고전1:19-21 철학이나 학문, 지성은 인본주의나 배설물처럼 버려야 할 것이 아니다.빌3:8; 골2:8. 20-21, 3:10 바울의 공격대상은 지식이 아니라 영지주의, 금욕주의, 유대교 전통숭배골2:16, 먹고 마시는 것, 절기, 안식일 등이다.

■ **신앙만이 아니라 이성도 하나님의 선물이다.** 이성은 구원에 도달하게 하는 특별은총의 방편은 아니지만, 하나님의 일반은총이므로 선용하고 활용해야 한다. 바울은 자기 시대에 이성과 지성을 사용하던 소피스트와 에피쿠로스 철학자들을 진지하게 대했다: 아레오바고에서 바울의 변론.행17:16-34

■ 구속된 이스라엘에게도 애굽의 보화는 필요로 했다. 애굽 학문과 무술은 출애굽을 위한 모세에게 필요한 도구였다.

■ 노아의 방주 건조술, 브사렐과 오홀리압의 금속 세공술은 이성에 기초한 기술력이었다. 여기서 여호와의 신이신 성령은 구원의 활동이 아니었지만, 기술력이라는 자연적 능력에서 공교히skillfully 세공할 힘을 불어 넣어주었다. 성령의 작용은 이성과 지성을 사용하는 일반은총의 영역에서도 활동하신다.

■ 예수님은 '지혜로운 청지기'의 지혜사용을 책망하기보다 본받아야 할 것으로 예증을 든다. 이는 인간의 지성 능력 자체가 악하거나 쓸모없다는 의미가 아니다.

■ 에덴동산에서 뱀의 간교한 지혜는 지혜 자체가 악한 것이 아니라 악한 수단으로 사용한 것이 잘못된 것이다.

■ **과도한 신앙주의(fideism)는 위험하다.** 신앙은 이성과 합리를 적절히 균형과 조화를 유지해야 한다. 신앙활동에서 이성을 배척할 것이 아니라 잘 사용해야 한다. 기독교 신앙에서 지성을 경멸할 때, 신앙의 파괴가 일어난다. 물론 신앙은 인간의 생각, 지혜, 판단을 내려놓고 온전히 하나님의 뜻

에 순종하는 것이다. 신앙은 이성의 영역 너머에서 일어난다. 신앙의 신비는 인간 이성을 뛰어 넘는 일어기도 하지만, 동시에 신앙 사건은 인간의 이해력을 동반하면서 진행된다. 그러므로 기독교 신앙은 언제나 '이해를 추구하는 신앙'Faith Seeking Understanding이다.

## 2. 신앙과 이성은 보완적이다.(상보적 종합) – 가톨릭적 종합주의

### 1) 그리스도교와 헬레니즘의 융합

초대교회 이후 기독교가 예루살렘을 벗어나 그리스 로마지역으로 퍼져나갔을 때, 단순히 성경이나 복음만 가지고 간 것이 아니었다. 당시 널리 퍼져있던 그리스철학과 사유구조 안으로 들어가서 신앙을 변증해야 했다.변증가들의 출현 그 당시 기독교는 그리스철학의 이성과 기독교의 신앙의 만남을 통해 세계종교가 될 수 있었다.

■ 유스티누스Justinus: 인간 이성Logos은 그리스도교의 계시를 받아들일 수 있다. 인간 정신은 본래부터 하나님에 대한 관념과 자연법을 지니고 있으므로 이 관념은 이미 인간 정신을 그리스도교로 향하게 한다.

'이성을 따라 살았던 모든 사람은소크라테스, 헤라클레이토스 그리스도 이전의 그리스도인들이었다.'

■ 클레멘스: '율법이 히브리인을 그리스도에게 이르도록 교육하듯이 철학은 헬라 세계를 그리스도에게 이르도록 교육한다.'

■ 오리게누스: 그리스도교 신앙과 헬레니즘을 종합시킨 대표적인 신학자이다.

초기 그리스도교 사상은 플라톤주의와 만났고 이를 기독교적 사유로 사용하였다. 초기 교부들은 계시된 진리나 지식과 인간의 자연적 이해 능력은 서로 다른 것이나 대립하지 않는다고 사고했다. 그들에게 신앙과 이성, 기독교 신학과 그리스 철학은 분리되지 않았고 결합하였다.

### 2) 아우구스티누스의 신앙과 이성: 신앙과 이성의 중세적 연결의 관문

어거스틴은 그리스철학을 그리스도교와 융합하여 서방라틴 신학을 확립한 신학자이다. 특히 어거스틴은 **신플라톤주의와 그리스도교의 종합을** 이끌어낸 최초의 신학자이다.

- '이해하기 위해 믿는다'(Credo ut intelligam, 9)
- '신앙은 이성에 선행한다'. '신앙을 전제로 이성을 추구한다'.

신앙을 모든 사유의 출발점으로 하지만 그 신앙은 이해를 추구하는 신앙이성적이다. 계시된 지식으로서 신앙과 자연 이성에 따른 지식으로서 이성은 모순되지 않는다. 물론 계시된 지식이 더 중요하지만, 이성에 입각한 그리스도교적 사유의 중요성을 역설했다.

- 어거스틴에게 신앙과 이성의 관계

신앙이 이성에 선행한다. 그 말은 신앙이 이성보다 우월하다는 의미가 아니라 이성적인 지식도 신앙을 전제로 한다는 의미다. 신앙이 먼저이지만, 그 신앙도 이성이 없이는 믿을 수 없다. 이성은 신앙을 부정하는 것이 아니라 오히려 신앙으로 얻은 지식의 확실성을 이성의 빛으로 인식하는데 필요하다. 즉 신앙을 통해 얻은 지식을 이성의 작용에 따라 더 분명하게 이해하게 된다.

어거스틴은 신앙우선주의에 입각하되, 이성의 역할을 긍정한다.

### 3) 토마스 아퀴나스의 신앙과 이성

- "믿기 위해 이해한다".

인간 이성은 초자연적인 존재의 개입없이도 진리를 이식할 수 있다. 즉 반드시 신앙으로 계시된 진리만이 전부는 아니다. 이성을 통해 알게 된 진

---

9) 어거스틴: '이해하기 위해 믿으라, 당신이 믿지 않으면 이해하지도 못할 것이다'(Credite, ut intelligatis. Nisi enim credideritis, non intelligetis) 캔터베리의 안셀무스도 어거스틴의 입장에 따라, "믿기 위해 이해하는 것이 아니라, 이해하기 위해 믿는다"라는 신앙 우선주의 입장을 표명했다.

리가 신적 진리로 보충될 수 없지만, 결코 후자가 전자에 모순되는 일이 없다. 아퀴나스도 어거스틴처럼 신앙우선주의가 있지만, 오히려 신앙과 이성은 모순적이지 않다는 것이다.

■ 이성과 신앙을 분리한다.

이성의 영역은 철학의 영역이다. 철학은 경험에서 출발하여 이성을 합리적으로 사용하여 진리를 추구한다. 따라서 철학은 **이성의 자연적 빛**에 의존하여 진리를 탐구한다면, 신앙은 **초자연적 빛**에 의존하여 계시된 진리를 알 수 있다. 그러므로 계시에 따른 신앙의 영역과 자연적 진리를 추구하는 이성적 영역을 구분한다. 이성으로는 초자연적 진리삼위일체, 구원를 알 수 없으며, 신앙에 의해 계시된 진리를 알 수 있다.

■ 철학은 이성에 근거해 '아래로부터' 만물과 인간으로부터 출발하고, 신학은 신앙에 근거해 '위로부터' 하나님의 계시로부터 출발한다. 하나님에 관한 두 가지 진리인식은 방법론적으로 구분되지만 상충되거나 모순되지 않는다.

어거스틴은 이성에 대한 신앙의 우위를, 아퀴나스는 신앙과 이성의 조화를 추구한 것이지만, 어거스틴의 신앙의 우위는 신앙의 우월성이 아니라 진리를 인식할 때, 신앙이 먼저임을 강조한다. 어거스틴은 '이해하기 위해 믿는다'라고 하여 '신앙에 토대한 이성' 혹은 '이성보다 우선하는 신앙'을 말했다면, 아퀴나스는 이 문제를 '믿기 위해 이해한다'라고 뒤집어 표현했고, '이성에 토대한 신앙' 혹은 '신앙에서 자율적인 이성'으로 전환시켰다. 아퀴나스는 자연적 이성을 통해 믿음으로 나갈 수 있다는 합리적 태도를 보여주었고, 이성을 통해 신앙의 정당성을 입증할 수 있다고 강조한다. 그러나 신앙과 이성의 구분은 근대적 사유체계에서 신앙과 이성의 분리와 종교와 철학, 종교와 과학의 분리로 나아가고 있다.

안셀무스

(신앙을) 이성보다 선행하지 않는 것은 교만이다. 그리고 이성에 호소하지 않는 것은 태만이다.

안셀무스에게 둘 관계는 '신앙적 이성', '이성을 추구하는 신앙'. 신앙에서 출발하여 이성에 도달한다.

### 3. 이성은 신앙과 일치한다.(이성주의) – 근대적 계몽주의

**신앙과 이성의 근대적 균열**

■ 이성은 신앙으로부터 분리되어 자율적이 된다. 모든 진리의 척도는 이성이라는 재판정 앞에서 판단 받는다. 계몽주의 이성은 신앙으로부터 이성의 자율성을 강조하면서 다시는 신앙의 빛 아래서 사고하지 않는다.

·진리의 척도는 그것이 이성에 부합하느냐에 달려있다. 이성적이지 않으면 진리가 아니다.

·신앙에 호소하지 않고 이성의 권위에 호소한다. 진리의 조정자는 이성이다.

·기독교의 모든 가르침, 교리는 이성적이며, 합리적인 방식으로 재구성된다.

■ 근대 계몽적 기독교는 이성을 신앙의 종속 아래 두려고 하지 않고, 이성을 신앙의 통제로부터 분리시키려고 했다. 그리하여 이성의 자율성을 확보하려고 한다. 여기서는 이성은 신앙에 우선한다.

**이성적 기독교의 긍정적인 기여**

• 기독교 신앙을 주술종교나 비합리적이며 몰이성적 성격으로부터 탈피하려고 한다. 기독교가 근대의 지성적 분위기에서도 설득력 있고, 타당성 있는 종교가 되도록 만들려는 의도를 지닌다. 기독교 신앙이 동시대의

문화와 어울리는 종교가 되려고 한다. 문화와 대립하는 기독교가 되지 않고, 문화의 기독교, 혹은 문화에 속한 기독교다 기독교가 충분히 합리적이고, 지성적인 종교임을 보여주려고 한다.

• 근대 계몽기 기독교는 신앙을 억지로 강요하지 않는 신앙의 자유와 타인에게 너그러운 종교적 관용, 이성적 사고에 합치된 합리적 신앙을 중요하게 생각한 기독교였다.

• 이신론적 기독교: 신은 세계를 창조하였으나 더는 창조한 세계에 개입하지 않고, 자율적으로 운행하도록 버려둔다. 세계는 신이 설계한 자연법칙과 자연질서 안에서만 일하신다. 이제 기적은 자연질서에서 이탈이 된다.

• 이성주의 신앙의 문제점: 성경에서 초자연적인 사건을 역사적 사실이 아닌 신화나 허구적인 이야기로 간주한다. 따라서 기적은 역사적 사실이 아니라 허구이거나 윤리적 의미로 해석된다. 기독교 신앙이 동시대의 문화, 사유방식과 틀과 불화, 대립하기보다 그것과 모순 없이 조화하려고 한다.


## 4. 신앙과 이성은 별개이나 동등하다 – 역설적 분리주의

신앙은 신앙이고, 이성은 이성이다. 신앙을 이성적으로 해명하려고 하지 않고, 이성을 신앙적으로 환원하지 않으려 한다. 신앙의 영역은 신앙으로 설명하며, 이성의 영역은 이성적으로 설명한다. 신앙과 이성은 서로 일치하거나 조화하려 하지 않고, 각각 분리되어 구분된다.

## 결론

• 한국 개신교 신앙은 그동안 이성을 배제한 채 오직 믿음을 외쳤던 신앙주의와 믿음으로 어떤 불가능이 없다는 신앙만능주의로 인해 이성과 합리성, 지성의 측면을 경시했으며, 이로 인한 부작용과 역기능의 폐해는 심각한 지경에 이르렀다.

• 그런데 극단적인 신앙주의 경향에 대한 반작용으로 이성주의와 과학주의 방향으로 기독교 신앙의 패러다임이 이동하는 경향도 보여지고 있다. 그러나 주의할 것은 신앙과 과학의 대화를 과학주의로 치부해서도 안되며, '이성적인 신앙'과 '이성주의 기독교'는 구분되어야 한다.10)

• 한국개신교는 전반적으로 전통적 기독교에서 계몽적 기독교로 전환되고 있는 시기에 와 있다. 또한, 주술형 종교에서 의미추구형 종교로 전환하고 있기도 하다.

• 따라서 기독교인은 돌발적인 사건이나 예외적 계기를 통한 벼락같은 기적을 흠모하기보다 합리적이며, 절차적 방식을 통한 축복, 그리고 돌발적인 사건을 통한 기적보다 과정을 통한 기적을 추구해야 한다.

• 그러므로 오늘의 기독교인에게는 성경적 믿음과 과학적 해명, 혹은 신앙과 과학, 그리고 신앙적 원리와 합리적 삶의 방식 사이의 조화와 대화가 더 필요한 시점에 서 있다.

---

10) '이성적인 신앙'은 신앙의 이성적 측면과 이성을 사용함으로써 '분별력 있는 신앙'을 추구하자는 의미이며, '이성주의 기독교'는 기독교에서 신앙의 초월성과 계시적 성격을 아예 제거해 버리고, 기독교 신앙을 인간의 경험적 차원으로 끌어내려, 합리주의적으로 처리하는 것을 의미한다.

# 보충강의 3

# 기적과 신앙

기적을 구하는 믿음은 반드시 건강한 신앙인가?

• 어떤 열성적인 신앙인 부모가 자녀가 열이 펄펄 끓고, 병이 위중한데도 병원으로 데리고 가는 대신, 무작정 기도원으로 데리고 가서 기도 받게 하거나 신유의 은사가 있다는 기도사역자에게 맡기는 것은 믿음 좋은 행동인가?

• 주일에 교회에서 유년주일학교 자녀들 가운데 아픈 아이를 교회의 목사님에게 기도받게 하는 것이 옳은가? 아니면 목사에게 기도 받는 것보다 속히 병원으로 데리고 가라고 권유하는 것이 바른 목회적 처방인가?

• 페이스 미션faith mission의 원리에 따라 살아가는 어떤 선교단체 간사는 내일의 염려를 주님께 맡기라는 성경말씀에 따라 매일의 필요한 재정을 하나님께서 누군가의 손길을 통해 통장에 채워주신다는 믿음으로 살아간다고 주변 사람들에게 고백했을 때, 그 간증을 들은 다른 신학생은 그런 삶의 방식은 도리어 주위 사람들에게 피해를 주는 행동이니, 당신도 아르바이트를 해서라도 본인의 생계를 책임지고 살아가라는 비판 어린 지적을 했다면, 어느 쪽이 바른 신앙적 생각인가?

• 어느 목회자는 새벽기도 중에 하나님의 음성을 들었다고 하면서 주일예배 설교 중에 갑자기 교회건축을 시작하겠다거나 대형 선교 프로젝트를 시작하겠다고 선포했을 때, 교회의 재정 집사나 장로는 현재 교회 재정

형편상 현실적으로 무리한 결정이라고 반대 의견을 표명할 때, 목회자는 그것은 믿음없는 태도이며, 믿음으로 밀고 나가면 하나님께서 다 채워주실 것이라고 할 때, 어느 쪽이 바른 신앙적 태도인가?

• 기말시험이 임박한 중고등부 학생이 시험준비를 위해 교회 수련회 참석을 꺼려 할 때, 담당 교역자는 믿음으로 참석하면 공부를 덜 했을지라도 하나님께서 좋은 점수로 보상해 주실 것이라고 권면할 경우: 어떤 신앙 좋은 신자는 시험장에 갔는데, 하나님께서 출제된 책의 페이지까지 보여주셔서 아주 좋은 성적으로 대학에 들어갔다는 간증.

• 어느 장로나 집사가 사두었던 부동산이 하루 아침에 몇 배로 뛰어오른 바람에 하나님께서 물질의 축복을 부어주셨다는 부동산 투기성 설교는 흔한 사례에 해당한다. 그러나 이런 벼락같은 기적적인 축복이란 알고 보면 불의한 경제질서 아래 형성된 불로소득의 결과라는 것을 놓치고 있다.

**기적을 구하는 신앙 이면에 있는 허상을 보아야 한다.**

돌발적인 축복이나, 벼락같은 기적, 예외적인 사례를 통해 기적이 일어나기를 추구하는 신앙은 마치 로또복권을 사놓고 한 방 크게 터지기를 기다리는 행동이나 마찬가지이다. 이것은 내일을 위한 아무런 대책을 세우지 않은 채, 그리고 미래를 위한 성실한 준비를 게을리한 채, 감나무 아래에 누어 "네 입을 크게 열라, 그리하면 내가 채우리라"를 기대하는 행동이다. 이것은 결코 건강한 신앙이 아니라 요행수를 바라는 것이며, 주술적 기만이며, 망상에 불과한 것이다.

성경은 초자연적인 방식으로 하나님께서 놀라운 기적을 행하신다고 말한다. 그러나 성경의 다른 곳에는 이런 교훈이 있다.

겨울을 대비하는 개미의 부지런함을 배우는 것은 바른 신앙적 태도이다. 내일을 위해 대비하는 것은 하나님을 신뢰하지 못하는 불신앙이 아니

다. 잠언6:6-11

바울은 "부모는 자녀를 위해 저축하나니"고후 12:14라고 언급함으로써 그 당시 저축하는 일반적인 관행을 잘못된 것이라고 비난하지 않았다. 또한, 바울은 "스스로 속이지 말라 하나님은 업신여김을 받지 아니하시나니 사람이 무엇으로 심든지 그대로 거두리라"갈 6:7라고 말한다. 신앙인들이라고 하여 돌발적인 기적이나 예외적인 결과를 막연히 기대하라는 그런 권면을 한 적은 없었다. 어떤 것의 결과에는 그만한 원인에 따른 것이라는, 지극히 보편상식에 근거한 자연법칙을 근거로 신자의 생활원리를 설명하고 있다.

기적만이 하나님의 일하시는 방식이 아니며, 보편상식과 자연질서, 일반 섭리를 통해서도 일하신다.

**코로나 바이러스 전염병이 대유행할 때, 교회가 취할 합당한 태도는?**

코로나 바이러스가 대유행하는 시점에서 정부의 방역지침에도 불구하고, 일부 교회나 선교단체에서는 "교회는 주일예배를 절대 포기할 수 없다". "예배드릴 때, 마스크를 쓰지 않아도 된다. 하나님께서 코로나에 걸리지 않게 다 막아 주실 것이다". "코로나가 한 길로 왔다가 일곱 길로 나갈 줄로 믿습니다!"라고 강변하고 있다. 그들의 말처럼, 보건당국의 방역지침을 따르는 교회는 믿음이 부족해서인가? 아니면 이 시대의 교회가 국가 권력의 탄압 앞에 무기력하게 무릎을 꿇은 것인가?

• 교회가 방역지침을 따르는 것은 과학 앞에 신앙이 무릎 꿇는 것이 아니며, 국가의 권세 앞에 교회가 순응하는 것이 아니다. 도리어 이런 태도가 합리적이고 합당한 신앙의 태도이며, 시민질서를 협력하면서 교회가 세상을 향해 보여주는 공공성의 태도이다.

• 코로나 바이러스 확산을 막기 위해 기독교인들이 과학적 대처방식과 의료적인 방역에 협력하는 것은 신앙과 충돌하거나 모순되는 태도가 아니다. 왜냐하면, 과학적이며, 합리적 방식으로 어떤 사태를 대응하는 것도 하나님이 원하시는 신앙적 방식이기 때문이다. 하나님은 자연적 질서 안에서 일하시고 계신다.

하나님은 자연법칙과 초자연 법칙을 모두 사용하신다. 자연질서와 초자연 질서 안에서 일하신다.

**코로나 시대에는 하나님을 향한 믿음과 함께 과학을 신뢰하는 사고도 필요하다.**
• 하나님을 향한 믿음은 초자연적인 믿음이라면, 과학의 원리를 신뢰하는 믿음은 합리적 믿음이요, 자연질서를 믿는 믿음이다. 교회는 지금까지 신자들에게 초자연적인 믿음만을 강조하여 가르쳐 왔다. 죽은 자를 살리시는 전능하신 하나님, 없는 것에서 있게 하시는 하나님에 대한 믿음만을 설교했다.
• 그런데 기적은 과학의 영역에서도 일어나고 있다. 자연적인 기적이 병원에서 일어나고 있다. 지금도 매일 매일 병원에서는 죽음 직전에 있는 사람들이 의료적 치료를 통해 치료받고 있다. 의료진들이 페니실린을 주사하고, 아스피린을 복용하여, 사람들이 질병에서 깨끗함을 받아 낫는 자연적인 기적이 병원에서 일어나고 있다. 기적은 거라사 광인이나 뱃새다 광야에서만 일어나는 것이 아니었다. 하나님의 기적은 병원에서 의사의 과학적 처방을 받은 환자들 안에서도 일어나고 있다.

• 하나님의 활동은 초자연적인 방식으로만 활동하는 것이 아니라 자연

적 방식으로도 활동하고 계신다. 하나님께서는 초자연적 질서에서만 일하지 않으시고, 자연질서 안에서도 일하고 계시다. 하나님은 특별한 섭리를 통해서만 일하지 않으시고, 일반적인 섭리를 통해서도 일하신다. 하나님께서는 탁월한 성령의 능력과 신유 은사를 가진 현신애 권사나 김익 두 목사를 통해서만 병을 치료하지 않으신다. 하나님은 아스피린과 페니실린과 천연두 균을 배양해서, 전염병을 물리치시며, 병든 사람들과 악한 질병들을 치유하고 계신다. 예수님께서 말씀하신 병을 낫게 하시는 하나님 나라 사역의 일부가 지금 이 시대의 병원과 의료진을 통해 성취되고 있는 것이다. 이것이 바로 하나님께서 일반은총을 사용하여 일하시는 방식이다. 여기서 일반은총의 수단은 페니실린, 아스피린, 천연두 균 같은 의약품과 뛰어난 의료기술, 그리고 의료진의 치료능력을 말한다.

• 그런데 알고 보면 하나님은 초자연적인 방식을 동원하는 것 보다, 자연적인 방식을 통해서, 그리고 초자연 질서보다 자연질서 안에서 더 많이 활동하고 계신다. 왜냐하면, 인간세계는 자연질서와 자연법칙 안에서 운영되고 있기 때문이다.

• 그러므로 기독교인들은 초자연적인 방식으로 일하시는 하나님만을 생각하지 않아야 한다. 하나님의 일하심의 방식은 초자연적인 방식만이 아니다. 하나님은 초자연적인 하나님만이 아니라 자연적인 하나님이시며, 자연질서 안에서 일하시는 하나님을 믿어야 한다. 하나님은 복음서에 나타난 것처럼 초자연적인 기적이나 표적을 통해서만 일하지 않으신다. 다시 말해 하나님은 날마다 놀라운 기적을 행하시면서, 자연질서를 깨뜨리시면서 활동하지 않으신다. 하나님은 초자연적인 분이시지만, 그분 자신이 자연질서를 만드셨고, 그 자연질서 안에서 운행하시기 때문에 하나님의 일상적인 활동은 자연 안에서, 자연법칙 안에서 일하시는 경우가 훨씬 많다. 물론 하나님은 언제든지 기적을 행하실 수 있는 초자연적인 분이

며, 우리는 그런 하나님을 믿고, 고백한다.

• 성경은 홍해를 가르시고, 바로의 군사를 홍해로 궤멸시키신 하나님만을 찬양하지 않는다. 시편의 많은 찬양시에는 하나님께서 아침마다 땅과 바다와 거기 충만한 곳에서도 일하시며, 활동하시는 하나님이라고 찬양하고 있다. 시편은 하나님의 일하심이 자연의 영역과 자연질서 안에서도 일하시고 활동하시는 모습을 찬양하고 있으며, 하나님의 일하심이 이렇게 평범한 방식으로 일하시는 것을 보고 나서 그 모습이 너무 놀랍고 위대한 나머지 자연 속에서 일하시는 하나님을 찬양한 것이다.

# 제2강
## 분리하는 그리스도인:
## 그리스도인은 세상과 분리되어야 한다-분리유형

### 그리스도인은 세상 속에서 어떻게 살아야 하는가?

세상 속의 그리스도인은 세속사회와 문화에 대해 어떤 태도를 지니며 살아가야 하는가? 그리스도인은 세상으로부터 '분리'되어야 하는가? 혹은 그리스도인은 세상 문화에 '적응'해야 하는가? 아니면 그리스도인은 그리스도의 주되심을 세상 속에 실현하기 위해 세상과 문화를 '변혁'해야 하는가? 이 질문은 '그리스도인과 세상의 관계방식', 혹은 '그리스도인의 사회적 실존방식'의 문제이다. 또한, 이 질문은 그리스도인이 교회와 세상, 교회와 국가, 복음과 문화의 관계를 어떤 태도로 살아가야 하는가 하는 문제이기도 하다.

이 문제를 풀어가기 위해 우리는 세상문화과 분리하여 적대적인 태도를 보이는 **분리유형**, 세상과 불가피하게 적응하며 살아가려는 적응유형, 그리고 세상문화을 적극적으로 변혁하려는 **변혁유형**으로 분류하여 고민해 볼 수 있다. 그런데 그리스도인이 취할 세상에 대한 태도와 입장은 이미 오래전부터 신학자들이 고민했던 주제였다. 이미 어거스틴은 지상의 도성과 하나님의 도성 사이를 살아가는 그리스도인의 태도를 설명한 바 있고, 이것을 본격적으로 그리스도와 문화 유형론으로 제시했던 네 번과 웨버의 분류방식을 고찰해 보고자 한다.

## 어거스틴의 세상관: 하나님의 도성과 세상을 살아가는 우울한 실재론

세속사회를 살아가는 그리스도인의 실존을 누구보다 예리하게 고민하면서 하나님나라와 지상 세계의 관계를 규명하고자 했던 최초의 신학자는 어거스틴이다. 어거스틴에 의하면, 신자는 지상의 도성에서 살고 있으나, 궁극적으로는 하나님의 도성을 바라보며 살아가고 있다. 그는 두 도성론을 통해, 이 문제를 정리하고자 했으며, 그의 사고는 그리스도인과 세속사회, 교회와 국의 관계를 파악하는 데 도움이 된다. 여기서 어거스틴의 세상관을 잘 분석한 김명혁의 글을 여기에 소개한다.1)

교회가 당면하고 있는 어려운 문제 중의 하나는 교회와 세상과의 관계의 문제다. 그리스도인들은 현세와 세속 질서에 대하여 어떤 태도를 보일 것인가? 적대적인 분리주의, 포용적인 적응주의, 문화 완성적인 종합주의 또는 **변증법적인 변혁주의**의 태도를 보일 것인가? 이것은 그리스도인들에게 직면해 오는 영속적인 문제이다. 여기서 초대교회와 어거스틴이 지녔던 세상과 세속에 대한 입장과 견해들을 살펴본다.

세상의 멸시와 박해를 받던 초대교회의 그리스도인들은 대체로 세상에 대하여 적대적인 '**분리주의**'의 태도를 보였다. "이 세상이나 세상에 있는 것들을 사랑치 말라"요일2:15는 요한의 권면 가운데 그들이 취했던 세속관이 잘 나타나 있다. 이와 같은 분리주의를 터툴리안Tertullian에게서 본다. 니버H.R, Niebuhr는 터툴리안을 '반문화적' 입장Christ against Culture의 대변자로

---

1) 이 글은 김명혁, "어거스틴의 세속관", 국민일보(2006. 3. 23)의 내용을 일부 수정하여 인용한다.

분류하며, 터툴리안은 "원죄가 사회 질서 속에까지 스며들어 있다고 생각한 것 같다"고 지적했다. 터툴리안은 그리스도인들이 세속 질서에서 멀리 떠나야 하며 세속적 집회와 세속적 직업을 멀리해야 한다고 가르쳤다.분리주의

한편, 복음과 세속문화 질서는 서로 상치되는 것이 아니라 서로 적응하고 보완하는 관계를 맺는다고 믿는 '적응주의'가 나타났다. 그리스도를 전적으로 문화적 관점에서 해석하고 그리스도와 사회적 전통 및 습관과의 갈등을 해소하려는 경향이 기독교 영지주의자들에게서 나타난다. 이들은 기독교를 그들의 문화에 적응시키려 했으며, 따라서 당시 그들의 문화생활에 참여하는 것을 조금도 꺼리지 않았다.적응주의

또 한편, 복음과 문화의 주장을 모두 만족시키고 완성시키려는 '종합주의'가 클레멘트Clement에게서 나타난다. 클레멘트는 양자의 주장을 종합해 하나의 완성되고 통일된 생활 원리를 제시하려고 했다. 클레멘트에 의하면 그리스도인은 무엇보다 먼저 그 사회에서 도덕적으로 존경을 받는 '좋은 사람'이 되어야 하며 한 걸음 더 나아가서 하나님의 사랑을 실천하는 영적 삶을 살도록 힘써야 한다. 즉 클레멘트는 사회, 문화 질서가 요구하는 도덕적 삶을 영적 삶과 모순되는 것으로 보지 않고 오히려 영적 삶에 이르는 준비적 단계로 본 것이다.종합주의

그리고 세상 문화를 그리스도의 통치 아래 변혁하려는 **변혁주의**가 있다. 이 세상은 사람들의 심령만이 아니라 구조와 시스템까지도 죄로 물들어 있으므로 세상을 대하는 그리스도인의 태도는 비관적일 수밖에 없다. 그러나 세상은 하나님 "보시기에 좋았다"는 곳이다. 죄가 아무리 세상 전

체에 깊숙이 퍼져 있다 해도 도는 것은 하나님의 주권 아래 놓여 있다. 그러므로 그리스도인은 이 세상 문화가 타락했다 해서 포기해서는 안 되며, 적극적으로 변혁해 나가야 한다.변혁주의

## 어거스틴 세상관의 특징

1) 세속 질서의 비종교성: 어거스틴은 세속 질서나 사회제도에 어떠한 도덕성이나 종교성을 부여하려고 하지 않았다. 교회도 하나의 사회제도인 이상 본래적인 신성성을 지니고 있다고 볼 수 없다는 것이다. 도나투스 파는 두 영적 질서를 두 종류의 세속 질서와 동일시하여 이해하려고 했으나, 어거스틴은 이와 같은 세속 질서의 영적 양분법을 인정할 수 없었다. 왜냐하면, 이 세상에는 성도들로만 구성된 교회가 하나도 없고 죄인들로만 구성된 국가도 없기 때문이다. 어거스틴이 "세상은 악하다"고 했을 때 인간의 육체나 자연계나 사회 질서를 의미한 것이 아니라, 타락한 인간의 본성 즉 도덕적 질서를 의미했다.

2) 세속 질서의 죄악성: 어거스틴의 세속관은 비종교성을 지니고 있으면서도 동시에 부정적이고 비관적인 면을 드러내고 있다. 어거스틴은 정치, 사회, 문화 활동이나 인생 자체도 비관적으로 보고 있다. 모든 인간이 원죄의 지배를 받고 있기 때문이다. 그러므로 현세의 행복이란 장차 누릴 행복과 비교할 때는 불행한 것뿐이다. 그러므로 어거스틴은 현세의 생활을 "가련하고 비참한" 생활이라고 묘사했다. 하나님과 더불어 내적 평화를 누리고 있는 그리스도인들까지도 지상에서는 계속 죄와 싸우고 있으며 육체의 세력에 지배를 받고 있기 때문이다. 어거스틴은 세속 질서나 문화가 복음의 능력으로 완전히 변혁되리라고 믿지도 않았고 기대하지도 않았다.

3) 세속 질서의 자연 및 구속사적 의미: 어거스틴은 세속 질서에 대하여 부정적이고 비관적인 입장을 나타냈음에도 불구하고, 땅 위에 있는 모든 존재를 선한 피조물로 보았고 자연의 아름다움을 하나님의 선물로 극구 예찬했다…. 어거스틴은 또한 현세의 역사 발전 과정과 세속 질서를 "목적에 이르기 위한 수단"이나 "잠정적인 과정"에 불과한 것으로 보았음에도 불구하고, 그것은 전적으로 하나님의 섭리와 통치 가운데서 이루어지고 있으며, 그 안에서 하나님의 인간 구원의 섭리가 이루어져 가고 있다고 보았다.

… 어거스틴의 세속관에는 변증법적 요소가 있다. 어거스틴은 세속 질서를 죄악의 영역으로 일축해 버리지도 않았고, 하나님 나라가 실현될 영역으로 생각하여 커다란 기대를 걸지도 않았다. 즉 어거스틴은 세속 질서에 대하여 부정적이면서도 긍정적인 입장을 취했다. 하나님의 나라는 세속 질서 안에서 완전히 실현될 수 없으며, 세속 질서 속의 인간 생활은 "가련하고 비참하다"고 할 수밖에 없다. 물론 세속 질서 안에서 두 종류의 사람들이 인간 복지의 공동 목표를 위해 함께 일할 수 있기는 하지만, 달성될 수 있는 한계는 극히 제한되어 있다. 인간은 사회 질서를 유토피아적 이상으로 변혁시킬 수는 없다. 어거스틴의 이와 같은 "우울한 실재론"gloomy realism은 현대의 낙천적 진보주의의 입장과는 거리가 멀다. 이는 또한 칼빈주의적 문화 변혁주의 개념과도 구분된다고 하겠다. 그럼에도 불구하고 종말에 완성될 구원이 세속 질서 안에 이미 부분적으로 실현되어 가며, 구속의 사역과 인간 변혁의 과업이 지금 현재 개인 안에서 이루어져 가고 있으므로, 세속 질서 안에서의 인간 생활 자체는 깊은 의미가 있게 된다. 하나님의 구속 섭리에 대한 전적인 신뢰 때문에 비관적 어거스틴은 낙관적 어거스틴이 되는 것이다. 콜롬비아 대학교수 딘Deane 박사가 지적한 대로,

어거스틴의 우울한 실재론적 세속관은 인간 본성과 세속 질서의 의미를 정확히 이해하는데 정당한 통찰력과 교훈을 제공해 주고 있다고 하겠다.

### 리처드 니버R.Niebuhr: 분리-일치-종합-역설-변혁2)

리처드 니버는 '그리스도와 문화'Christ and Culture, 3) 의 관계를 분리유형-일치유형-종합유형-역설유형-변혁유형이라는 5가지 유형으로 세밀하게 분류하여 정리하였다. 그런데 이 유형은 단지 교회와 세상의 관계방식만이 아니라 역사 속에 출현했던 5가지 기독교 유형을 의미하는 것이다. 리처드 니버가 정리한 '그리스도와 문화'의 5가지 유형은 이 주제와 관련하여 가장 광범위하게 응용된 분석틀이 되고 있다.

첫째는, **문화에 대립하는 그리스도**Christ against Culture로 명명된 분리주의 입장으로 그리스도인은 세상문화으로부터 분리되어야 하며, 교회와 사회, 교회와 국가는 대립 관계에 있어야 한다. 이 입장은 터툴리안이 대표적인데, 재세례파, 고전적 근본주의 기독교4)에서 발견된다.

둘째는, **문화의 그리스도**Christ of Culture로서 기독교적인 것과 세상적인 것의 일치를 꾀하며, 기독교의 본질을 역사의 진보와 문화의 성취에서 찾으려는 동일주의자의 입장으로 오리겐이나 자유주의 기독교a liberal Christianity가 대표적이다. 일치유형 혹은 동일유형은 분리유형과 정반대의 입장으

---

2) H. Richard Niebuhr, *Christ and Culture* (New York: Harper Torch Books, 1951). 홍병룡, 임성빈 역. 『그리스도와 문화』, (서울: IVP, 2007). 니버의 유형에 관한 분석으로는. 신국원, 『신국원의 문화 이야기』(서울: IVP, 2002), 91-127.

3) 니버의 '그리스도와 문화'를 성경신학적으로 재분석한 시도로는 D.A. Carson, 『교회와 문화, 그 위태로운 관계』, 김은홍 역 (서울: 국제제자훈련원, 2009). 또한 변혁모델을 비판적으로 분석한 글로는, 김기현, "개혁주의 세계관 비판과 변혁 모델의 다양성", 『신앙과 학문』, 제8권 2호, (2003, 12), 7-37.

4) 그러나 여기서 말하는 분리주의란 고전적 근본주의를 의미하며, 오늘날 세속주의에 물든 신근본주의기독교는 세상과 분리가 아니라, 도리어 세속적으로 혼합된 형태라는 것을 유의해야 한다.

로 그리스도인과 교회의 반문화 혹은 반세상적 태도가 세상으로부터의 게토화, 고립, 단절을 초래할 것에 대한 반성에서 나왔다.

셋째는 **문화 위의 그리스도**Christ above Culture로서 자연과 은총, 신앙과 이성, 교회와 국가를 종합하려는 아퀴나스적 종합주의 입장이 그것이다. 종합유형은 그리스도적인 것과 세상문화를 분리시키지는 않지만 그렇다고 일치시키거나 동일시하지 않고 상호보완적 관계에 두려고 한다. 얼핏 위계모델이나 이층모델로 비춰지는 이 모델은 은총, 신앙, 교회가 상층부에, 자연, 이성, 국가가 하층부로 구분하고 궁극적으로는 하층부에서 상층부로 수렴되는 것을 목표로 하지만, 오히려 하층부의 영역은 상층부로 가기 위한 전제 혹은 예비단계가 된다. 그리하여 기독교와 세계의 통합을 성취한다.

넷째는, **문화와 역설 관계에 있는 그리스도**Christ and Culture in Paradox로서 교회와 세상, 혹은 교회와 국가, 그리고 복음과 세속문화는 일치하거나 혼합되지 말아야 한다. 이 역설유형은 그리스도와 세상국가은 서로 모순되므로 이원론적으로 분리되어야 한다는 루터의 두왕국적 입장이다. 이 유형은 교회종교와 국가세속를 혼동하여 혼합하려 했던 중세 가톨릭적 종합주의에 반대하여 둘 사이를 기능적으로 구분하는 입장으로 역설형이라 부른다. 그러나 교회와 국가는 역설적이지만, 서로 공존한다.

다섯 번째는, **문화를 변혁하는 그리스도**Christ the Transformer Culture로서 역설형처럼 복음과 문화, 자연과 은총, 기독교적인 것과 세상적인 것을 모순적이며 대립 관계로 보지 않고 창조세계 전체를 그리스도의 전포괄적 통치 아래 두는 입장이다. 니이버는 이 입장을 개변주의conversionism로 부르며, 통상적으로 변혁유형으로 칭하고 있다. 세상 문화의 변혁에 대한 적극적 참여를 강조하는 칼빈 전통의 개혁주의 입장이 여기에 속한다.

## 로버트 웨버R. Webber: 분리―동일―변혁5)

　　로버트 웨버는 니이버의 5가지 유형을 훨씬 더 단순화하여 **분리모델**seperation model―**동일모델**identification model―**변혁모델**transformation model이라는 3가지 유형으로 압축, 정리하였다. 웨버는 분리모델로 콘스탄틴 이전의 교회, 재세례파, 현대의 기독교 공동체운동을 실례로 들고 있다. 이 그룹은 그리스도인의 삶의 특징을 타계성otherworldness에 두면서 하나님나라와 악의 나라인 세상은 반정립antithesis 아래 놓여 있다. 동일모델은 그리스도인과 세상의 분리와 대립을 지양하고 '세상 속의 그리스도인'으로 살아가는 모델이다. 이 모델에는 콘스탄틴 시대의 교회, 루터의 두 왕국 유형, 근대 자유주의 기독교인 '문화 개신교주의'cultural protestantism, 그리고 시민종교civil religion가 여기에 속한다. 웨버의 동일모델에는 니이버의 일치유형과 역설유형을 같은 부류의 모델로 묶어두었고, 가톨릭적 종합유형이 빠져 있다는 난점이 있다. 웨버의 모델화 작업으로는 두 왕국모델과 근대 자유주의 기독교의 일치모델을 구분할 방법이 없다는 것이다. 이 점이 웨버가 너무 단순화하여 처리한 부분이다. 웨버는 변혁모델로는 신칼빈주의Neo-Calvinism와 해방신학Liberation Theology을 역사상 출현한 가장 변혁적 입장으로 분류하고 있다. 변혁주의 관점은 세상으로부터 은둔이나 도피가 아니라 그렇다고 세상과 동일화하지도 않으며 도리어 세상을 변혁할 수 있다는 낙관적인 역사관과 문화관을 견지하고 있다.

　　3가지 모델에 대한 평가에서 웨버는 니이버가 분리에서 출발하여 일치와 종합, 그다음에는 역설로, 그리고 최종적으로 변혁유형이라는 단계별로 전개해 가면서 정반합의 발전론적 방식에 따라 분석함으로써 마지막 변혁유형이 그 이전의 유형들의 단점을 극복하는 종국적인 유형처럼 서술

---

5) 로버트 웨버, 『그리스도인의 사회적 역할』, 김명호 역 (서울: CLC, 1992).

하고 있는 것과는 달리 각각의 모델들은 그 시대와 상황에 따라 필요, 적절한 형태였음을 설명한다. 웨버는 예수 그리스도가 보여준 성육신모델 incarnation model이 이 세 가지 모델을 함축하고 있다고 결론을 맺고 있다. 여기서 나는 웨버의 3 모델의 기본 틀을 유지하되, 분리모델–적응모델–변혁모델로 구분하면서 각각의 기독교 세계관이 갖는 특징을 상세하게 정리하고자 한다.

# 그리스도인은 세상과 분리되어야 한다

**1. 분리하는 그리스도인: 그리스도인은 세상문화과 분리되어야 한다.**

### 분리유형: 이원론적 그리스도인

복음성가 중에 이런 노래가 있다. "죄 많은 이 세상은 내 집 아니네, 내 모든 보화는 저 하늘에 있네, 저 천국문을 열고 나를 부르네, 나는 이 세상에 정들 수 없도다". 또 한 때 금요기도회나 기도원에서 자주 불렀던 복음성가 중에 "세상 등지고 십자가 보네"라는 가사도 있다. 이런 CCM 찬양을 신자의 삶에 이렇게 적용하기도 한다. "세상에 등을 돌릴 때 십자가를 볼 수 있다. 세상에 등을 돌리지 않는다면 십자가를 바라볼 수 없다", 그리고 "세상과 예수를 동시에 섬길 수 없다. 세상을 바라보는 동안 우리는 예수를 등져야 한다. 예수를 바라보면 세상을 등져야 한다".

초기 기독교 교부였던 터툴리안은 "아테네와 예루살렘이 무슨 상관이 있으며, 아카데미와 교회가 무슨 상관이 있단 말인가?"라는 유명한 명제를 남겼다. 이처럼 "그리스도인은 세상과 분리해야 한다"라고 생각하는, 이 유형을 분리유형이라고 규정한다.

■ 그리스도인이 죄악된 세상과 분리된 삶은 당연하다.

우리가 참된 신자라면 세상문화과 분리하여 살아가는 것이 신자됨의 표지다. 세상과 구별되고 분리됨의 자의식을 지니고 살아가는 것은 신자들에게 당연한 태도이다. 우리가 그리스도께 속한 사람이라면, 세상을 벗하거나 세상에 속하지 말아야 한다. 세상은 죄로 물든 악한 질서이므로, 세상문화를 멀리하는 것이 옳은 태도이다. 그리스도를 사랑한다면, 우리는 세상을 포기해야 한다. 하나님의 백성이요, 주님의 자녀라면 세상 문화와 세상적 삶의 방식과 다르게 살아야 하는 것은 지극히 당연한 태도이다. 분리유형의 그리스도인들은 그리스도냐, 세상이냐라는 양자택일의 존재방식을 취한다. 그리스도에게 속한 사람이라면, 세상을 거부하거나 포기해야 한다. 그리스도에 속한 사람이면서, 동시에 세상에 속한 사람처럼 살 수 없다. 이 입장은 그리스도인이면서, 세상 사람으로 살 수 없다고 생각한다. 그래서 이 입장은 세상에 대해 강경한 태도를 취한다.

■ 성경은 우리에게 세상(문화)으로부터 분리와 구별됨을 요구한다.

> 너희는 믿지 않는 자와 멍에를 같이 하지 말라. 의와 불법이 어찌 함께하며 빛과 어두움이 어찌 사귀며, 그리스도와 벨리알이 어찌 조화되며 믿는 자와 믿지 않는 자가 어찌 상관하며.고후 6:14-16

> 이 세상이나 세상에 있는 것들을 사랑하지 말라 누구든지 세상을 사랑하면 아버지의 사랑이 그 안에 있지 아니하니 이는 세상에 있는 모든 것이 육신의 정욕과 안목의 정욕과 이생의 자랑이니 다 아버지께로부터 온 것이 아니요. 세상으로부터 온 것이라.요일 2:15-17

**성경 전체의 가르침은 하나님의 자녀(백성)와 세상에 속한 사람을 분명**

**하게 구분하고 있다.**

• 성경은 가인과 아벨, 예루살렘과 바벨론, 하나님의 백성과 세상 사람, 언약의 백성과 언약 밖의 사람, 하나님나라의 통치아래 있는 사람과 세상 질서에 속한 사람을 분리하고 있다. 알곡과 가라지가 세상 속에서 섞여 지내고 있으며, 방주 안으로 들어 온 구원받은 자녀들과 그 안에 들어오지 못한 채 심판과 저주 가운데 있는 세상의 자녀들이 있으며, 영생을 얻은 빛의 자녀와 사망 가운데 있는 어두움의 자녀들이 있다고 증언하고 있다.

• 노아시대의 홍수심판은 하나님의 아들들이 세상의 딸들과 혼합된 결과에서 초래한 것이다. "하나님의 아들들이 사람의 딸들의 아름다움을 보고 자기들의 좋아하는 모든 자로 아내를 삼느니라."창6:2 하나님은 언약의 백성들을 당대의 세상 백성들과 분리시킨다. 노아와 그 가족은 그 시대의 타락한 세상으로부터 분리되어 구원받는다.

• 모세는 일시적으로 애굽제국의 문화의 산물을 배웠지만, 결국에는 히브리 민족의 고난 속에 합류하여, 애굽이라는 이방 제국의 질서에 순응하거나 길들지 않고, 분리한다.히11:25

• 선지자들은 세상과 어울리지 않는 사람들이었다. "이런 사람은 세상이 감당치 못하도다."히11:38 '어울리지 못하는 사람들' 그들은 세상문화로부터 자신을 분리하는 사람들이었다.

• 이스라엘 백성은 이방 백성과 분리되고 구별된 '거룩한 삶'을 살아야 했다. 그들은 제의법과 도덕법, 타부명령, 음식, 복장, 등 다양한 외적인 면에서 이방인들과 다른 삶의 방식을 요구받았다.

• 예수님의 제자로 부름을 받은 사람은 이방인보다 더 탁월하고 구별된 윤리적 덕목에 따라 살아야 한다. 가족을 포기하거나 폭력으로 권세를 사용하지 않고, 섬김의 방식으로 살고, 소유물을 가난한 자와 나누며, 대

체로 기존 권력 질서에 순응하지 않는 비타협주의 방식으로 살아간다.

• 바울의 태도: "세상 물건을 쓰는 자들은 다 쓰지 못하는 자같이 하라. 이 세상의 형적形迹은 다 지나감이니라."고전7:31 "이 세상이나 이 세상에 있는 것들을 사랑하지 말라."요일2:15,16

• 그리스도인은 이 세상에서 거류민과 나그네aliens and strangers같은 사람들이라고 불렀다.벧전 2:11 그들은 이 세상에 영구히 거주할 것처럼, 정착자settler로 살지 않고, 하늘에 본향을 둔 천국 시민권자로 임시로 살아가는 식민지 백성처럼 낯선 나라에 빌붙어 살아가는 거류민residents이나 체류자sojourner로 지내는 사람들이다. 그들은 이주한 외국인들 resident aliens, 즉 하나님의 나그네 된 백성들이다 그들은 이 세상적 삶에 목표를 두거나 세상 향락을 누리기보다, 세상에 대한 애착을 버려야 할 사람들로 불린다.

■ 그리스도인이 세상과 구별되고 분리됨을 취하는 것은 신앙인의 정체성의 표현이다.

• 그리스도인은 "이 세상 것", "세상 사람"교회 밖의 불신자, "세상 문화"와 친근한 태도를 취하지 않고, 가능한 한 거리를 두려는 입장을 취할 때, 그들은 분리유형의 그리스도인이 된다. 그러나 세상문화로부터 자신을 분리하려는 이원론적 그리스도인들분리유형의 그리스도인들을 쉽게 매도할 수는 없다. 주님을 섬기는 그리스도인들이라면 마땅히 세상과 구별된 삶을 살아야 한다. 세상적인 생활, 세속적인 삶의 방식과 그리스도인들이 구별된 삶의 방식으로 살아가는 것은 정상적인 그리스도인이 취할 당연한 태도이다.

• 따라서 세상과 분리하려는 태도를 기독교를 도피종교로 만들며, 세상을 등지고, 세상문화와 어울리지 못하고 부적응자로 살아간다고 그들을 일방적으로 매도하거나 비난하는 것은 신중할 필요가 있다. 왜냐하면, 세상과의 분리의 태도는 그리스도인의 자기 정체성을 보존하려는 순전한

신앙 동기에서 나오기 때문이다. 엄격한 주일성수, 술 먹는 회식자리 거부, 종교적 정체성의 표시들

■ 그러나 그리스도인이 원칙적으로는 세상과 분리되어야 하지만, 현실적으로는 세상 속에서 살아가야 하고, 세속 문화를 받아들이면서 살아가야 한다.

1) 분리 원칙주의자들이 있다. 원칙적 분리주의자들은 어떠한 경우라도, 설사 손해를 보더라도 감수해야 하고, 조롱과 비아냥을 받더라도 그것을 신자가 받을 핍박으로 받아들이면서 말 그대로 세상 사람과 문화, 그리고 세속적인 삶의 방식과 엄격하게 분리되어 살아가야 한다고 주장하는 그리스도인 공동체가 있다.

2) 현실적 분리주의자들이 있다. 세상과 분리됨이 신앙인의 원칙이지만, 실제 현실에서 그렇게 살아가는 것은 불가능하다는 것을 인정한다. 믿는 사람들도 세상 속에서 살아가야 하고, 때로는 세상과 동화될 수도 있고, 세상문화와 적응하며 살아갈 수밖에 없다는 태도를 취한다.

3) 결국, 세상 속의 그리스도인의 태도에서 한편으로는 세상과의 엄격한 분리됨의 원칙을 모든 삶의 영역에서 분명하게 고수하는 '분리 원칙주의' 그리스도인들이 있는가 하면, 다른 한편으로는, 신앙 원칙상 세상과 분리되어야 하지만 현실의 삶에서는 그럴 수 없는 이중의 현실을 인정하고 살아가는 그리스도인들이 있다. 신앙인의 관념으로는 분리됨을 따라 살아야 하는 것이 원칙이나 현실적으로 그것은 불가능하다고 인정하면서 세상과 적응, 타협하는 입장이다.

4) 그래서 세상과 분리된다는 것은 특정한 공간과 장소와의 분리가 아니라, 영적인 태도로서 분리를 의미한다고 정리한다. 세상과의 분리됨이란 세상과 격리되거나 세상을 등지는 것을 의미하는 것이 아니라, **세상적 삶의 방식과 구별된 삶의 의미로서 분리**로 이해해야 한다. 즉 분리란 그리스도인이 세상과 문자적으로 분리됨이 아니라 세상 속에서 구별됨과 거룩함을 의미한다. 그것은 세상과 물리적이고 공간적 의미의 분리가 아닌 그리스도인의 세상에 대한 내적 태도를 의미한다. 그러나 세상과 구별됨은 단지 정신적, 내면의 태도의 문제만이 아니라 실제로 세상에 대해 일정한 거리두기와 차단으로 이해해야 할 수 있다.TV, 컴퓨터, 게임 중독을 이겨내기 위한 문화적 금식 행위

5) 세상과 그 문화로부터 분리되어야 한다고 생각하는 그리스도인들도 인간적이며 문화적인 활동결혼, 연애, 직업으로서 생업활동, 자녀양육, 취미생활 등으로부터 완전히 격리된 채 살아가는 것은 불가능하다. 그리스도인들도 월요일부터는 이 세상 일터에서 직장인이요, 시민으로 살아가면서, 이 세상의 오염된 공기를 마시면서, 세속 문화를 섭취, 향유하며 살아간다.

오늘의 그리스도인들은 노래방이나, 스포츠 관람, 영화관람, 당구장이든 어떤 문화공간이라도 죄책감을 느끼지 않고 그것을 즐기고 있다. 이제 오늘 우리 시대의 그리스도인들은 세상문화를 거부하기보다 그것에 적응하면서 살아가고 있다. 대부분의 오늘의 그리스도인들은 현세의 세상문화와 단절하거나 분리하려는 사고방식은 희박해져 있다. 지금의 그리스도인들은 지난날처럼 이 세상을 죄악시하면서 세상문화를 죄스러운 것으로 혐오하면서 살아가는 분리유형의 기독교가 아니라 이원론이 자연스럽게 극복된 세속화 시대를 살아가는 그리스도인들이다.

■ 세상과 분리를 취하라는 성경의 예시는 심층적으로 살펴 볼 필요가 있다

• 성경에는 분리의 입장만을 지지하는 구절만이 등장하지 않으며, 적응유형과 변혁유형에 속한 구절들이 곳곳에 등장한다.

• "너희는 믿지 않는 자와 멍에를 같이하지 말라"는 바울의 권고는 사실은 그리스도인이라 할지라도 이 세상과 완전히 단절하는 것이 현실적으로 불가능하다는 것을 인식하고 있다. "그렇다면 너희가 세상을 나가야 할 것이다" 바울은 그리스도인 처녀를 향해 차라리 결혼하지 않는 것이 좋다고 말하기도 했고, "이 세상 형적은 지나감이라"고 하면서 세상에 대한 애착을 버릴 것을 권고하고 있지만, 다른 곳에서는 "하나님이 지으신 모든 것이 선하매 버릴 것이 없느니라"고 말한다.

• 요한일서에 인용한 구절이 세상이나 세상을 사랑하지 말라 역시 전체적인 맥락으로는 그리스도인이 세상에서 도피하라거나 세상 질서로부터 물러나 살라는 소극적인 권고가 아니라 하나님께로 난 자들로서 죄와 오염되지 말며, 죄스러운 세상질서를 저항하며 죄의 세력을 대항하며 살라는 대항문화적countercultural 태도, 혹은 문화변혁적인 태도에서 나온 본문이다. 요한서신은 전체적으로 세상죄악된 현세질서과 대항하며 살라는 제자들의 삶의 태도를 보여준다. "너희는 세상에 속한 자가 아니요 도리어 내가 너희를 세상에서 택하였기 때문에 세상이 너희를 미워하느니라" 요 16:33; "내 나라는 이 세상에 속한 것이 아니다" 요18:36 리차드 니버는 요한복음이 '문화를 변혁하는 그리스도'에 속하는 변혁유형이라고 지적한 바 있다.

• 우리가 종종 성경에 등장하는 세상 속의 그리스도인의 존재방식에 대한 모델 중에는 어떤 특정 유형으로만 규정하기 어려운 경우가 많다. 요셉은 애굽의 보디발 시위대장의 가정총무로 지내면서, 성적 유혹으로부터 자신을 구별하는 분리유형의 방식을 보여주고 있지만, 요셉의 전반적인 삶 속에서 보여주는 방식은 그가 살아가는 삶의 자리에 들어가서 필요

한 역할을 감당한다는 것이다. 그는 가정총무, 감옥의 총무, 국가의 총리, 양곡 판매상, 사브낫바네아로 개명, 온 제사장의 딸과의 정략결혼 등, 적응유형의 대표적 인물이다. 다니엘과 세 친구 역시 우상 앞에 바친 음식은 거절했지만, 동시에 그들은 바빌론 제국의 관료로 활동했다는 점에서 적응유형에 속하기도 한다.

■ 분리란 무엇을 의미하는가

그리스도인과 세상, 복음과 문화, 교회와 사회의 관계에서 분리유형을 취한다는 것은 a) 둘 사이가 뚜렷하게 '이원화하는 것'이며 영과 육, 성과 속, 현세와 내세, 하나님과 세계, b) 적대적이고, 충돌하고, 대립하는 관계를 의미하며, c) 그리스도인이 세상 속에서 조화, 일치, 적응하기보다 부적응, 부조화, 불일치하는 방식으로 실존한다는 것을 의미한다. d) 적극적으로는 분리됨의 방식은 기독교가 기존사회 질서에 저항하거나 대항세력이 된다는 것도 포함한다. 그러므로 이 유형은 사회에 대한 그리스도인의 태도는 매우 소극적이며, 비관적이고, 도피적 경향을 띤다. 그리스도인은 사회와 친사회적이고, 친국가적인 우호적 관계를 맺지 않으며, 박해와 탄압의 대상이 되거나 경멸의 대상이 되거나 별종 집단으로 취급받는다. 여기서 기독교는 그 사회의 주변부로 밀려나 있는 상태에 처하게 된다. 그럼에도 분리유형이 반드시 그 사회에 작은 영향만을 끼치는 것만은 아닐 수 있다. 소수 그룹이지만 기독교공동체는 저항세력이 되거나 반문화 공동체가 됨으로써 눈에 띄는 영향력을 끼칠 수 있다.

## ■ 분리유형의 역사적 사례

### 콘스탄틴 이전의 교회

• 교회 탄생 후 3세기까지의 '콘스탄틴 이전의 기독교'는 카타콤의 교회요, 소종파형sect type으로 교회는 국가와 긴밀한 협력과 제휴를 맺고 있지 않았다. 박해시대에 기독교는 국가를 적그리스도로 간주하고 대항하는 기독교가 된다. 기독교는 세상과의 '철저한 대립'radical antithesis의 종교이다.

• **우상화된 통치의 거부**: 로마제국은 그리스도인들에게 종교화된 황제 숭배를 요구하였으나 교회는 이를 거부하였다. "선생이나, 아버지라 하지 말라. 너희의 아버지는 하늘에 계신 분이니라". 그리스도인들은 지상의 상전과 지배자들의 권위에 복종한다. 초기 기독교 공동체는 현존하는 세속 국가의 권세를 무조건적으로 거부하지는 않는다. 다만 하나님의 주권과 그리스도가 유일한 주되심큐리오스을 고백함으로써 이 세상 통치자들의 권력을 상대화한다. 그러나 이것은 때때로 정치적 무정부주의자anarchist로 오해받을 수 있었다.6)

• **임박한 종말론적 태도**: 현재의 세상이 머지않아 임박한 종말이 올 것이라 확신했기 때문에 초기 기독교 공동체 사람들은 이 땅에서의 안정된 삶에 대한 애착을 갖지 않았으며, 곧 임할 주님의 재림을 소망하며 살아갔다.

• **특정직업의 거부**7): 초기 기독교 그리스도인들은 원칙적으로 국가공

---

6) 이것이 초대 기독교가 로마제국에 전면적인 대항적, 무정부주의에 기울어졌다는 것을 의미하는 것은 아니다. 초대교회의 분리주의적 태도 안에는 동시에 롬13:1-7; 벧전2:13-14 처럼 국가질서에 대한 그리스도인의 순응을 가르치는 부분이 있다.

7) 초대교회가 금지한 직업들은 황제숭배와 우상숭배에 쉽게 연루되는 군인, 공무원이며, 피흘리는 직업, 즉 사형집행관, 판사, 군인. 기능직이었다. 세공업은 우상의 상징물과 이교예배와 접촉하는 노동이므로 금지되었으며, 연극, 예술, 수사학도 금지. 목수, 치장 미장이, 가구 제조업자, 기와장이, 금박장이, 칠장이, 유기장이, 조판공은 이교도 사원예배와 관련되는 노동이므로 금지하였다. 기독교인들은 마술가, 점성가, 학교교사, 과학교사가 되어서는 안 된다. 에른스트 트뢸취, 『기독교사회윤리1』, 현영학 역 (서울:

무원으로 참여하는 것을 거부했다. "자주색 옷을 입은 사람, 즉 관원은 사직해야만 하거나 그렇지 않으면 교회로부터 거부되어야 한다"-Hipolytus 왜냐하면, 관원들은 사형언도와 처벌을 내리며 황제숭배와 관련된 공무를 수행해야 하기 때문이다. 터툴리안은 "인간은 두 주인, 즉 가이사와 하나님을 겸하여 섬길 수 없다."고 말했다. 또한, 군인으로 복무하는 것을 거부"군복무 중에 그리스도인이 된다면 괜찮으나 만약 학습자나 신자가 군인이 되려고 한다면 마땅히 거절해야 한다"했고, 검투사gladiator, 전차를 모는 전사chariorteer와 관련된 직업은 금지되었다. 서커스나 사람을 처형하는 것을 구경하는 것 역시 금지터툴리안: 서커스나 쇼를 구경하는 것은 세상 죄에 우리가 접촉되어 그것이 우리를 오염시킨다. 사람을 처형하는 것을 구경하는 것은 사람을 죽이는 것이나 다름없다되었으며, 흥행과 오락 행위로부터 자신들을 구별하였다.

• **순전한 삶의 방식**: 공동체 안에서의 형제, 자매애적 사랑, 타인에 대한 환대: 이방인, 고아와 과부에게 친절한 영접과 긍휼을 베풀었다. 그들은 노예를 자유케 하고, 물질의 공동 나눔을 실천하고자 했다.터툴리안: "우리 가운데 아내를 제외한 모든 것은 공동소유이다"

• 디오게네투스에게 보내는 편지는 그리스도인과 세상의 관계를 잘 보여주고 있다.

> "그리스도인들은 비록 그들이 사는 곳이 모국이라 하더라도 마치 거기가 고향이 아닌 것처럼 산다. 모든 타국이 그들에게는 조국이며, 모든 조국이 이들에게는 타국이다. 그들은 육체를 지니고 있지만, 육체를 따라 살지 않는다. 이들은 지상에서 살지만, 천국의 시민들이다. … 한마디로 말해서 영혼과 육체의 관계는 그리스도인과 세상에 대한 관계와 같다. 영혼이 몸안에

한국신학연구소, 2003), 123.

퍼져있는 것처럼, 그리스도인들은 세상 안에 흩어져 있다. 그
러나 영혼이 육체 안에 거주하지만 육체에 속하지 않는 것처럼,
그리스도인들도 이 세상에 살지만, 세상에 속해 있지 않다."[8]

그리하여 초대교회의 세상관은 이렇게 요약된다. "**우리는 세상에 거하
나 세상에 속하지 아니한다.**"we are in the world, but not of the world 초대교회 그
리스도인들은 세상과 분리되어 있었고, 세상은 그들과 적대관계에 있었
다. 그들에게 세상의 전반적인 구조는 악마적 지배아래 있는 것이었다. 따
라서 그들은 세상에서 이방인처럼, 타국인처럼 살아갔다. 그들은 군인 복
무, 국가 공직의 참여, 검투 경기와 서커스 관람, 공동묘지에 묻히는 것,
황제숭배 등을 거부함으로써 자신들을 세상질서와 문화로부터 구별하고
분리하고자 하였다.

### ■ 터툴리안의 분리주의

"예루살렘과 아테네가 무슨 상관이 있느냐" 예루살렘은 신앙신학을, 아
테네는 이성철학을 가리킨다. 또한, 이 둘은 교회와 세상을 의미할 수 있
다. 터툴리안은 "불합리하므로 믿는다"라고 하면서 신앙은 이성과 조화될
수 없다고 생각한다.

### ■ 저항적 분리유형: 재세례파, 소종파 유형

재세례파anabaptism에 의하면 기독교는 예수 복음과 십자가, 제자도에 기
초해 있으므로 기독교회가 칼의 권세에 의존하여 국가와 교회의 협력과
제휴를 가져왔던 '콘스탄틴주의 기독교'를 신랄하게 비판한다. 그들은 교
회는 세상 구조와 전적으로 구별된 대조사회를 가시적으로 보여주어야 한

---

8) 비치, 니버, 『기독교윤리』, 김중기 역, (서울: 대한기독교출판사), 48f.

다고 주장한다. 이 그리스도인들은 국가가 선한 창조질서임을 인정하지만, 폭력적인 힘의 실체이기도 하므로 상대적인 권위만을 인정한다. 재세례파는 폭력에 기반한 세속 권위질서와 동화하고, 협력하기보다 그것을 거절하고 대항하는 철저 제자도radical discipleship를 중시한다. 재세례파는 제도화된 교회형식보다 공동체를 지향하면서 기독교 원시주의christian primitivism를 추구한다. 전체적으로 재세례파는 창조와 구원, 자연과 은총, 그리스도와 국가가 분리되어 이원론의 성격이 강한 소종파형 기독교에 속한다.

■ 세상의 기존질서와 저항하는 소종파형 기독교에서 분리주의 입장이 두드러지게 나타난다. 예를 들어 여호와의 증인과 안식교 신자들 가운데 병역거부, 국기에 대한 경례의 거부를 적극적으로 표명하여 많은 고통을 받고 있다.

## 2. 세상과 분리를 추구하는 분리유형의 부정적이고 기형적 결과들

■ 분리유형은 도피적 그리스도인으로 살아가게 한다.
• 세상과 분리됨을 추구하는 그리스도인은 종종 세상 속에서 부적응의 인간으로 살아가는 모습을 보일 수 있고, 과격한 분리주의자일 경우 사회적 통념과 일반 상식에 크게 벗어난 사고와 행태를 보여줌으로써 넌센스적이며 병리적인 신앙인의 모습을 초래하여 세상으로부터 비난과 조소거리가 되기도 한다: 기독교 근본주의자들과 세대주의자들, 성경문자주의자들에게 이런 현상이 발견된다.
• **세상문화에 대한 경멸:** 근본주의 성향의 기독교인들은 이 세상현세과 세상문화를 죄악시 여기면서, 그 문화로부터 격리하려고 한다.

■ 분리유형의 비관적 세상관[9]

1) 비관적 세상관: 분리주의는 세상에 대한 부정적이고 비관적 태도에 근거한다. 이 세상은 죄로 오염되고 부패된 곳이다. 이 그리스도인에게 세상이란 타락과 방탕, 무질서, 도덕적 오염과 추악함만이 가득한 '죄 많은 세상'이다. 창조−타락−구속이란 도식에서 볼 때 분리모형은 창조된 세계 자체의 선함이나, 구속을 통한 세상의 변혁보다 오로지 세상의 '전적 타락'에 강한 강조점을 둔다. 분리주의 세계관의 그리스도인은 세상문화를 죄악으로 오염된 것으로 여기므로 이를 혐오하며 거리감을 유지하고 등을 돌리려한다. 그들은 세속문화가 하나님께서 주신 일반은총으로서 유용한 측면이 있으며, 비록 타락한 문화라 하더라도 선한 방향으로 갱신해야 할 책임있는 태도를 보이지 않는다.

2) 무의미한 세속의 삶: 세상은 장차 멸망할 도성이므로 그리스도인에게 잠시 지나가는 임시처소에 불과하다. 그리스도인이 희망하는 곳은 현세적 세상이 아니라 미래 천국의 행복이다. 기독교 신앙은 타계적他界的이고, 몰역사적沒歷史的이므로 신앙은 사사화되어 개인구원에 만족하거나 자아의 위로와 평안을 보장하는 방편으로 전락하게 된다. 또한, 세상 속의 삶을 무의미하게 여기며 현세적 삶에 비관적 태도를 가지므로 직업활동, 노동과 경제행위, 결혼과 성생활, 여가와 취미 등의 일상의 삶을 죄악시하여 거기에 의미를 부여하지 않는다.

3) 세상 도피적 소명관: 그들에게 소명은 죄된 '세상으로부터' 부르심으로 이해할 뿐, 세상 속에 들어가 하나님의 일에 참여하는 '세상을 향한' 부르심이 아니다. 그들은 세속의 직업활동을 하나님의 부르심으로 받아들이는 직업소명으로 생각하지 않으며, 그러므로 '거룩한 세속성'holy worldli-

---

9) 모든 분리유형이 비관적 세상관에 속하지 않는다. 예를 들어 어거스틴과 칼빈은 변혁유형(그리도인은 이 세상과 문화를 변혁해야 한다는 입장)에 속하지만, 그들도 기본적으로는 이 세상이 죄로 오염되어 있으며, 세상이 그리 쉽게 개선될 것이라고 낙관적으로 생각하지 않는다.

ness이 자리할 여지가 없다.

4) **세상 탈출의 구원관**: 이원론적 분리주의적 구원관 때문에 기독교의 구원을 '세상의 구원'이 아니라 '세상으로부터 탈출'하는 구원이며, 영혼과 육체의 구원이 아닌 '육체로부터 영혼의 구원', 다시 말해 육체라는 감옥 혹은 무덤에서 영혼이 빠져나오는 구원으로 이해한다.

5) **공적 신앙의 결핍**: 기독교 신앙이 사회의 공적 영역보다는 개인구원과 내적 경건에 의미를 두게 된다. 그리하여 신앙생활의 의미는 사사로운 종교활동과 예배, 교회출석, 교회봉사와 같은 차원으로 드러난다. 또한, 신앙인의 표식을 술, 담배, 특정 장소 출입 등 특정 항목에 대한 금기적이며 율법주의적 태도에서 찾는다. 따라서 기독교 신앙의 사회적 공공성이 결여되어 복음의 사회적 책임과 사회 변혁적 역동성을 간과한다. 세상을 위한 그리스도인의 책임적 역할에 힘쓰지 않으므로 기독교 신앙은 사적 종교의 차원으로 축소되면서 게토화되고 만다.

## 분리유형의 신학적 특징

분리유형의 신학적 특징들이 있다. 그런데 여기서 말하는 분리유형은 기형적 결과를 초래하는 신학적 관점을 말한다.

• **이원론적 구원**: 분리유형의 기독교는 영육이원론에 신학적 근거를 둔다. 예를 들어 "영원한 구원이 일시적 복지보다 중요하다"라고 말하면서 영혼의 구원은 영원한 가치가 있지만, 육체적, 물질적 복지는 잠정적일 뿐이라고 생각한다. 이원론적 구원에서 구원이란 개인적, 사회적, 육체적, 물질적 차원을 포함하는 총체적 실재가 아니라 영혼이 저 영원의 나라에 들어가는 것이나 죄된 세상에서 탈출로 이해한다. 이러한 이원론 구원관은 구원의 현세적, 물질적, 육체적 차원을 경시하여 현실 너머의 영원의

구원만을 기독교적 구원으로 강조하는 것이다. 그러나 이것은 '기독교화된 플라톤주의'에 기인한다. 이원론적 구원에는 '구원과 복지', '구원과 사회정의'가 통합되지 않은 책 분리되어 있고, 구원이 세속적이고 사회적 차원과 무관한 것으로 처리된다. 그래서 "예수는 정치적이고 경제적 압박에서가 아니라 죄와 사망의 권세로부터 구출하기 위해 오셨다"Donald Bloesch라고 말함으로써 기독교 구원이 정치와 현실과 각각 분리된다.

• **구조선 신학**Lifeboat Theology : 세상은 불타는 가운데 멸망으로 치닫고 있으며, 사람들은 격렬한 풍랑이 일어나는 바다 속으로 빠져 죽어가는 위험에 처해 있다. 이 위기상황에서 사회정의니 복지니 인권이니 하는 세속적 문제에 대해 논할 시간이 없다. 중요한 것은 죄 가운데 허우적거리는 영혼을 향해 지체없이 구원의 밧줄을 내려주는 영혼구원 활동만이 그리스도인과 교회가 최우선으로 해야 할 급선무인 것이다.10) 구조선 신학은 임박한 종말관이나 긴급윤리 사고와 연관이 있으며, 교회의 사명을 구령사역, 복음전도에 두면서 그리스도인의 일상의 삶이나 사회적 책임을 소홀히 하게 한다.

• **세대주의적 전천년설**: 인간사회는 주님 재림 때까지 점점 더 나빠질 것이므로 사회개선에 관심갖는 것은 인본주의적 사회복음주의와 같다. 그들은 임박한 종말만을 강조할 뿐 현재의 세상과 그 문화를 개선하려고 하지 않는다. 그러나 하나님나라는 이 세상 속에서 시작되었으며, 현재 성장하고 발전하고 있으며, 그리스도인들은 하나님나라의 가치와 질서에 합당한 삶을 살아가야 한다. 이 관점은 하나님나라가 '지금 여기서' 이루어져야 할 현실로 생각하지 않고 '죽은 다음 들어가는 저 천국'으로만 생각

---

10) 폴 마샬, 『천국만이 내 집은 아닙니다』, 김재영 역, IVP, 47. 존 스토트, 현대기독교선교, 김명혁 역, 성광, 17.

한다.

■ 분리 유형의 도식
그리스도인 ↔ 세상
교회 ↔ 국가
복음 ↔ 문화
신앙 ↔ 이성
자연 ↔ 은총
창조 ↔ 구원
일반은총 ↔ 특별은총
타락 》 구속 》 창조
일반은총보다 특별은총
일반섭리보다 특별섭리

분리유형의 세계관은 창조–타락–구속의 관점에서 세상을 바라보지 않고 타락–구속의 도식으로 바라본다. 창조–타락–구속의 관점이란 창조된 세상은 본래 선한 상태로 지음받았으나, 죄로 인한 타락으로 총체적으로 오염되었으며, 그리스도의 구속을 통해 창조가 회복되어 간다는 사고를 말한다. 이 관점은 창조–타락–구속이라는 도식이지만, 또한, 창조–구속의 도식이기도 한데, 창조와 구속이 연속하며 일치한다고 이해한다. 창조는 구속을 통해 완성을 향해 진행된다는 발전–진보의 구속사의 관점을 말한다. 반면 분리유형은 창조와 구속을 일치와 연속이 아닌, 불일치와 대립, 단절로 보는 경향이 있다. 그리하여 하나님에 의해 창조된 세상과 문화, 그리고 자연을 본질적으로 선한 창조로 바라보지 않는다. 여기서 "창조는 본질적으로 선하다"가 아니라, "창조는 그 자체가 악하다"고 간주하는 이원론적 사고를 드러낸다. 분리유형의 세계관은 창조에서 시작하여 타락을 경유하여 구속을 향해 진행하는 역사 진보적이며 구속의 최종적 승리를 내다보는 진취적 역동적 관점이 아니다. 이 세계관은 죄로 인한 세상과 문화의 전적 타락과 부패를 강조함으로써 역사와 사회의 진보와 발전에 대해 비관주의에 빠진다. 따라서 창조는 부정되고 타락-구속이라는 세계관적 도식을 지니게 된다. 결국, 창조-타락-구속의 도식에서 유독 '타락'에 방점을 찍는다. 그리하여 그들의 세계관은 '타락한 세상', '타락한 문화'에 집중하여, '인간의 전적 타락'과 '전적 부패', 그리고 '전적 무능력' 교리를 강조한다. 이것은 결과적으로 그리스도인을 포함한 인간의 모든 사회의 개선 노력이나 문화의 변혁이나 도덕적 선을 향한 적극적인 활동 전개를 죄다 인본주의적 사고로 규정하면서, 세상 속에서 그리스도인의 적극적인 참여와 활동을 가로막는 논리로 작동하게 된다.

## 분리유형에서 분리되는 것들

• 신앙과 이성의 분리: 신앙과 이성은 서로 조화되지 않으며, 불일치한다고 강조한다. "불합리하기 때문에 믿는다"Credo quia absurdum, "아테네와 예루살렘이 무슨 상관이 있느냐?"라는 터툴리안Tertullian의 표현처럼, 신앙과 이성은 조화를 이루지 못한 채 서로 충돌하거나 대립하는 신앙의 투박함을 기꺼이 수용하는 입장이다.

• 과학과 종교의 분리: 근본주의 경향의 창조과학주의자들은 창조론과 진화론을 화해시키지 않으려 한다. 여하한 형태의 진화론도 창조라는 신앙고백을 희생시킨다고 간주한다. 그래서 과학과 종교는 대립과 모순 관계로 이해하려 한다. 이성의 결과로서 과학은 종교와 대립하고 충돌할 수밖에 없다.

• 국가와 교회의 분리: 고전적인 분리주의 유형의 기독교는 정교분리 더 정확히는 국교분리를 유지한다. 교회와 국가는 서로 다르기 때문에 콘스탄틴적 기독교의 교회국가는 거절된다.

**분리유형의 이중성: 그리스도인은 세상과 어쩔 수 없는 이원성이 요구되기도 한다. 따라서 세상과의 분리가 전부 비난받을 수 없다. 문제는 '어떤 분리인가'가 중요하다.**

그리스도인에게 이원성은 불가피하다! 그리스도인이 세상을 살아갈 때 분리주의 태도는 전혀 잘못된 방식일까? 오늘날 교회와 그리스도인들이 세상 문화에 너무 쉽게 길들여지고 그 구조에 물들어가는 적응유형으로 흐르고 있는 상황을 고려할 때, 악마적인 세상과 구별되고 오염된 세상 문화에 저항하고 거부하는 형태의 분리는 오히려 세상을 향한 그리스도인의 건강한 태도가 된다. 오늘날 다원주의와 세속화 시대에서 그리스도인들은 세속주의 흐름에 역행하며 살아갈 필요도 있다. 그리스도인과 세상의 관계에서 일치유형보다 반문화적 그리스도인countercultural christian, 11)이나, '대조사회'contrast society로서 교회12)가 요청되고 있다. 물론 분리유형의 기독교는 자칫 협소한 '사적 종교'로 전락할 여지도 있다. 그러나 기독교는 이교도 사회와 분명히 구분된 그리스도인들만이 보여줄 수 있는 독특한 삶의 양식을 보여주어야 한다. 교회가 세속문화에 동화되고 혼합되는 오늘의 상황에서 기독교는 동시대의 주류적 가치관과 삶의 방식에 흡수되지 않는 분리주의자separatist 혹은 이원론자dualist, 그리고 '문화와 대립하는 그리스도인'으로 살아갈 수 있다. 엄습하는 세상문화에 대항하여 교회가

---

11) 하워드 쉬나이더, 『참으로 해방된 교회』, (서울: IVP, 2005), 169ff.

12) 대조사회로서 교회, 대항공동체로서 교회에 관한 논의는 게르하르트 로핑크, 『예수는 어떤 공동체를 원했나: 그리스도 신앙의 사회적 차원』, 정한교 역 (왜관: 분도, 1996), 97.

복음의 가치를 붙들면서 세상과의 적합성relevance보다는 정체성identity을 강조하고, 복음이 시대의 옷으로 갈아입기보다 기독교의 본질을 주목하려고 할 때, 분리유형의 기독교가 취하는 '이원성'duality 13) 의 관점은 필요한 요소이다.

### 이원론의 양면성: 도피적 이원론인가, 저항적 이원론인가

세상문화를 바라보는 이원론적 관점이 한편으로는 세계 도피적 기독교를 초래하지만, 역설적으로 현존하는 세속질서에 대항하는 저항의 역동성을 보여준다는 점이다. 예컨대 반문화적 태도를 보여주었던 근본주의 운동이나 타계적 성향의 신비주의는 내적 종교체험으로 은둔하거나 세상을 등지는 도피 종교의 하나로 전락하지만, 교회와 국가의 이원성에 근거하여 십자가의 정치학을 전개한 재세례파 계열의 메노나이트 신학자인 하워드 존 요더의 신학이나 일제 말기 비관적 세상관으로 임박한 재림신앙을 보유했음에도 불구하고 우상숭배에 대한 철저한 거부로 그것이 도리어 정치적 행위가 되었던 주기철목사의 태도는 이원론적 분리주의 세계관에서 역설적으로 세속 질서와 권력을 거절함으로써 저항적 역동성을 보여주었다고 할 수 있다.

모든 기독교세계관의 유형에도 대립은 존재한다. 그리스도인과 세상 사이에 존재하는 이원성duality과 반정립antithesis은 분리주의 세계관에만 발견되는 것은 아니다. 일치모델을 제외하고 아퀴나스적 종합모델과 루터적 역설모델, 개혁파의 변혁모델에도 대립을 전제하고 있다는 점을 유의해야 한다. 예컨대 소종파형의 분리모델에는 교회와 국가 사이의 충돌과 대립이 설정되어 있으며, 가톨릭적 종합주의 세계관에도 비록 신앙과 이

---

13) 복음과 세상문화, 교회와 국가, 종교와 세속의 관계에서 그리스도인의 세계관에 오류를 초래할 수 있는 '이원론'(dualism)보다는 '이원성'(duality)이라는 용어가 적합하다고 할 수 있다.

성, 자연과 은총, 교회와 국가 사이에 발전적 성취에 의한 종합을 꾀하기는 하지만 상층부와 하층부의 분리가 존재하며, 루터의 두왕국적 세계관에는 그리스도 왕국과 세상 왕국 사이의 뚜렷한 대립과 이원성을 전제하면서 둘 사이의 기능적 분리를 가하되, 이를 분리주의 세계관처럼 그리스도냐 세상이냐는 양자택일이 아닌 '별개이나 공존하는' 형태이며, 변혁주의 세계관 역시 카이퍼적 전통의 신칼빈주의에서 신앙과 우상이라는 철저한 반정립antithesis을 전제하고 있다는 점을 주목해야 한다.

보충강의

# 세상이란 무엇인가?

**그리스도인에게 세상이란 무엇인가?**
**성경은 세상을 다양한 의미로 사용한다.**

### 창조질서로서 세상

성경에서 세상은 일차적으로 '창조세계'를 말한다. 즉 세상은 하나님의 피조세계다. 성경은 하나님께서 지으신 세상이 '보시기에 좋았다'고 말한다. 창조세계는 선하신 하나님에 의해 지은 바 된 '선한 창조'다. 그러므로 정신이나 관념, 영적 차원의 세계는 선하고, 물질로 구성된 창조세계는 악하다고 말한다면, 그것은 마니교적이며, 신플라톤주의적 사고이지 기독교 창조론의 사고가 아니다. '본래의 창조는 선하다.' 그러므로 창조된 세계는 결코 존재 자체가 악이 아니다.

그런데 세상이란 자연물로서 세계, 즉 자연 세계만을 뜻하지 않는다. 농축업, 기술, 과학, 음악, 미술, 의료기술, 직업과 같은 모든 문화의 산물도 세상에 속한 것들이다. 태초의 창조 이후 인간에 의해 만들어진 문화의 산물도 퇴폐적이므로 버려야 할 악한 것들이 아니다. 바울은 "하나님이 지으신 모든 것이 선하매 감사함으로 받으면 버릴 것이 없다"딤전4:4고 말한다. 이런 이유로 인간이란 존재 자체가 악한 것은 아니다. 성sex의 욕구와 본능도 그 자체가 악하지 않다. 성은 하나님께서 인간에게 기쁨과 생육을 위해 주어진 선한 선물이다. 권력을 남용함으로 권력과 압제의 도구로 전락할 수 있는 국가라 하여 그 자체가 악한 질서가 아니라 하나님의 선한 창조질서요, 도구이다. 국가는 민족과 구성원 전체의 법질서와 도덕을 유지하게 하는 방편이 된다. 그래서 세상에 있는 모든 것은 하나님께서 우리를 위해 주신 선물이므로 좋은 방향으로 사용하면 된다. '구조는 선하다. 단지 방향이 일그러졌을 뿐이다'. 성경은 세상에 죄가 침입하여 심각한 손상을 입어 타락한 상태에 빠졌지만, 하나님은 세상을 심판과 저주아래 내버려 두지 않으시고, 타락한 세상을 여전히 보존하시고 유지하시려고 은혜를 베푸신다. 그리하여 에덴동산에서 아담의 추방, 가인의 살인, 그 이후 죄된 세상으로 전락하지만, 그럼에도 인간 역사와 문화는 보존되면서 발전한다. 그래서 창조된 세상은 타락으로 멸망하여 마침표를 찍지 않고, 인간세계의 역사와 문화는 '죄의 억제력'과 창조목적의 '잠재성의 발현'이라는 일반은총의 혜택으로 인해 지탱되고 보존되어 진보하여 발전한다. 더구나 세상문화는 그리스도의 구속을 통해 만물의 회복을 목표로 나아간다. 이 세상은 타락의 후유증에도 불구하고 세상안에 역사하는 하나님의 일반은총의 효과로 인해 신자와 불신자를 포함한 인류 전체를 향해 은총이 깃들어 있는 곳이며, 하나님의 통치아래 있다.

### 반론

그런데 '모든 창조가 선하다'는 이 입장은 '세상은 악하다'는 이원론을 극복하는 관점으로는 유용하지만, 세상문화 속에 퍼져있는 악의 실체의 심각성을 간과하면서, 세상 문화를 지나치게 낙관적으로 대하는 난점이 있다. 세상과 세상 속의 문화는 하나님의 은총의 선물이거나 신적 은총의 결과물이 아니라 반은총의 표현이며 결과물이라는 측면도 있다. 세상문화은 악의 실체이기도 하다. 이 세상과 세상에 있는 모든 것은 그 자체가 악할 뿐이라는 비관적 세계관도 잘못되었지만, 반대로 '과연 세상은 선한 것인가?'. 인간의 문명, 역사, 사회는 언제나 진보하고, 발전하고 향상하기만 하는가? 세상의 모든 문화는 언제나 인간에게 선한 것인가라는 질문이 필요하다. 세상 문화는 악의 차원이 깃들어 있다. 또한, 세상 문화가 인간을 위해 주신 하나님의 선물이라는 관점은 '인간 중심적 세계관'을 반영한다. 세상을 바라보는 이 관점은 근대의 인간중심적 세계관과 역사 진보적이며, 낙관주의 문화관이 깔려있다고 할 수 있다.

### '모든 사람'을 의미하는 세상

"하나님이 세상을 이처럼 사랑하사 독생자를 주셨으니 이는 저를 믿는 자마다 멸망치 않고 영생을 얻게 하려 하심이라"요 3:16 여기서 말하는 세상은 하나님이 창조하신 세상도 아니며, 악한 질서로서 세상이 아니라, 세상 속에 있는 사람들people을 가리킨다. 하나님이 세상을 사랑하셨다는 말은 모든 사람을 사랑하셨다는 뜻이다. 요한복음 12:19에서 "온 세상이 그를 따르는 도다"라는 말은 온 세상 사람들이 그리스도를 따른다는 말이다. 요한복음 1:9-11 "참 빛 곧 세상에 와서 각 사람에게 비취는 빛이 있었나니 그가 세상에 계셨으며 세상은 그로 말미암아 지은 바 되었으되 세상이 그를 알지 못하였고 자기 땅에 오매 자기 백성이 영접지 아니하였으나". 이 본문에 여러 번 세상이란 단어가 나오지만, 각각 의미가 약간 다를 수 있다. 어떤 경우는 하나님이 창조하신 세상 전체를 의미할 수 있고, 혹은 그 세상 속에 사는 사람들을 가리키는 의미로도 사용되고 있다.

## 악한 질서로서 세상

그런데 성경, 특히 신약성경은 세상을 '죄스러운 실체'로서 부정적으로 표현한다. 세상을 의미하는 헬라어는 코스모스cosmos인데, 이 용어는 우주적 질서에 따라 살아가는 '모든 사람'요 3:16이라는 뜻도 있지만, 유대교의 묵시 사상과 신약성경에서 언급한 코스모스는 '악한 사회 질서'를 의미한다. 에베소서 2장 1–2절에 "그 때에 너희는 그죄 가운데서 행하여 이 세상 풍조를 따르고 공중의 권세 잡은 자를 따랐으니 곧 지금 불순종의 아들들 가운데서 역사하는 영이라"는 의미는 그리스도 밖에 있던 그때 당신들은 '악한 질서', 즉 코스모스에 따라 살았는데, 지금 사회 안에 존재하고, 사회에 속한 사람들에게 영향력을 행사하고 있는 악한 세력권세/힘에 따라 살았다는 의미다. 그러나 지금은 새로운 질서, 즉 그리스도의 통치에 따라 살아가는 새로운 존재로 변화되었다. 우리가 죄 아래죄의 질서와 죄의 지배 살고 있던 그때는 세상 나라의 질서에 따라 살았지만그러나 이것은 우리가 국가의 법질서와 시민법에 따라 살았다는 그런 의미는 아니다, 지금은 주와 그리스도의 나라에 속한 사람들이 되어계 11:15, 새로운 질서, 새로운 가치체계에 따라 살게 되었다.14) 그러므로 세상은 악한 사회 질서를 말한다. 그것은 '하나님을 대적하는 가치체계'라는 개념이다. 신약에서 부정적인 의미로 사용되는 세상은 "그리스도 밖에서 죄에 의해 지배되는, 죄로 오염된 세계 혹은 그런 삶의 총체"H. Ridderbos이며, "인간의 죄성으로 왜곡되고 뒤틀려진 모든 삶의 방향과 사고들"이다. 요약하면 세상은 "하나님의 주되심이 부정되는 삶의 영역"을 말한다.엡2:1–2; 요일2:15,16 그러므로 이런 의미에서 말하는 세상이란 어떤 특정한 장소가 아니라, '하나님의 통치를 거역하는 삶의 경향과 방향'이라는 의미로 이해되어야 한다. 성경이 세상을 미워하라 할 때,

---

14) 그래서 '이전 것은 지나갔으니, 보라, 새 것이 되었도다'(고후 5:17)라고 말할 때, 그것은 그리스도 안에서 전적으로 새로운 질서와 새로운 가치체계에 따라 살아가는 존재가 되었다는 뜻이다.

그것을 '세상에 있는 모든 사람'을 의미하는 것으로 받아들인다면, 하나님이 외아들을 주실 만큼 세상을 극진히 사랑하셨다.요3:16는 말씀과 모순된다. 그러므로 우리가 피해야 하고 미워해야 할 세상은 하나님에 의해 창조된 피조세계가 아니라는 것이 분명하다.

바울이 말하는 부정적인 의미의 세상과 유사한 개념으로 '육체'라는 단어도 그렇게 사용되는데, 여기서 육체는 생물학적 몸이 아니다. 바울은 인간의 육체적인 몸soma을 경멸하거나 죄악시하지 않는다. 여기서 육체란 '죄의 지배아래 있거나 죄의 노예 상태 아래 있는 인간의 죄악된 본성이나 경향'을 말한다. 그것은 죄된 인간 성향에 대한 상징적 표현으로서 '하나님을 거역하는 죄된 경향성'을 가리킨다.15) 바울의 의도는 생물학적 육체에 대한 경멸에 있지 않다. 오히려 바울은 육체를 거룩한 교회를 가리키는 상징으로 사용한다. 따라서 세상을 이렇게 이해할 때, 그리스도인이 거부해야 할 세상은 물질적인 세상이나 현세적 삶의 공간으로서 세상이 아니라 세상이 추구하는 가치관이나 삶의 방식, 삶의 질서로 이해된다. 다시 말해 그리스도인은 세상이라는 활동무대에서 도피하는 것이 아니라 세상적 삶의 질서와 가치체계들로부터 구별되어야 한다.

### 초기 기독교의 세상관

초기 기독교에서 세상은 교회 밖의 모든 사회제도와 기관들 전체를 의미하였다.16) 그들이 대칭되어야 할 세상은 특별히 교회 밖의 이교도異敎徒 사회였다. 그 사회는 다신적 우상숭배와 제의의식, 그리고 정욕적인 모습으로 가득 찬 죄된 세계였다. 교회 밖의 세계는 온통 죄스러움의 세계로서 전적으로 거부되어야 할 세계였다. 교회는 '그리스도의 왕국'이라면, 세상은 '사탄의 왕국'이요 육과 죄와 율법의 왕국으로 멸망과 타락으로 향하는

---

15) Anthony A. Hoekema, 『개혁주의 인간론』, 류호준 역, (서울: CLC, 1990), 254.

16) Ernst Troeltsch, 『기독교 사회윤리』, 123.

곳이었다. 교회와 세상의 이원주의dualism는 처음부터 설정된 논리였다.

## 지배체제domination system로서 세상[17]

신약성경의 세상 개념을 더 실제적으로 분석한 월터 윙크Walter Wink는 세상코스모스이란 용어를 지배체제domination system로 해석한다. **세상은 악마적 구조가 지배하고 있는 체제를 말한다.** 악마는 언제나 "제도적인 삶의 한복판에 존재하는 비인격적이면서, 영적인 실재"인데, 제도 자체가 악이 아니라 제도 속에 악마적 영성이 깃든 것으로 분석한다. 그런데 구조악으로서 죄는 경제구조, 정치체제, 삶의 양식, 가치관 등 전 삶의 모든 영역에 침투해 있다. 그런데 이러한 지배체제는 물질적이고 가시적 형체로 나타나기도 하고, 동시에 악령의 기운이나 악마적 힘으로 그 세력을 펼치고 있기도 하다. 그래서 윙크는 신약성경의 어떤 본문에 등장하는 세상은 '지배체제'란 용어로 대체할 때 그 의미가 더욱 실제적으로 드러난다고 주장한다. "너희는 이 세상지배체제에 속해 있지만 나는 이 세상지배체제에 속해 있지 않다."요8:23 그리스도인이 '코스모스'세상 질서를 거부할 때, 이 세상을 거부하는 것antiworldly이 아니라, 기존체제를 거부하는 것이다. 그리하여 윙크는 세상을 부정적으로 언급하는 신약의 단어를 지배체제로 바꿔 읽으면, 그 의미가 더 분명해진다고 말한다. "그 때에 너희가 그지배체제 가운데서 행하여 이 세상 풍속지배체제을 좇고 공중 권세 잡은 자를 따랐으니 곧 지금 불순종의 아들들 가운데 역사하는 영이라."엡2:2 "너희는 이 세상지배체제이나 이 세상에 있는 것지배체제에 속한 것들을 사랑하지 말라. 누구든지 세상을 사랑하면 아버지의 사랑이 그 속에 있지 아니하니, 이는 세상에 있는 모든 것이 육신의 정욕과 안목의 정욕과 이생의 자랑이니 다 아버지께로 온 것

---

17) 월터 윙크, 『사탄의 체제와 예수의 비폭력』, 한성수 역, (서울: 한국기독교연구소, 2004) 69ff.

이 아니요 세상으로 좇아 온 것이라."요일2:15-16 "세상낡은 체제에서 너희가
환란을 당하나 담대하라, 내가 세상지배체제을 이기었노라."요16:33 "내 나라
는 이 세상지배체제에 속한 것이 아니라."요 18:36

## 세상 속에 있으나 세상에 속하지 않는 교회

교회와 세상의 관계에 대한 고전적인 정식定式은 '우리는 세상 속에 있
으나 세상에 속하지 않는다'we are in the world, but not of the world라는 문장으로
요약되어 왔다. 이 문구는 세상 속의 교회에 대한 상반된 두 실존방식을
함축하고 있다. '교회는 세상 속에 있다. 그러나 세상에 속하지는 않는다'
는 것이 바로 그것이다. '교회는 세상 속에 존재하나, 세상에 속하지는 않
는다'. 앞 문장은 세상 속에 존재하는 교회의 현실적 존재 양식을 표현한
다면, 뒷 문장은 교회에 대한 본래적 존재양식을 표현한다. 전자가 '교회
의 세계내적 상관성'을 말한다면, 후자는 '교회의 자기 정체성'을 보여주
는 문구이다. 세상 속의 교회는 이 두 가지 실존을 부인해서는 안 될 것이
다. 교회는 분명 우주 속의 진공상태에 있거나 고고孤高한 성채처럼 존재하
거나 수도원의 담장으로 들어간 은둔자의 모습으로 존재하지 않는다. 교
회가 있는 자리는 시끌시끌한 시장 속이며, 민중의 애환과 뒹굴어 가면서
민족사의 여정 속으로 엮어져 있으며, 시민적 삶과 국가적 구성원의 하나
에 속해 있는 것이다.

교회는 세상에 속하지 않는다는 말은 교회라는 존재의 특이성, 즉 구속
됨의 영광에서 그렇다. 교회의 출발은 어떤 경우라도 인간들의 의기투합
에서 결정된 협동조합이나 결사체도 아니며, 영리를 목적으로 설립된 경
영기관도 아니다. 교회는 그 존재의 성격상 비혈연적, 비동질 집단으로 구

성되며, 하나님의 피조세계 전체를 향한 그의 신적 구원 의지를 실행하기 위해 부름받아 모여든 구속의 은총에 힘입은 신적 기관이다.

교회가 세상에 속하지 않는다는 말은 이렇듯 세상과 구별됨의 의미에서 그러하다는 것이지, 사실 교회는 지리적이고 장소적으로 이 땅의 한 부분에 속해 있으며, 민족과 혈연, 지역공동체, 국가적 차원에서 이미 세상에 속해 있는 세속기관의 하나인 것이다. 그런 점에서 **교회는 사회 구성체의 일원이다.** 따라서 교회가 마치 세상의 혈연과 지연, 시민적 구성원과 전혀 상종하지 않은 채 존재할 수 있는 것 마냥 교회가 무슨 별종 기관인 듯 착각에 빠져서는 안 된다.

교회가 세상에 속하지 않는다는 것을 빌미 삼아 교회운영의 투명성을 세속기관이 검증하려 하거나 교회의 재정상태를 공개를 협력적으로 요구할 때, 이를 교회 자신의 부패상을 은폐하려는 빌미로 악용하거나 정교분리 같은 궁색한 변명을 늘어놓을 일이 아니다. 너무나 자주 교회언론중재위원회나 한국기독교총연합회 등의 호교론적 기관들은 교회의 사사로운 이익을 충실히 대변하느라 교회가 얼마나 공공성에 바르게 운영되는지 묻지 않으려 한다. 그들의 이중적인 태도를 간파해야 한다. 교회에 이익에 관련된 사안에는 교회도 세속 기관의 일원임을 강조하다가 교회에 부담을 주거나 불편함을 주려할 때는 교회가 세상에 속하지 않는다는 임시변통의 논리를 내세우는 것을 보게 된다.

1. 일반적으로 세상문화과의 분리의 태도란 문자적으로 특정 장소와 공간으로부터의 분리하라는 것이 아니라, 세상문화 속에 더불어 살아가면서도, 세상적인 '가치'와 '정신'으로부터의 구별되라는 의미로서 비유적인 맥락으로 적용되고 있다. 그러나 죄스러운 문화와 습성들은 세상이라는

특정한 공간과 장소에 스며들어 있는데, 우리가 실제로 공간과 장소와 분리되지 않을 때, 세속적인 정신과 가치로부터 구별됨이 가능할 것인가?

2. 세상문화를 죄스럽다고 하면서 분리됨을 강조하는 기독교인들 가운데 술, 담배, 성적인 불륜, 주일을 어기는 것, 성경과 기도를 게을리하는 것 등의 사안은 엄격하게 지켜나가면서, 부동산 투기, 경제적 불평등과 양극화, 차별적인 사회악, 환경파괴 등 사회악에 대해서는 크게 문제 삼지 않거나 관심이 없는 이유는 어디에 있다고 생각하는가?

4. 세상문화과 분리를 엄격하게 실행하려면, 우리의 자녀를 공공학교와 분리된 대안학교로 보내야 하고, 일반 시민사회에 속해 있기보다 특수한 기독교공동체에 속하여 살아야 한다면, 이렇게 사회 속에서 실제적인 분리된 삶의 방식이 얼마나 효과적이며, 권장될만한 방식인가? 이러한 방식은 어떤 부작용이 있을 것인지 토론해 보자.

5. 오늘날 세상 문화와 세속적인 가치관과 생활방식에 주류 기독교가 무기력하게 길들여지면서 기독교적 정신과 가치, 그리고 신앙의 정체성을 분명하게 드러내지 못한 채 타협하는 모습을 비판적으로 바라보면서, 그 대안으로 세상문화와 뚜렷한 구별 됨과 대항문화 공동체를 형성함으로써 새로운 활로를 모색하는, 어떤 의미에서 분리됨의 생활방식을 추구하는 대안적 움직임은 어떤 것들이 있으며, 그것에 대해 어떤 평가를 할 수 있을까?
참고로 그런 실례로는, 주류기독교와 결별하고 새로운 기독교 대안 운동을 실험하는 그룹들이 여기에 해당한다. 실제로 자신들만의 별도의 공간과 장소에서 살아가는 대안적 기독교공동체, 혹은 매일의 일상까지 장소적으로 공동생활을 하지는 않지만, 더욱 분명한 생활 원리를 규약으로 정하여 모이는 소규모 신앙공동체, 기존교회와 아주 다른 방식으로 모여 예배하는 퀘이커교도들과 김교신/함석헌 정신을 계승하는 모임들, 재세례파 교회들, 그리고 최근 소개되고 있는 신수도원주의New Monasticism 등등을 말할 수 있다.

# 제3강

## 적응하는 그리스도인: 우리는 그리스도인으로 살면서,
## 동시에 세상 사람으로 살아간다-적응유형

### 1. 왜 적응의 방식인가?

그리스도인은 과연 세상을 등지면서 세상문화와 분리하여 살 수 있을까? 현실적으로 그리스도인이 세상으로부터 완전히 분리되어 살기란 불가능하다. 문자 그대로 분리모델을 따라 살아간다는 것은 어렵다. 왜냐하면, 그리스도인은 그리스도와 세상, 교회와 사회라는 두 영역에서 동시에 살아가야 하기 때문이다. 우리는 그리스도인이지만, 동시에 세상 속에서 살아간다. 우리는 그리스도인Christian이지만, 동시에 시민citizen이기도 하다. 우리는 그리스도의 사람person of Christ이지만, 세상의 사람person of world이요, 그리스도의 제자disciple이면서, 세속 국가의 시민citizen으로 살아간다. 그리스도인과 세상, 교회와 사회는 전혀 다른 영역이지만, 이 둘은 그리스도인의 삶에서 포기할 수 없는 영역이다. 그리스도인은 한편으로는 그리스도 안에서 살아가야 하지만, 다른 한편으로 세상 안에서도 살아가야 하는, 이중의 존재 방식 안에 있다. 우리에게는 영적인 나라와 함께 육적인 나라가 있으며, 하늘의 정부와 지상의 정부가 있다. 우리는 하늘나라의 천국 시민이면서, 지상 나라의 일반 시민으로 살아간다. 우리는 두 나라에 속한 국민으로 살아가야 하며, 두 나라의 주인을 섬기면서, 두 나라

의 질서 안에서 충성하며 살아간다.1)

　세상 속의 그리스도인의 실존방식은 분리모델처럼, 그리스도를 택할
것인가, 세상을 택할 것인가, 혹은 교회인가, 세상인가 하는, '이것이냐,
저것이냐'는 양자택일의 문제만이 아니다. 오히려 그리스도 안에 살면서,
동시에 세상 속에서도 살아가야 하는, 교회와 사회 두 영역에서 동시적으
로 살아가는 이중의 삶의 방식이 요구된다.

**분리유형이 최선이 아니다.**

　분리유형은 그리스도인이 세상과 분리됨의 방식으로 살아가는 방식이
다. 그런데 분리모델은 기독교가 동시대의 사회 질서와 갈등하고 충돌하
여 적대적일 때, 교회가 국가로부터 박해받는 상황일 때, 그리하여 교회가
사회 안에서 공인되지 않은 상태이거나 다수종교가 아닌 소수자 종교일
때 발견되는 유형이다. 그러나 기독교가 사회 속에서 공인된 종교가 되어
광범위한 사회 구성원이 교회의 질서 안으로 들어오게 되었을 때, 그리하
여 기독교의 신념체계와 사회 질서와 가치체계가 충돌하지 않을 때, 기독
교는 세상을 거부하고 도피할 이유가 없다. 다시 말해 기독교적 원리와 가
치가 사회 전반에서 문화와 제도와 생활관습에까지 뿌리내려 사회 속에서
공적 종교로 자리 잡아 마침내 사회의 보편가치와 일치를 이루어 기성종
교제도 종교가 되었을 때, 더는 분리모델의 방식은 불가능하다.

　초기 기독교가 사회 속에서 분리유형으로 존립하였던 이유는, 첫째, 그
들은 임박한 종말론적 기대 속에서 살았다. 그들은 현존하는 지상 세계에
얼마 있지 않아 종말이 도래할 것이라는 확신이 있었다. 따라서 기독교가
기존 사회 질서와 문화 속에 안정적으로 뿌리내리려는 논리적 근거가 없

---

1) 그러나 세상 국가에 대한 충성은 상대적인 충성이다. 국가가 하나님의 명령과 뜻에 위배될
　때는, 거절과 저항하며 살기도 한다.

었다. 초기 그리스도인들은 세상 속에 오래도록 정착하거나 정주定住할 신앙적 근거를 갖고 있지 않았다. 둘째, 초기 기독교는 다신교 사회에서 황제숭배를 강요받으면서, 그리스도를 유일한 주님으로 고백하며 로마 황제의 박해를 견뎌내야 했던 순교자들의 교회요, 카타콤의 교회였다. 다시 말해 그들의 기독교는 아직 사회의 공적 종교로 자리 잡지 못했고, 교회와 국가가 서로 협력하거나 제휴하지 않았던 시기였기 때문에, 기독교의 존재 방식은 분리모델로 존립할 수밖에 없었다. 박해시대의 기독교는 세상과 기존질서에 대해 저항적이며 배타적 태도를 취하게 된다. 셋째, 그들의 신앙형태와 생활방식은 당시 문란한 이교도 사회풍습과 거리를 두면서 전적으로 구별된 모습을 띠어갔다. 따라서 초기 기독교는 이교도 사회와 문화를 죄스러운 실체로 간주했으며, 세속 질서를 전반적으로 긍정하지 않았고, 기존질서와 대척하는 반문화의 태도를 취하게 되었다.

결론적으로, 초기 기독교는 현실사회에서 주류 종교도 아니었으며, 대교회형大教會型의 기독교가 아니라 소종파형sectarian type 종교였다. 그들은 이 지상세계에 영구히 머물 정착자들settlers의 기독교가 아니라, 임시 체류자들sojourners의 기독교였다.

그러나 기독교가 로마제국에서 공인된 종교로 합법적인 지위를 획득하고 나자, 즉 콘스탄티누스 황제의 공인을 통해 교회국가 혹은 국가교회 시대가 도래하고 난 이후 기독교의 사회적 위상은 엄청나게 달라졌다. 기독교는 '제국의 종교'가 되었고, 황제의 후원을 받는 '황실 종교'가 되었다.[2] 박해받는 교회는 박해하는 교회가 되었고, 고난받는 약자들의 교회는 지배자들의 종교요, 세력 있는 종교 권력이 되었다. 예수의 공동체는 콘스탄틴적 국가와 결합하면서 일종의 '제도'가 되었고, 종교 '기관'이 되었다. 교

---

2) 교리논쟁을 정리하기 위해 콘스탄틴 황제의 소집과 후원을 통해 보편공의회가 개최되었으며, 교회는 국가로부터 땅을 불하(拂下)받았고, 주교는 지역 행정관의 역할도 부여받게 되었다.

회와 이교 사회, 즉 기독교와 세계라는 두 영역이 분리된 채 별개로 존재하던 것이 급기야 기독교세계, 즉 크리스텐덤Christendom을 이루었다. 이제 기독교 왕국, 기독교 국가, 기독교적 정부가 등장했다. 교회적 생활방식은 인간의 삶 사회 전반에서 일반화되었다. 요람에서 무덤까지 그리스도교의 생활양식이 모든 개인을 지배했다. 한 사람의 생애는 태어나면서부터 그리스도의 이름으로 세례를 받으면서 시작되었고, 교회가 설립한 학교에서 기독교 교육을 받으며 성장하였고, 거의 대부분의 사람은 성당의 주일미사에 참석하였으며, 임종 시에는 종부성사로 생을 마감하였다. 모든 도시의 한복판에는 행정기관으로서 '시청'과 경제행위로서 '시장'이 광장에 자리하고 있었고, 종교기관으로서 '교회'가 위치하고 있었다. 유럽의 모든 도시와 작은 마을의 광장에 이르기까지 교회는 언제나 세상의 중심에 서 있었다. 기독교는 서구 세계에서 인간의 '삶의 양식'이 되었으며, 일종의 '문화'가 되었으며, 인간의식의 내면을 주관하는 가치관과 인생관이 되었다. 그리하여 기독교는 세계가 되었고, 세계는 기독교가 된 사회가 되었다. 이런 기독교적 사회, 기독교 국가, 교회국가가 된 사회에서 기독교가 세상으로부터 분리되는 존재방식이란 불가능하다. 기독교와 사회의 관계는 '일치'이든, '종합'이든 적응의 방식을 취한 것은 당연한 결과였다.

우리는 종종 기독교가 세상문화와 뒤섞이거나 동화되지 말아야 하며, 교회가 사회와 엄격하게 분리되는 것만이 기독교의 순수성을 보존하는 최선의 방식이라고 생각한다. 그러나 기독교가 사회로부터 철저한 분리와 단절하는 것만이 최선의 방식이 아니다. 분리의 방식은 그리스도인과 교회가 기독교적 정체성을 보존하고 유지하는 장점이 있다. 그러나 세상과의 격리나 단절은 자칫 기독교의 게토화를 초래할 수 있다. 그리하여 기독교는 도피종교에 불과한 왜소한 종교집단으로 전락될 수 있다. 무엇보다 기독교가 사회와 제도와 문화 속에 녹아 들어가서 복음의 보편성과 기독교의 공공성을 구현하지 못할 수 있다. 그런 기독교는 공적 영역에서 사회적 책임과 역할을 감당하기보다, 겨우 기독교 자신의 존립에 전전긍긍한 나머지 세상을 향해 보호막을 치면서 자기 보호에 충실한 소아병적 종교로 남게 될 것이다.[3] 그러므로 역사적으로 기독교는 적대적 분리주의에서 포용적 적응주의로 변모하기 시작했다.

■ 적응은 불가피하다.

그리스도인이라 하여 사회와 완전히 분리된다는 것은 현실적으로 불가능하다. 그리스도인도 비기독교인 직장 동료들과 더불어 일하며 생활해야 한다. 그리스도인들도 그들의 언어, 관습, 생활방식과 교감하며 영향을 입으며 살아간다. 세상문화와 물들지 않으며 살려 했던 초기 기독교 신자들도 실제로는 세상과 공간적으로, 그리고 물리적으로 분리된 방식으로 살지 않았다.

> 그리스도인들이 다른 사람들과 구별되는 것은 출신지가 다르다거나, 이상한 언어를 사용한다거나, 다른 특별한 옷을 입기 때문이 아닙니다. 그들은 자신들만의 고유한 도시에 살지도 않았고, 어떤 특별한 방언을 사용하지도 않으며, 그들의 생활에 특별한 것이라곤 아무것도 없습니다. … 그리스도인은 각자의 운명에 따라 그리스나 다른 도시에 흩어져 사는데, 그들이 속해 있는 영적 세계의 특수하고 역설적인 법을 따라 살지만, 의식주의 생활방식은 온전히 그 지방의 관습에 따라 삽니다. 그들은

---

3) 이런 수준의 기독교는 국가에 대한 교회의 적극적인 책임과 역할에 대해서는 무관심한 채, 국가고시의 주일 시행 반대, 종교인 납세 거부, 비기독교적인 예술의 상영금지 등 방어적이고 기독교보호적인 차원에 머물러 있게 된다.

각자 자신들의 나라에 살면서도 마치 나그네처럼 삽니다. 시민
으로서 모든 의무를 수행하지만, 외국인처럼 모든 것을 참습니
다. 그들은 모든 낯선 나라를 자신들의 고향처럼 생각하지만,
모든 나라가 그들에게는 타향과 같습니다. 디오게네스투스에게 보낸
편지

  그리스도인이 세상 속에서 살아가는 한, 세상 공기를 들이마셔야 하며,
세상의 썩은 냄새를 맡으면서, 악한 모습을 보면서 살아 갈 수밖에 없다.
신앙의 자녀들을 세속에 물들지 않으려고 공립학교에 입학시키지 않고 기
독교 대안학교로 입학시키는 것만이 최선의 대안일까?4) 슈퍼와 편의점을
운영하는데 엄격한 기독교이면 본인의 신앙 양심상 꺼려진다고 하여 소
주나 맥주, 담배를 판매하지 않으면서 장사할 수 있을까? 모텔운영은 성
적 문란과 연관될 수 있는 사업이므로 모든 기독교인들은 해서는 안 될 업
종이 되어야 하는가? 부동산업은 투기를 조장하고 불로소득을 취하는 것
과 가까운 직업이므로 부동산 업종은 금해야 하는가? 학원운영이나 학원
강사로 일하는 것은 사교육을 조장하는 업종이므로 해서는 안 될 일인가?
또 주식이나 비트코인에 투자하는 것은 어떤가? 이렇게 따진다면 과연 우
리가 이 세상에서 접하는 많은 업종과 직업 가운데 죄와 무관한 순결무흠
한 일이 얼마나 있겠는가? 심지어 신학대학원 교수가 본인이 재직하고 있
는 학교에 신학생 모집에 최선을 다하는 것은 목사 과잉 시대인 한국교회
상황에서 실업자 목사를 양산하는 역할을 하고 있으므로, 이것조차도 떳
떳한 활동이 아니라고 할 수 있다. 그렇다면 우리가 이 세상에서 악에 전혀
물들지 않고, 순전무결한 직업 활동이란 것이 어디에 있겠는가?

---

4) 기독교 대안학교가 가르치는 모든 학과목을 기독교적 이념과 가치관, 그리고 기독교
  정신으로 완벽하게 구성할 수 없다. 기독교 영어, 기독교 국어, 기독교 수학, 기독교 생물,
  기독교 사회, 기독교 물리, 기독교 미술과 음악이 실제로 가능하겠는가?

물론 이런 것들은 대부분 선과 악, 옳음과 그름의 문제라기보다 **아디아포라**adiaphora,5)의 문제이기는 하지만, 명시적인 악에 저촉되는 것이 아니라면 그리스도인들도 불신자들과 함께 영화를 감상하며, 그들이 출입하는 커피숍을 드나들며, 같은 교실에서 강의를 들으며, 똑같은 사회제도와 법률적 규제와 도덕법의 지배를 받으며 살아간다. 그리스도인도 불신자들과 같은 도시에서 더불어 살아간다. 그리스도인들은 비록 자신들이 살아가는 세속 도시가 기독교적 신앙 원리로 운영되지 않지만, 불신자요, 자연인인 그 도시의 시장과 국가 통치자의 통치원리에 큰 거부감없이 살아간다. 성경적 원리로 살아간다는 그리스도인들도 실제로는 이 세상의 각 분야의 전문가의 안내를 받으면서 그들의 충고를 신뢰하며 그 의견을 청취하며 살아간다. 우리는 이 세상이 통째로 기독교 국가이거나 기독교 사회가 아님에도 불구하고 세상 사람들과 뒤섞여 숨 쉬며 살아가고 있다. 세상과 세상 문화로부터 완전히 격리된 그런 기계적이고 문자적인 의미의 분리된 삶의 방식은 사실상 불가능한 것이다. 우리는 전적으로 성경의 법칙과 그리스도의 법에 따라서만 살 수 없으며, 그렇다고 성경이 가르치는 삶의 원리와 그리스도의 법을 외면할 수 없다. 그리스도인은 세상과 그리스도라는 두 경계선 상에서 살아간다. 바로 이 점에서 적응의 방식은 의미가 있다. 그런 의미에서 적응유형은 사실상 세상 속의 그리스도인에게 매우 실제적인 지침을 줄 수 있는 그리스도인의 삶의 방식이다.

---

5) 아디아포라는 어떤 행위들은 성경에서 명시적으로 규정한 사항이 없으므로 "대수롭지 않게" 여길 수 있다고 보는 것을 말한다. 어떤 행위는 본인의 양심과 의견에 따라 행동하면 되는 것들을 말한다. 우상 앞에 바친 고기를 먹을 수 있는가 하는 논쟁이 일어났을 때, 바울 자신은 신앙 양심상 먹을 수 있지만, 믿음이 약한 다른 신자들을 생각하여 평생 먹지 않겠다는 바울의 언급에서 나온 말이다.

## ■ 적응이란 무엇을 의미하는가

그리스도인과 세상, 복음과 문화, 교회와 사회의 관계에서 적응의 방식을 취한다는 것은 그리스도인이 세상 문화와 기존질서, 가치체계, 이념과 가능한 한 일치와 조화의 관계를 유지하는 의미한다. 적응유형에서는 기독교가 세상 속에 깊숙이 편입되어 세상 문화와 기독교가 동일시되어 조화와 일치를 이루는 방식을 말한다. 여기서 기독교 신앙은 자신의 독특한 정체성identity보다 세상과의 적합성relevance에 치중하려 한다. 이 유형은 기독교가 사회 속에 주변으로 밀려나 있을 때가 아니라, 사회 내에서 주류 세력을 형성하게 될 때 취하는 방식이다. 적응의 방식은 기독교 국가, 기독교화된 사회제도, 기독교 문화가 형성된 사회에서 취하는 입장이다.

## 2. 성경에서의 적응의 사례

성경은 하나님의 백성들이 이방 사회의 우상을 멀리하고, 제단을 허물고, 오직 여호와만을 섬길 것을 요구한다. 하나님을 섬길 것인가, 우상을 섬길 것인가 하나님 앞에서 단호한 신앙의 선택을 명령한다. 예수님은 제자들에게 하나님과 재물을 겸하여 섬기지 못하며, 두 주인을 섬기지 말 것을 요구한다. 우리는 세상의 넓은 길이 아니라 신앙의 좁은 길을 걸어야 하며, 그리스도의 제자로서 분명한 결단과 선택을 요구한다. 그렇다면 성경이 제시하는 신앙적 삶은 오직 여호와만을 섬기는 "모노 야훼이즘"mono Yaheism이고, 십자가의 외길만을 가르치는가? 세상 속에서 그리스도인의 삶의 방식은 결단주의와 순결주의 신앙만을 제시하는가? 성경 전체의 가르침은 우상의 길을 버리고, 하나님께 대한 충성과 십자가의 고난을 짊어지는 제자도의 길임이 분명하다.

그러나 성경의 인물들은 한편으로는 죄악된 세상에서 거짓 신들인 우상의 힘을 거절하고, 하나님과의 언약에 충실하고, 제국백성의 삶의 방식과는 대조된 하나님의 백성으로서 신실함을 증거하며 살면서도, 다른 한편으로 그들의 삶의 방식은 동시대의 사회와 정치체제, 그리고 문화양식과 조응하고, 어느 정도 동화되면서 적응의 방식을 배제하지 않았다는 것을 발견하게 된다.

■ 구약에서 부름받은 하나님의 백성들은 이방국가와 그 문화와 전적으로 단절하여 분리된 채로 살지는 않았다.

구약의 이스라엘 사람들은 이방 나라의 백성과 구별된 선민의식을 가지고 살았지만, 그럼에도 불구하고 이방 제국에 속하여 그들의 식민지 백성으로도 살아갔다. 그들은 이방제국의 총리로서, 고위관료로, 왕후로 살아갔다. 다니엘과 세 친구는 왕이 주는 우상제단에 바친 음식을 거절했지만, 느부갓네살 왕이 통치하는 바벨론 제국의 고위관료의 지위를 획득하였으며, 이방 제국의 공직자로 살면서 공적 직무를 수행하는 것조차 거절하지는 않다. 포로로 잡혀가 왕후가 된 에스더는 '죽으면 죽으리라'는 결연한 신앙 모습을 보여주지만, 에스더 역시 페르시아 제국의 아하수에로 왕의 왕후로서도 살아갔다. 요셉의 삶의 자리는 애굽의 친위대장의 가정과 감옥에서 시중드는 자의 직무를 수행하며 살아갔다. 그는 친위대장 보디발의 가정총무로 지내면서 성적 유혹으로부터 순결을 지키려는 점에서 도덕적으로 구별된 의미의 분리 방식을 보여주었다. 그러나 요셉은 자신이 만난 다양한 직업 환경에서 큰 거부감없이 잘 적응하면서 살아갔다. 특히 그는 애굽의 총리로 등극했을 때, 애굽 문화와 적응하고 동화하기 위해, 스스로 애굽식 이름사브낫바네아으로 개명했고, 그 시대의 가장 막강한 종교 가문이었던 온 제사장, 즉 태양신을 숭배하는 제사장 가문의 딸과 결혼하여 자신의 정치적 입지를 공고히 하려했다.

구약성경에서 하나님의 백성들은 엄격할 정도로 이방 국가와 문화로부터 완전히 단절된 방식으로 살지 않았다. 구약의 족장들, 유대민족의 지도자들, 예언자들이 살았던 곳은 주로 애굽, 바벨론, 메소포타미아, 페르시아와 같은 이방 제국이었다. 하란에 머물러 있던 아브라함에게 떠나라고 했던 지역, 야곱이 주로 살았던 곳, 모세가 청년시절까지 준비되었던 곳, 그리고 이스라엘 백성들이 가야 할 최종 목표지는 예루살렘이나 베들레헴이 아니라 애굽과 가나안이었다. 부름받은 하나님의 백성들이 특별히 구별하여 살아야 했던 특정한 공간이 별도로 존재한 것은 아니었다. 구약에서 하나님의 백성들이 보내심을 받은 곳은 이교문화로 둘러싸인 곳이었으며, 우상숭배가 성행했던 상수리나무 아래에서 제단을 쌓아야 했던 곳이었다. 그들이 보냄 받은 곳은 이스라엘 종교로 둘러싸인 곳이 아니라 우상제단과 이교문화가 강력하게 발휘된 세속 문화 한복판에서 유배된 백성이며, 디아스포라 백성으로 살아갔다. 이교사회에서 유대교를 신앙하며 살았던 하나님의 백성들은 이방의 세속적인 종교와 문화와 구별된 삶의 방식에 따라 살았지만, 어떤 경우에는 그들이 몸담았던 이방 문화를 수용하기도 하면서, 어느 정도는 동화되면서 살았다고 보아야 한다.

■ 복음이 세상에서 육화(肉化)하지 않으면 복음화가 이루어지지 않는다. 그러므로 하나님께서 인간이 되신 성육신은 복음이 인간 세상에서 적응을 이루어 낸 것을 보여준다.

"말씀이 육신이 되어 우리 가운데 거하셨다"요 1:14는 이 진술은 적응모델의 가장 대표적인 사례가 된다. 성육신은 하나님이 세상 속으로 적응하신 사건이다. 하나님께서 인간이 되신 성육신 사건은 하나님께서 세상 속으로 들어오셨다는 것이며, 그가 인간사회와 문화 속에 공존하기 시작했다는 것을 말한다. 영원 속에 계신 하나님께서 신적 초월성과 무한성을 뚫고 내재성과 유한성의 인간 세상으로 들어오셨고, 그리하여 그분이 세상 속에 거주하셨음을 말한다. 성육신의 과정을 통해 하나님의 현실은 세계현실을 수용하셨으며, 신적 현실과 세계현실이 단절과 분리를 극복하고 하나가 되었음을 의미한다.

그리고 예수님의 복음화 선교는 복음이신 예수님이 세상 안에서 육화되심으로 시작되었다. 그러므로 말씀이 육신이 되신 성육신의 사건은 복음이 세상 속에 뿌리내린 복음의 토착화indigenization이면서, 복음이 세상 속으로 적응한 것을 보여준다. 복음의 사회-문화적 적응이 없다면, 복음의 전달과 커뮤니케이션, 그리고 복음의 사회-문화적 이식移植은 일어나지 않는다.

복음은 사회 속에서, 문화적으로, 그리고 제도와 삶의 방식으로 적응이 일어나야 한다. 복음과 문화는 서로 긴밀하게 교류하면서 세상 속에서 복음의 문화가 꽃을 피워야 한다. 복음의 내용은 문화라는 옷을 입어야 한다. 그렇지 않으면 복음과 문화, 복음과 세상은 서로 동떨어진 채로 존재하게 된다. 복음의 계시가 성육신을 통해 역사 안에서, 세상 속에서 구체적으로 구현된 것처럼, 복음은 인간 사회와 문화 속에서 적응되지 않으면 안 된다. 그렇지 않다면 복음은 단지 추상적인 관념이나 사변으로만 남아 있게 될 것이다.

■ 하나님나라는 세상이라는 밭에서 성장하면서 확산되어 진행된다. 물론 하나님나라는 세상나라와 대조의 성격도 있다. 그러므로 하나님나라가 세상 속에 진격해 올 때 이 세계의 불의와 악과 충돌한다.예수님은 "내 나라는 세상에 속한 것이 아니다"라고 했다 그러나 다른 한편으로 하나님나라와 세상은 유비적인 관계에 있기도 하다. 다시 말해 하나님나라와 세상 사이에는

불일치도 있지만, 연속성도 있다. 하나님나라는 세상 속에서 시작되고, 그곳에서 성장하고 확장되기 때문이다. 예수님은 하나님나라 비유를 말할 때, 한편으로는 그 나라를 세상 나라의 자본주의적 시장경제질서와 전혀 상반된 대조적이며 차별 없는 공평의 나라로 설명하기도 하지만, 다른 한편으로는 그 나라의 비유에서 자본가에 의한 노동자의 고용과 임금지급이라든가, 달란트 비유에서 이윤축적에 관한 언급, 불의한 청지기 비유 등은 자본주의 경제질서를 긍정적으로 사용하면서 설명하기도 한다. 이는 하나님나라가 이 세상 나라의 질서와 일치하며 유비적인 관계를 보여주는 측면도 있음을 설명한다.

■ 예수님은 적응유형의 대표적인 사례이다.

예수님의 공생애가 보여주는 생활방식은 그가 세례요한처럼 철저한 분리주의자로 살지 않으셨다.[6] 주님은 당대의 유대교 문화에 적응하면서 살아가셨다. 예수님은 유대교의 관습에 따라 8일 만에 할례를 행했으며, 규례에 따라 유월절과 같은 유대교의 절기를 지키셨으며, 안식일에는 회당에서 보내셨다. 예수님은 유대사회에서 고립된 상태로 사신 적이 없었으며 기이한 방식으로 생활하지 않았다. 예수님 자신도 유대인의 습관처럼 식사하기 전에 손을 씻었을 것이며, 비스듬히 누어 식사를 하셨으며, 혼인잔치에 기쁨을 더하기 위해 물을 포도주로 만드시는 이적을 베푸셨다. 그는 목수와 관련된 기술자였으며, 때때로 들러 찾아가는 친구의 집이 있었고, 세리와 죄인들의 친구로서 그들과 함께 어울려 먹고 마시기를 즐기신 분이었다.

무엇보다 예수님의 사회관에서 적응의 방식을 보여주는 대표적인 구절

---

6) 약대 털옷을 입고, 메뚜기와 석청을 먹으며 주로 광야에서 거주했던 세례요한의 모습은 예수 시대의 금욕주의 그룹에 속하는 에쎄네파의 생활방식에 가깝다. 이는 일상적인 삶의 방식과 상당히 동떨어진 분리주의 형태라고 할 수 있다.

은 "가이사의 것은 가이사에게, 하나님의 것은 하나님에게"마22:21; 막12:17; 눅20:25라는 언급이다. 유일신 여호와를 숭배하는 유대인이 다신교적 우상을 숭배하는 로마 황제의 통치를 받는 것은 배격되어야 할 태도임에도 유대인이 로마제국의 통치자인 가이사에게 해야 할 충성이 있다면, 거기에 따라야 한다는 입장을 보여주었다.7)

물론 이러한 사례만을 가지고 예수님께서 그의 공생애 전체를 기존질서에 순응하였거나 적응의 방식으로 일관한 것처럼 해석하면 안 된다. 예수 운동은 이미 그의 탄생 시기부터 헤롯 정권과 정면으로 충돌하였으며, 예수님은 헤롯을 가리켜 "저 여우에게"라고 말한 바 있고눅13:32, 로마제국이 그들의 폭력에 의존한 통치방식을 비난하면서 "너희는 그렇지 아니하니"하면서 섬김의 제자도의 삶의 방식을 제시하셨으며막10:43, 성전에서 물건을 매매하는 상업화를 격렬하게 비판하면서 상을 뒤엎는 시위를 벌이셨으며, 빌라도 앞에서 "내 나라는 세상에 속한 것이 아니다"요18:36라고 하면서 세상나라와 하나님나라의 구별과 대조성을 언급한 바 있다. 예수님이 선포하신 하나님나라는 세상 속에 현존했으나 세상나라의 질서속으로 흡수되거나 동일화지 않았으며, 오히려 세상나라와 대조성을 특징으로 설명되기도 하였다. 요한복음에 의하면 예수님의 제자공동체는 세상에 의해 미움을 받았으며, 그 나라는 세상에 속하지 않았다는 점을 보여주고 있다.

---

7) 그러나 여기서 주의할 것은 예수님께서 가이사를 향한 충성을 하나님께 드리는 충성과 같은 동등한 수준을 말한 것이 아니다. 이 구절은 "가이사의 것은 가이사에게, 그리고 하나님의 것은 하나님에게"라기보다, 오히려 "가이사의 것은 가이사에게, 그러나 하나님의 것은 하나님에게"라는 해석이 더 설득력이 있다. 예수님의 의도는 "가이사에게 충성할 것이 있다면 그렇게 하라, 그러나 하나님께 충성해야 할 것이 있다면, 가이사에게 하던 그 이상으로 충성해야 한다"는 의미라는 것이다. 그래서 여기서 강조점은 가이사를 향한 충성보다 하나님을 향한 충성에 초점이 있어야 한다는 뜻이다. 그렇지 않으면, 이 구절은 압제적인 권력자들과 독재자들의 권력남용과 횡포에 맞설 때마다, "예수님도 '가이사에게 충성하라' 하지 않았느냐"고 하면서 자신들의 악행을 합리화하는 구절로 사용되어 왔기 때문이다.

■ 바울은 전도활동에서 이교도의 우상숭배를 하나님에 대한 불신앙의 태도라고 비판하면서 분노하지만, 그렇다고 하여 우상숭배자들을 하나님께서 멸망시킬 것이라고 말하기보다 그들의 종교적 열정이 도리어 신을 발견하고자 하는 종교심의 표현이라고 인정한다. 바울은 이방인에 대한 전도방식가 세상의 지혜필로소피아가 아니라 십자가를 통한 것이며, 육에 속한 인간은 세상 지혜로 복음을 알지 못한다고 하면서 마치 그가 일관되게 이방종교와 철학에 대해 단절되는 듯한 분리의 태도를 취하는 것처럼 보이지만, 실제로 바울은 우상 앞에 바친 음식을 대하는 태도에서 매우 유연한 태도를 보여주었고, 그의 전도방식은 "유대인에게는 유대인처럼, 이방인에게는 이방인처럼"이라는 표현처럼, 선교적 상황에 따라 유연하게 대응을 했다는 것을 보여준다.

# 적응모델의 형태: 일치, 종합, 역설

1. 일치유형: 고대 헬레니즘 기독교와 근대 문화개신교주의
2. 종합유형: 중세 가톨릭 기독교
3. 역설유형: 루터의 두왕국론

## 1. 고대 기독교의 일치유형: 그리스도교와 헬레니즘의 일치

예수의 복음 운동 이후 신생 초기 기독교는 기존 사회질서 안에서 소수자 종교였으며 소종파형 기독교의 성격을 띠고 있었다. 그러나 콘스탄티누스 황제의 기독교 공인을 기점으로 그리스도교는 국가라는 체제 안으로 편입되기 시작하면서, 교회와 국가는 협력과 제휴 관계를 형성했고, 기독교는 사회내에서 주류 종교이자 보편종교라는 위상을 획득했다. 그에 따라 '적응의 기독교'로 탈바꿈하게 되었다. 기독교와 세상과의 가장 두드러진 일치는 그리스도교가 헬레니즘과 만났을 때, 교부들의 변증 노력으로 그리스도교와 헬레니즘의 융합을 이루어냈다는 것이다. 변증가들로 불리었던 교부들은 그리스도교가 이교 세계 안에서 철학적인 논리로도 얼마든지 수용할만한 보편 진리임을 변호하기 위해 신학적인 변증을 시도했다. 그들은 이교적 사유방식과 형이상학적 논리를 동원하여 복음을 설득하려 했으며, 기독교적 사고논리를 동시대의 사유방식에 연결하여 복음의 토착화와 기독교 신앙의 보편화를 꾀한 것이었다. 이러한 시도로 헬레니즘의 기독교화가 달성되었는데, 이는 기독교 복음의 문화적, 사상적 적응화가

성취된 것이라고 말할 수 있다.

예를 들어 유스티누스는 그리스도를 로고스 관념에 적응시켰다. 그는 로고스logos를 받아들인 그리스인들은 '그리스도 이전의 그리스도인들'이라고 말한 바 있다. 당시의 사람들은 온 만물은 로고스에 의해 움직여지고 있으며, 로고스는 우주적 이법理法으로 이해했다. 그 로고스는 온 만물 속에 내재되어 있다고 믿었다. 그런데 그리스도야말로 우주와 만물을 운행하는 로고스가 가장 충만한 형태로 오셨다. 그리하여 유스티누스는 로고스의 원리로 이해된 세계와 그리스도를 일치시킨 것이다. 이미 로고스가 모든 그리스도인들 가운데 내재되어 있었지만, 이 세상 속에 육화하신 그리스도는 가장 온전한 형태의 로고스로 오셨다. 그러므로 로고스적 원리로 살아가는 그리스도인들과 로고스로 충만한 그리스도는 일치 가운데 있는 것이다. 헬라 세계와 기독교 문명은 서로 모순이나 대립되지 않고 조화와 일치를 구현함으로써 기독교는 그 시대의 보편적 사고와 이념으로 안착하게 되었다. 이것이 적응유형의 첫 번째 사례가 되었다. 그뿐만 아니라 고대 기독교 시대의 위대한 교부들 가운데 오리겐과 클레멘트는 적응유형의 대표적인 교부들이다. 그들은 동시대의 철학적 사유를 기독교 교리 안으로 가져와 기독교 진리를 보편화하는데 크게 기여하였다.

## 2. 포용적 적응주의의 대표 사례: 중세 가톨릭의 교회와 국가의 종합

중세 가톨릭은 국가 위에 교회가 자리하고 있었다. 국가는 교회보다 하위질서였고, 교회는 국가에 대해 상위질서로서 위계적이었지만, 그럼에도 교회와 국가는 제휴하고 협력함으로 교회국가, 혹은 국가교회를 형성했다. 지상의 세속 국가 위에 거룩한 덮개요, 은총의 질서인 교회가 얹혀 있으므로 성스러운 질서와 세속질서의 거대한 종합을 이루어졌다. 그리고 그것은 곧 기독교세계, 즉 크리스텐덤Christendom을 형성하였다.

토마스 아퀴나스는 이를 자연과 은총, 신앙과 이성을 이층구조로 설정하여 중세적 종합모형을 신학화했다. 여기서는 터툴리안의 "불합리하므로 믿는다"는 명제처럼 신앙과 이성은 서로 대립하거나 모순되지 않고, 오히려 상호 보완적이다. 자연과 은총의 관계에서도, 자연은 은총에 대립하거나 적대적이지 않는다. 자연은 은총을 예비하는 역할을 한다. 그러니까 은총은 자연본성을 전제로 출발하며, 그것을 기반으로 완성된다. 자연은 은총으로 가는 디딤돌이다. 그러나 자연본성은 불완전하므로 은총의 도움을 힘입어 완성된다. 따라서 "은총은 자연을 폐기하지 않고, 그것을 전제하며 완성한다"라는 아퀴나스의 공식은 완성모델의 신학적 공식이다. 국가 역시 신적 질서이기는 하지만, 불완전 질서이므로, 완전한 신적 질서인 교회에 의해 교도되어 완성을 향해 나아간다. 결국, 중세 가톨릭의 종합모델은 발전 완성모델이요, 포용적 적응모델이다. 자연, 이성, 국가라는 자연에 속한 하부질서는 은총, 신앙, 교회라는 상부질서의 계도 때문에 발전되어 종국에 완성에 도달한다. 다시 말해 자연, 이성, 국가라는 자연적 질서는 그 자체로도 긍정적이지만, 어디까지나 은총, 신앙, 교회라는 초자연적 질서의 교도敎道아래서 완성되도록 진행된다는 논리가 성립되었다.

**종합유형의 악용: 세상은 교회 아래 있으며, 교회는 세상보다 우월하다는 생각**

중세 가톨릭의 종합유형은 교회가 세상 '위에' 군림하거나 교회의 영적 권세가 지상의 세속 권세보다 우위에 있어야 한다고 주장하면서 세상 질서와 문화를 지배 통치하려 한다. 그리하여 이 유형에서는 교회의 세상에 대한 정복주의 혹은 승리주의에 도취되어 '기독교 왕국'을 건설하려는 유혹에 빠진다. 오늘날 교회와 국가는 원칙적으로 분리되어야 한다는 정교분리 원칙을 헌법에 명문화했음에도, 그리고 오늘의 사회가 기독교 단일종교국가가 아닌 다원주의 사회임에도 불구하고 교회가 세상질서에 대해 우위를 점하고자 하는 기독교 정복주의 유혹을 드러내면서 이 세상을 '기독교 왕국'을 꿈꾸기도 한다.

그래서 우리는 한국 개신교 안에 교회의 세상지배와 정복을 꿈꾸는, 시대착오적인 중세기적인 '개신교적 종합유형'에 빠져 있지 않은지 관찰해야 한다. 대형교회 목회자들 가운데 교회가 세상 속에 있지 않고, 세상보다 우월한 지위에 있으며, 세상은 교회의 영적 통제와 지도 아래 두어야 한다는 시대착오적인 사고를 표출한다. 한국 개신교 근본주의 진영 일부에서는 정교분리 원리에도 불구하고, 교회는 국가의 정치영역에서 하나님의 주권적 통치를 실현하는 도구라고 자임하면서, 교회는 세상에 대한 영적 통치권이 있으며, 세속 법질서 위에 영적 법질서가 있다는 허무맹랑한 주장을 펴기도 한다. 그래서 세상 위정자들은 교회의 영적인 지도를 받아야 한다는 일종의 가톨릭교회의 교도권 원리를 행사하려 한다. 국회 조찬기도회에서 교회 우월적 태도나 성시화운동, 기독교정당 활동 등이 그런 사례에 해당한다. 이러한 정복주의 기독교의 형태는 칼빈의 제네바 운동과 카이퍼의 영역주권론을 편의적으로 적용한 결과이다. 성시화운동이나 "온 세상을 그리스도의 주권으로"라는 카이퍼적 모토는 근본주의 기독교 진영에서 교회의 세상 지배와 정복주의의 헛된 염원을 보여주는 것이기도 하다.

## 3. 근대 자유주의 기독교의 일치유형: 문화개신교주의

근대 자유주의 기독교Liberal Christianity는 '기독교가 문화가 된 형태'를 말한다. 그래서 리차드 니이버는 이 유형을 '문화의 그리스도'Christ of Culture로 불렀다. 이는 '그리스도가 문화에 속한 유형'이며, '문화와 그리스도가 일치된 유형'이다. 그래서 복음이 문화와 일치를 이룬다. 복음이, 다시 말해 기독교가 문화를 변혁하기보다 문화와 조화를 추구하며, 복음과 문화, 기독교와 일반문화를 동일시하려고 한다. 여기서는 기독교가 일반 문화의 걸림돌이 되지 않으려 한다. 또한, 기독교가 추구하는 덕목과 교양이 일반 문화의 그것과 절대 다른 것이 아니며, 세상 문화와 뒤떨어진 것이라거나, 흔히 생각하듯 야만적이거나 괴상한 종교가 아님을 보여주려고 한다. 인간 사회가 추구하는 보편적인 가치와 고상한 덕목이 인간다움의 완성에 있다면, 바로 그러한 가치와 목표는 기독교가 추구하는 바와 절대 다르지 않다고 생각한다. 기독교인이란 유별나게 열광적인 신앙인으로 살아가는 그런 사람들이 아니다. 또한, 터무니없는 사고방식이나 맹목적인 신앙의식에 사로잡혀 때로는 비인간적인 신앙규칙에 옥죄어 살아가는 그런 부류의 그리스도인을 달가워하지 않는다. 오히려 건강한 그리스도인이란 일반 문화와도 잘 어울리면서, 품위있는 인격과 시민 교양을 갖춘 신자를 말한다.

문화개신교주의가 말하는 그리스도인은 이 세상 문화와 부조화를 이루는 종교인이 아니라 일치와 조화를 이루며 살아가는 사람이다. 이제 좋은 그리스도인이란 '나이스한' 인간이 되는 것이며, 도덕적인 인간이 되는 것을 말한다. **그들이 바라보는 예수는 인간이 도달해야 할 가장 완성된 인간의 원형이며, 도덕적 인간이다.** 그러나 이것이 반드시 잘못된 관점은 아니다 따라서 그리스도인의 목표는 그런 예수의 윤리적 인격에 참여하고 닮아가는 데 있다. 또한, 하나님나라는 저세상의 초월적인 나라로서 내세 천국이 아니라 이 세상 문화 속에서 윤리적 최고선이 증진되는 나라를 의미한다. 그리하여 하나님나라는 도덕적이고, 윤리적 선이 실현된 나라를 뜻한다. 이제 기독교는 도덕종교, 윤리종교가 된다. 따라서 도덕적 인간이 되는 것이야말로 그리스도인의 목표이고, 사회 속에 최고선에 도달하는 것이 곧 하나님나라의 실현을 의미한다. 그러므로 일치유형의 기독교는 인간됨의 완성이 바로 그리스도인이 추구해야 할 궁극적인 목표가 된다. 근대 계몽주의의 세례를 통과한 자유주의 기독교가 말하는 그리스도인은 인간화와 인간됨의 구현이 최종적인 목표가 될 것이다. 이러한 관점에 대해 우리는 긍정적인 측면과 비판적인 측면을 함께 보아야 한다.

자유주의 기독교(Liberal Christianity)는 신앙과 이성의 일치를 추구한다. 적응유형에서는 신앙우선주의신앙주의 fideism 입장은 크게 후퇴한다. 모든 것은 신앙의 잣대가 아니라 이성의 잣대에 따라 판단하며, 이성이 심판관의 자리에 군림하게 된다. 자유주의 기독교는 "신앙이 이성에 앞선다"는 전통적인 입장보다 "이성이 신앙에 앞선다"고 말한다. 따라서 기독교 신앙은 이성과 합리성을 근거로 판단하게 된다. 이성적으로 이해되지 않으면 믿을 수 없다고 말한다. 일치유형의 신앙인들은 "불합리하므로 믿는다"가 아니라 "이해하므로 믿는다"고 말한다. 그런데 여기서 주의할 점은 기독교신학은 언제나 "이해를 추구하는 신앙"을 중시해 왔다는 점이다. 지성을 희생시키는 것만이 기독교 신앙은 아니다. 그러므로 기독교가 신앙을 우선한다고 하여 이성적인 이해를 죄다 불신앙적 태도로 매도하지 않는다. 기독교 신앙은 신앙을 전제로 하지만, 이성적인 판단과 이해를 유의 깊게 사용해야 한다. 따라서 순전한 신앙이란 언제나 비합리와 몰이성적인 것이라고 단정해서는 안 된다. 차라리 기독교 신앙에는 인간 이성의 범위를 넘어서는 차원이 있으므로 '초이성적'이라고 해야 옳다. 더구나 기독교 신학은 이성을 사용하여 합리적인 논리를 동원하여 설명해야 한다.

또한, 자유주의 기독교는 과학과 신앙의 관계에서 일치를 취한다. 창조론과 진화론이 부딪힐 때, 전통주의자들은 신앙과 과학은 충돌하고, 대립하므로 둘 사이의 분리를 취한다면, 과학적 진화론을 포용하는 현대주의자들은 과학적 견해를 수용하면서 성서의 창조론을 재해석한다. 현대주의는 과학과 신앙은 근본적으로 모순되지 않으며, 충돌할 이유가 없다고 생각하면서 과학적 주장을 신앙 안으로 적극 수용한다.

결론적으로 신앙과 이성의 관계에서 신앙과 이성의 대립을 취하는 신앙우선주의 입장과 신앙과 이성의 일치를 추구하는 이성주의 기독교는 두가지 결과에 봉착하게 된다. 신앙은 이성에 앞선다고 하면서, 기독교 신앙을 초자연적인 성격으로만 규정할 때, 그때의 기독교는 내세구원과 영생, 그리고 초자연적인 일과 관련한 영적인 차원과 종교분야에서만 기능을 발휘하게 됨으로써 인간사회의 경험의 영역이나 공적인 삶의 영역, 그리고 지성과 이성의 역할이 중시되는 과학과 학문의 영역에서는 퇴출당하게 된다. 그리하여 이성을 도외시하는 신앙 우선주의 기독교는 이성과 합리성이 중시되는 사회의 공공 영역에서 밀려나게 되고 기독교는 영적인 차원, 개인의 구원 문제에만 쓸모있는 종교가 되면서 사적 종교로 전락할 위험이 있다. 반면 신앙과 이성의 일치를 추구하는 이성주의 기독교는 기독교 신앙을 합리적으로 설명함으로써 일반사회에서 설득력을 얻을 수 있으며, 그리하여 보편성을 획득하게 된다. 그러나 이성주의 기독교는 일반 문화와 과학과 조화를 꾀하려는 것 때문에, 기독교가 지니는 독특한 자기 정체성과 특이성을 상실할 위험이 있다.

■ 휴머니즘의 기독교는 가장 대표적인 적응의 기독교를 말한다.

세상문화와 기독교를 일치와 조화하는 것을 최고의 덕목으로 생각하는 적응의 그리스도인들은 참된 신앙인이란 참된 인간이 되는 것이라고 말한다. 그리스도인이란 특별한 인간이 되는 것이 아니라 그저 인간이면 된다고 생각한다. 참된 그리스도인이란 유별난 기독교인다운 냄새를 풍기거나, 지나치게 신앙인처럼 처신하는 것이나, 자신들을 불신자들과 완전히 구별된 사람이요, 선택받은 사람이요, 자신들만이 구원받은 사람이라고 표시내면서 살아가는 그런 사람이어야 하는가? 오히려 참된 그리스도인이란 그저 인간다운 인간으로 살아가며, 사회의 시민의 한 일원으로 살아가는 사람이 아닌가?

일치유형의 그리스도인들은 세상 문화와 신앙 본질에 근본적인 간격을 만들기보다 조화와 일치를 중시한다. 세상문화를 대하는 일치주의자들은 모든 일반 문화를 배타적인 태도로 대하지 않고, 관용과 포용적인 태도를 보인다. 그들은 옹고집스럽게 기독교인 양 하는 태도를 바리새적인 종교인으로 경멸한다. 그들은 세상 문화를 정죄하거나 배척하지 않고, 가능한 한 긍정적인 태도로 받아들이면서 겸양의 자세로 접근하는 경향이 있다. 이제 진정한 기독교인이란 그저 세속적인 인간이 된다는 것을 의미한다. 기독교인의 특징이란 규칙적인 기도를 드리거나 예배에 꼬박꼬박 참석하는 것에 두지 않으며, 교인 행세나 말씨를 전혀 드러나지 않는, 그리하여 어떠한 종교적 냄새나 종교적 외양을 벗겨 낸 인간적인 기독교인humanistic christian을 말하다. 이러한 기독교가 목표로 하는 것은 종교의 인간화이며, 인간적인 종교가 되는 것이다.

기독교를 비종교적으로, 세속적으로 사고해야 한다고 역설했던 본회퍼는 "그리스도인이란 인간이 되는 것"을 의미하는 인상적 글을 남겼다.

그리스도인이 된다는 것은 특정한 방식의 종교인이 되는 것이 아닙니다.
그것은 어떤 방법을 근거해서 뭔가 업적을 쌓는 것이 아닙니다.
그리스도인이 된다는 것은 인간 존재로 살아간다는 것을 의미합니다.

그리스도인답다는 것은 저 멀리 인간 세상과 동떨어진 곳에서

살아가는 것이 아니라

가장 인간적인 모습으로 더불어 살아가기를 원하는 것입니다.

그리스도인은 사람이 사람되어 하나님 앞에서 살아갈 수 있고

또 그렇게 살아가는 삶에 가치를 둡니다.

그리스도인은 이 세상을 무대로 활동합니다.

그리스도인은 세상에 적응하며 함께 일하고 영향을 끼치며

이곳에서 하나님의 뜻을 행하는 것입니다.

그러므로 그리스도인은 풀 죽은 비관론자가 아니라,

이 세상 한가운데서 기쁘고 쾌활하게 살아가는 사람입니다.

디트리히 본회퍼, '저항과 복종'

그리스도인에게 일반성의 덕목이 절대적으로 필요하다. 그리스도인이라 하여 일반문화의 가치관과 덕목과 전혀 구별된 신앙인만이 추구하는 독특한 가치에 따라 살아가는 사람이라는 구별의식과 선민의식에 사로잡혀 있을 것이 아니다. 오히려 그리스도인도 이 세상의 일반인들이 지향하는 고귀한 인간성과 덕목에 합치되는 삶을 존중하고 그것을 구현하는 삶을 살도록 노력해야 할 것이다. 이 세상에도 그리스도인들보다 더 숭고한 도덕적인 모습을 보여주는 사람들이 많고, 의로운 삶을 추구하기도 한다.

반면 종교적 열정과 충성심이 특출할수록 비인간적이고, 옹고집으로 똘똘 뭉친 배타심으로 굳어진 크리스천들이 얼마나 많은가? 예수 잘 믿고, 교회 열심히 다닌다는 크리스천들 가운데 성숙한 도덕성과 따뜻한 인간미를 보여주기는커녕 더더욱 비윤리적이고, 비인간적인 인간성을 보여주고 있지는 않은가? 기독교인으로 살아가는 것이 예수님의 산상수훈의

가르침만큼 일반인들이 흉내 낼 수 없는 탁월한 윤리의식과 생활 태도를 보여준다면 더없이 훌륭한 신앙인이라 하겠지만, 지금의 기독교는 일반인들이 보여주는 평균치의 도덕 수준에도 미치지 못하고 있는 것을 볼 때, 차라리 기독교가 일반인들의 도덕성과 일치하는 수준만이라도 유지해도 썩 괜찮은 크리스천이라고 평가해 줄 정도가 되었다. 오늘의 기독교는 독실한 크리스천이 되려 하고, 신앙심 깊은 종교인이 되려하기보다 차라리 인품과 도덕성에서 인간다운 인간이 되고, 품위있는 인간이기만 해도 훌륭한 크리스천이라고 평가해 줄 수 있지 않을까? 바로 이런 기독교와 일반문화의 일치 근거를 문화개신교주의와 자유주의 기독교에서 찾을 수 있다.

**자유주의 기독교는 도덕종교로 이끄는 안내자가 될 수 있다.**

한국의 보수신학은 '자유주의 기독교'를 성경의 문자적 사실을 부정하고 성경 무오성을 파괴했으며, 기독교의 근본적인 교리를 부인하고, 기독교를 도덕종교로 변질시킨 엄청난 해악을 끼친 사조로 거의 이단 취급을 해 왔다.8) 또한, 문화개신교주의cultural protestantism가 문화를 초월하거나, 문화를 변혁하는 기독교가 아니라 문화의 종교, 인간사회에 실존하는 문화 가운데 하나가 되도록 만들어, 기독교를 문화 속에 집어 넣어버렸으며 무엇보다 기독교를 현세문화와 동일시 순응하게 만들었다고 비판해 왔다. 그러나 오늘날 한국기독교가 세상의 일반문화의 수준에 비해 그리 뛰어난 도덕성과 휴머니즘을 보여주지 못할 뿐 아니라, 교리적으로 완고할 뿐인 그토록 배타주의 신앙과 타자에 대한 폭력적이고 관용적이지 않은 그런 기독교인들의 종교는 오히려 인격성을 함양한 도덕종교가 되어 인간

---

8) 자유주의에 대한 극단적인 비판의 기원은 그레샴 메이천이 말한바, "로마 가톨릭은 다른 기독교라고 할 수 있어도, 자유주의는 차라리 다른 종교라고 보아야 한다"라고 함으로써 자유주의신학은 기독교가 아니라 아예 '이단'이라고 비판했던 그의 언급에 있으며, 이 논리를 그대로 수용한 한국보수신학자 박형룡의 영향에 기인한다.

사회에 유용한 휴머니즘을 실천하는 종교가 되어야 하지 않을까? 바로 그런 해답을 비록 전부는 아닐지라도9) 자유주의 기독교와 문화개신교주의에서 찾아야 하지 않을까? 성경문자주의와 교리가 무너지면 기독교도 사라진다고 역설해 왔지만, 정작 성경과 교리를 철석같이 믿는 한국기독교 안에 정작 도덕성과 인간성이 빈곤해졌을 때, 교회가 선포하는 복음과 교리가 진정성 없는 헛된 말이 되고 말았다. 그러므로 기독교를 무너뜨리는 주범은 자유주의 기독교에 있다고 할 것이 아니라 다른 측면에서 원인을 찾아야 하지 않을까?

한국 크리스천들의 신앙 속에 성부, 성자, 성령 하나님, 성육신, 십자가 구원, 천국은 있을지 몰라도, 예수님의 윤리적 가르침인 산상수훈과 성경이 강조하는 사회정의, 약자에 대한 관심과 배려, 동정심, 관용과 같은 도덕적 가치와 덕목은 아예 관심조차 없다. 이런 기독교가 어떻게 정통 기독교라고 말할 수 있겠는가? 이런 기독교 신앙을 어떻게 건강한 종교라고 할 수 있겠는가? 도덕성 없는 기독교는 오히려 야만이고, 종교폭력이 될 가능성이 농후하다. 우리의 기독교는 이제 도덕적이 되지 않으면 안 되는 시점에 이르렀다. "기독교는 도덕이다"라고 단정하기는 어렵다 해도, 적어도 바른 기독교 신앙, 정통 기독교라고 한다면, 도덕성이 결부된 종교가 되지 않으면 안 될 것이다. 우리는 여기서 "자유주의 기독교는 교리없는 종교가 되게 했다"면, "정통주의 기독교는 도덕없는 종교가 되게 했다"

---

9) 자유주의 기독교에 대한 평가는 두 가지 점이 고려되어야 한다. 첫째는, 자유주의 기독교는 기독교가 고백하는 근본적인 교리를 해체하였으며, 성경본문의 역사적 사실성을 부정하고, 이를 신화나 허구로 처리함으로써 기독교 신앙의 근간을 붕괴시켰다는 비판이 그것이다. 둘째는 이와 상반된 평가로서 자유주의 기독교가 시도했던 신학적 작업은 흔히 보수-근본주의 신학이 일방적으로 비판했던 것처럼, 기독교의 진리성과 절대성을 전적으로 부정하고, 역사적 기독교의 유산을 전면적으로 파괴하려 했다기보다 밀려오는 계몽주의의 파도 속에서 관용, 이성, 세속화가 진행되는 근대의 사상적, 문화적 전환기에 기독교 신앙을 합리성과 보편성을 갖춘 종교이며, 동시대의 지성과 사유구조에 적실성을 갖춘 '타당성 구조'를 보유하는 기독교를 재건하려는 동기를 긍정적으로 평가해야 한다는 측면이다.

는 양비론적 시각조차도 벗어나야 한다. 오히려 우리의 기독교가 삶이 없는 고백의 종교, 윤리 없는 종교로만 남게 되었다는 자성이 필요하다. 그런 점에서 기독교를 도덕과 일치시켰던 자유주의 기독교는 윤리가 결핍된 한국교회에 소중한 참고서가 될 것이다.

### 일치유형의 문제점: 문화와 기독교가 일치할 때, 문제는 없는가?

기독교가 일반성과 일치를 이루고자 할 때, 즉 복음과 문화가 하나가 되고, 기독교가 세상에서 통념화되고 있는 일반적인 것에 적응을 이룰 때, 교회와 그리스도인은 세상의 흐름과 조화를 유지하게 된다. 그리하여 기독교는 세상적인 것과 보조를 맞추려 하다가, 세상 문화에 동화되어 가는 결과를 초래한다. 이제 교회는 세상 흐름과 쉽게 타협하여, 신앙의 급진성을 포기함으로써 기독교적 독특성과 정체성을 아예 상실할 수 있다. 실제로 자유주의 기독교의 우산 아래 있던 신학자와 교회들은 역사 속에서 현존하는 국가질서에 순응하고 협력하는 태도를 보여주었다. 독일 제3제국 시기에 빌헬름 황제의 전쟁을 찬동했던 하르낙과 헤르만 같은 신학자들이나 일제 강점기에 신사참배에 협조했던 목사들은 대체로 보수주의 기독교가 아니라 자유주의 신학의 우산아래 있던 사람들이었다. 기독교와 문화의 불화와 불일치를 추구했던 근본주의 성향의 보수기독교는 순교적 방식으로 기존체제에 저항했고, 자유주의적 성향의 기독교는 시대의 흐름 앞에서 투항하였던 것이다.

일치유형은 종합유형이나 변혁유형처럼, 세계를 지배, 점유하는 십자군적 정복에 빠지지는 않는다. 그러나 일치유형은 세상과 교회 사이의 긴장과 대항의식이 희미해지면서 교회가 세상과 동일시하려는 유혹에 빠진다. 이 유형은 복음으로 세상을 변혁하려는 동력을 상실하고, 스스로 그것을 거세하려고 한다. 또한, 세상 문화와 시스템 안에 내재된 죄악된 구조와 악마적 경향들을 간파하지 못하고, 쉽게 친세상적인 태도를 취한다. 여기서 기독교 복음은 문화의 일부가 되어 버리고, 인간적인 종교가 된다. 무엇보다 인간의 선 의지good will와 도덕적 능력을 과신하여 복음의 능력과 성령의 역사 없이도 도덕적인 사회와 윤리적인 인간으로 살아갈 수 있다는 낙관적인 태도를 취한다. 또한, 자유주의 기독교와 문화개신주의는 세상을 대하는 태도에서 관용과 포용하는 자세를 보여준다. 그런 이유로 그들은 공공 앞에서 지나친 기독교적 의식이나 표현을 내세우지 말아야 한다고 생각한다. 과연 기독교인은 공중 앞에서 예의상 자신들의 종교적 행위나 언어사용을 감추어야 하는가? 진정한 그리스도인은 종교적 표식을 내세우지 않아야 한다고 할 때, '비종교적인 신앙인'이 되려다가 그리스도인의 표식과 신앙표현조차 희박해지면서, 기독교 신앙의 기반까지 쇠약해지는 결과를 가져오지는 않을까?

**세상 문화와 일치를 추구하여 적응의 기독교가 되어가고 있는 한국교회**

교회가 세상 문화와 일치와 종합을 이루려고 할 때, 신앙의 위기에 봉착하게 된다. 오늘날 한국교회는 교회와 세상, 복음과 세상 문화가 조화하려고 하고, 일치를 추구하는 방향으로 흐르고 있음을 발견하게 된다. 교회의 강단에서 기복주의와 적극적 사고방식이 복음의 메시지와 뒤섞여 설교 되더니, 이제는 '긍정의 힘', '잘되는 나'라는 이름으로 형통과 성공과 행복을 신앙인의 목표인 것처럼 번영신앙이 교회의 복음을 뒤덮고 있다. 이런 형태의 일치는 복음이 세속적인 욕망으로 변질된 '타락한 일치'라면, 송구영신예배에서 말씀뽑기, 입시철을 앞두고 대학 합격을 위한 특별기도회나 승진을 위한 봉헌 등은 한국인의 전통신앙과 기독교 신앙이 결합된 '토착화된 일치'라고 할 수 있다. 그동안 세상 속의 교회는 복음으로 세상의 물결에 응전하기보다 적응의 방식을 취하는데 매우 발 빠르게 움직여왔다. 그 예로, 2020년 한일 월드컵 축구대회가 열렸을 때, 붉은 악마가 등장하자, 이를 사탄적인 음모라고 맹비난하더니 한국대표팀이 승승장구하여 전국민적인 축제의 분위기가 고조되자, 많은 교회가 대형 프로모션을 예배당에 설치해 놓고 지역주민들과 함께 기도하면서 응원하는 모습으로 태도를 바꾼 것이라든가, 건강에 관심이 커지면서 대중들이 웰빙에 관심을 기울이자 교회도 웰빙을 찬양하면서, '건강 신바람'으로 응답하는 것 등이 그런 예가 된다. 기독교가 현세문화와 일치를 이룰 때, 적응의 기독교는 자칫 신앙의 본질이 세속적 필요와 욕망으로 연결되기도 한다.

## 종합유형

### 신앙 은총 구원 특별은총
————————
### 이성 자연 창조 일반은총

종합유형에서 신앙은 이성 위에 군림하여 이성의 기능을 배척하거나 종속시키지 않는다. 신앙과 이성은 서로 모순되거나 대립하지 않고 상호보완적이다. 그리하여 신앙은 이성을 필요로 하고, 이성을 전제로 한다. 물론 그럼에도 불구하고 신앙이 이성보다 우선하고, 신앙이 궁극적이다. 그렇지만 이성은 신앙과 갈등하고 대립하지 않고 상호보완적이면서 조화의 관계에 있다.

종합유형에서 자연과 은총은 한마디로 **"은총은 자연을 폐기하지 않고, 그것을 전제하며, 완성한다"**라는 아퀴나스적 명제로 요약된다. 은총 앞의 자연은 죄로 물들어 타락한 대상으로 간주되어 아예 폐기되어야 할 그 무엇이 아니라 오히려 은총에 도달하는 출발점이자, 받침대다.


### 일치유형

#### 이성=신앙, 과학=신앙
이성적인합리적인 것이 신앙적이다. 과학과 신앙 사이에 일치를 도모한
다.

#### 복음=문화
복음과 문화는 대립, 충돌하지 않고 서로 조화와 일치를 이룬다.

#### 구속사=세속사, 창조=구원
구속사는 보편사와 일치한다. 두 역사는 하나의 역사이다. 창조는 곧
구원이다.

#### 교회=세상
교회와 세상문화은 갈등하거나 대립하지 않고, 조화와 일치의 관계를
유지한다.

# 역설유형으로서 적응유형:
## 두 나라에서 살아가는 그리스도인

　그리스도인은 그리스도의 나라와 세상 나라에서 동시에 살아간다. 그리스도인은 한편으로는 그리스도의 사람으로 살면서, 다른 한편으로는 세상의 사람으로 살아간다. 그리스도인은 한편으로는 복음과 말씀과 은혜로 다스리는 그리스도의 왕국에 따라 살지만, 다른 한편으로, 율법과 강제력과 힘으로 다스리는 세상 왕국에 따라 산다. 그리스도인은 서로 다른 두 왕국에서 역설적으로 살아간다.

　세상 속의 그리스도인으로서 이 세상과 세상 질서와 더불어 공존하면서 살아가는데 매우 유용한 이론을 제공하는 또 다른 모델이 있는데, 그것은 루터의 두왕국론이다. 두왕국론은 앞에서 살펴본 중세 가톨릭의 종합유형과 고대 헬레니즘 기독교와 근대 문화개신교주의에서 나타난 일치유형과 함께 적응유형에 속한다. 그러나 적응유형으로서 두왕국론은 종합이나 일치가 아닌 역설로서 적응유형이라고 분류할 수 있다. 두왕국이론은 그리스도인이면서, 동시에 시민으로 살아가는 적절한 설명을 제시해 준다.

## ■ 두 왕론국의 기본 내용

### 두 왕국

하나님은 두 왕국과 두 정부를 창설하시고, 두 가지 방식으로 다스리신다.

| 그리스도의 왕국 | 세상 왕국 |
|---|---|
| 영적 정부 | 육적, 지상의 정부 |
| 은혜/용서/사랑 | 저주/심판/징계 |
| 복음의 나라 | 율법의 나라 |
| 말씀 | 칼(강제력) |
| 신앙 | 이성 |
| 구원 | 보존 |
| 산상수훈 | 롬13장 |

**■ 하나님은 그리스도의 왕국과 세상 왕국이라는 두 종류의 나라를 창설하여 각각 다른 방식으로 다스리신다.**

하나님은 그리스도의 왕국과 세상 왕국이라는 두 왕국을 창설하셨다. 그리스도의 왕국은 하늘의 정부요, 영적 정부라면, 세상 왕국은 지상의 정부이며, 육적인 나라이다. 하나님은 이 두 나라를 각각 다른 방식과 원리로 통치하신다.[10] 먼저 영적인 나라인 그리스도의 왕국은 복음과 말씀, 은

---

10) 한 분 하나님은 이 두왕국을 두 가지 방식으로, 두 가지 원리로, 두 가지 질서를 통해 세상을 통치하신다. 그래서 이를 두 정부론, 두 통치론, 두 질서론이라고도 부른다. "두 개의 왕국이 있다. 하나는 하나님의 왕국이며, 다른 하나는 세상의 왕국이다. 하나님의 왕국은 진노와 형벌의 왕국이 아니라 은총과 자비의 왕국이다. 거기에는 용서와 서로 돌아보아주는 것과 사랑과 봉사와 선행과 평화와 기쁨 같은 것들이 있을 뿐이다. 그러나

혜와 용서에 의해 다스려지는 나라이다. 반면 지상의 정부인 세상 왕국은 율법과 심판과 칼과 강제력으로 다스려진다. 또한, 그리스도의 왕국은 이 세상의 구원을 목적으로 존재하고, 신앙의 원리로 진행된다면, 세상 왕국은 이 세상의 보존을 목적으로 이성의 원리로 운영된다. 한마디로 그리스도의 나라는 산상수훈이 지배하는 나라요, 세상나라는 로마서 13장에 따라 움직여진다. 또한, 그리스도의 왕국은 내면적인 영역을 통치한다면, 세상왕국은 외면적인 영역을 통치한다.

그리스도의 나라는 영적인 나라로서 그리스도를 믿는 신자들로만 구성되어 있다. 이곳은 그리스도의 통치가 이루어지는 나라이다. 이곳은 산상수훈의 원리에 따라 다스려지므로, 율법이나 칼, 강제력을 동원한 폭력으로 통치되는 곳이 아니라 완전한 사랑과 하나님의 말씀, 그리고 용서와 자비로 다스려진다. 그리고 그리스도의 나라는 영생과 구원으로 인도하는 데 봉사한다. 그러나 지상의 나라인 세상 나라는 그리스도인과 비그리스도인<sub>불신자 혹은 일반인</sub>으로 구성되어 있다. 가인의 살인 이후 인간세계는 죄로 물들어 있어서 복음, 은혜, 그리고 산상수훈과 같은 용서와 자비만으로 다스려지는 것이 불가능하다. 그러므로 세상 왕국에 '죄의 억제'와 법질서<sub>정의로운 질서 유지</sub>를 유지하기 위해서는 복음이나 은혜가 아닌 칼과 강제력을 사용해야 한다. 그래서 하나님은 세속 통치자<sub>obricatio</sub>를 세워 그들로 하여금 권세와 권위, 강제력을 사용하도록 허용하셔서 다스리게 하신다.<sub>롬 13:1-7, 벧전2:13,14</sub> 그런데 세상 왕국을 다스리는 통치자는 반드시 국가와 정부의 집권자들만 가리키는 것이 아니라, 재판관, 사형집행관, 교사, 부모

---

세상의 왕국은 진노의 왕국이요 용서 없는 왕국이다. 거기에는 악한 자를 누르며 선한 자를 보호하기 위하여 형벌과 억압과 심판과 정죄함이 있을 뿐이다. 이제 - 우리의 그릇된 광신자들처럼 - 이 두왕국을 혼동하는 사람은 진노를 하나님의 왕국에 종속시키며 자비를 세상의 왕국에 두려고 한다. 이것은 마귀를 하늘에 올려놓고 하나님을 지옥으로 보내는 것과 마찬가지이다." LW 46,69-70. WA 18,389.

들도 여기에 속한다.11)

■ **세상 속의 그리스도인들에게 그리스도가 다스리는 주의 나라와 세**
**상 권세자들이 다스리는 세상 나라 모두가 필요하다.**

그리스도인은 의인이면서 죄인simul justus et peccator인 이중의 실존을 살아
간다. 신자는 구속받았지만, 완전히 승리된 세상을 사는 것이 아니라, 여
전히 죄의 세력과 갈등하면서 살아간다. 이것은 교회와 신자가 처한 실존
의 한계를 직시하는 현실주의적 인식이다. 그러므로 그리스도인은 그리
스도와 사탄의 세력 사이에 끼어 살고 있다. 두 개의 나라 사이에는 그리스
도인은 갈등하며 살아간다.

두 왕국론은 그리스도의 왕국과 세상 왕국의 역할을 구별해 주면서, 각
각의 나라의 한계를 직시하고 있다. 첫째, 그리스도는 그분의 왕국만을 통
치하신다. 그리스도의 통치는 복음, 은혜, 말씀을 듣고 순종하는 자들이
모인 주님의 나라에만 미친다. 세상나라는 하나님이 세우신 위정자, 관리
자, 부모, 교사를 통해 다스려진다. 그리스도의 나라와 세상나라의 통치
원리는 전혀 다르기 때문에 섞여지거나 혼동되어서는 안 된다. 그리스도
의 왕국은 신자들의 내면 영역을 관장하고 있으므로, 육에 속한 사람들과
죄의 지배 아래 있는 세상 나라를 통치할 수 없전하고 있을 수 없다. 여기
에 그리스도의 나라의 통치원리인 복음과 은혜는 한계가 있다. 왜냐하면,
세상 나라는 복음과 은혜와 용서에 의해 다스려질 수 없고, 율법과 강제력,
심판으로 다스려져야 하기 때문이다. 예를 들어 흉악한 강도나 난폭한 살
인자가 법과 질서를 무시하고 폭력적인 범죄를 저지르고 있을 때, 예수의
복음과 은혜와 사랑의 말씀과 용서의 말씀을 가지고 다스리려고 해서는

---

11) 재판관은 죄인들에게, 사형집행관은 폭도들이나 살인자들에게, 교사는 학생들에게,
   부모는 자녀들에게 힘과 강제력을 사용하도록 허락되어 있다. 법을 통한 강제력을
   사용함으로써 세상 질서를 유지하게 된다.

안 된다. 세상 왕국의 공적 질서와 시민질서를 유지하려고 할 때, 그리스도인들은 "원수를 사랑하라", "악을 악으로 갚지 말라" 하는 성경말씀을 함부로 적용해서는 안 된다. 치안을 해치고 거리를 활보하는 사악한 범법자들에게는 죄의 억제 수단으로서 칼과 곤봉과 강제력을 동원해야 하고, 때로는 경찰력을 투입하고 감옥에 수감하여 죄가 함부로 설쳐대지 못하도록 조치를 취해야 한다. 하나님은 세상 나라의 정의와 질서를 유지하기 위해 위정자와 사형집행관, 재판관에게 법과 강제력을 사용하도록 위임하셨다. 물론 그리스도인은 이웃과의 개인적인 관계에서는 예수 사랑과 용서의 원리를 적용해야 한다. 이런 사적인 관계에서는 원수사랑을 실천해야 하고, 선으로 악을 이기라는 말씀대로 살 수 있다. 그러나 시민사회, 공공 질서, 국가의 법적 통치가 적용되어야 하는 상황에서는 법과 이성과 강제력을 동원해야 한다. 그러므로 두왕국론에서 중요한 원칙은 세상 나라는 그리스도의 나라가 아니며, 그리스도의 나라는 세상 나라가 아니라는 것이다. 세상 나라에는 그리스도의 통치가 미치지 않는다. 그리고 그리스도의 나라만으로 세상나라를 통치할 수 없다.

그리스도인이 세상 나라의 공직자로 일할 때, 기도의 방식으로 예수 십자가 용서의 원리를 가지고 국정에 임해서는 안 된다. 기도나 용서는 개인적인 신앙차원에서는 할 수 있다. 그러나 공적인 공간에서, 공직자의 업무를 수행할 때는 그래서는 안 된다. 따라서 통일부 장관이 남북통일 업무를 위해 개인적으로 기도하는 것은 가능하지만, 통일사업을 기도의 방식과 은혜의 방식을 공적으로 사용하여 진행해서는 안 된다. 기독교인 통일부 장관이라 하더라도 통일부 업무는 남과 북의 정치적 상황과 상호 간의 타협과 협력 가운데 정치적 이성을 사용하여 진행해 나가야 한다.

따라서 우리는 두 왕국론의 원리에서 각 영역의 한계를 분명하게 인식해야 한다. 세상나라는 세상 나라에게 맡겨진 통치 수단인 율법, 칼강제력,

이성을 사용하여 다스려야 한다. 그리스도의 나라에서만 영적인 원리인 복음과 은혜와 말씀으로 다스릴 뿐이다. 자연인, 육적인 사람들, 불신자들, 복음과 은혜와 말씀 밖에서 살아가는 세상 정부는 그리스도의 직접적인 통치에 의해서가 아니라 하나님이 세우신 위정자들에 의해 세상 나라의 원리에 의해 다스려지도록 위임하셨다. 이제 세상나라는 그리스도 없이도 유지, 보존되는 자율의 나라가 되었다.[12]

■ **이중의 현실 속에서 이중의 방식으로 살아가는 그리스도인: 두 나라에 동시에 속해 있는 그리스도인은 두 종류의 생활원리로 살아간다.**

두왕국론은 그리스도인들이 그리스도의 나라와 세상 나라 모두에 속해 있으면서, 두 세계의 경계선에서 애매하게 살아가야 하는 이중적 실존 방식을 설명해 준다. 물론 그리스도인들은 원칙적으로는 그리스도의 법, 즉 복음, 말씀, 은혜에 따라 살아가는 것이 가장 우선적인 삶의 원리가 되어야 마땅하다. 그러나 현실적으로 그리스도인은 그리스도의 나라에 속해 있으면서, 동시에 세상 나라에 속해 있는 이중의 질서와 이중의 원리 아래 살아가야 하는 현실을 피할 수 없다. 세상에서 그리스도인은 이중구조 아래에 있다. 하늘 아버지와 육신의 아버지, 하나님나라 백성이면서 세상 나라 백성, 천국시민이면서 지상의 시민에 소속되어 있다. 그리스도인은 '두 신분'의 사람이며, '두 통치'와 '두 질서' 아래 있다. 그리스도인은 두 세계를 동시적으로 사는 이중의 사람이다. 이 두 영역과 질서는 서로 전혀 상반된 것으로 모순 가운데 있지만 그럼에도 불구하고 어쩔 수 없이 공존하고 동거해야 한다. 그래서 두왕국론은 역설 모델paradox model이라 부른다. 그리스도를 고백하며 그의 가르침대로 살아가는 그리스도인은 또한, 지상

---

12) 그런데 율법과 강제력으로 다스리는 세상나라의 통치도 외형적인 영역만을 다스린다는 한계가 있다. 율법을 통해 다스려지는 세상 왕국은 시민들을 외형적으로만 순종하게 할 뿐이며, 내면의 영역을 온전히 다스리려면, 복음과 은혜와 말씀에 의해서만 가능하다.

의 나라에 소속되어 현실의 나라의 법과 질서에 따라 살아가야 한다. 그리스도인에게 그리스도의 나라와 세상나라는 그 어느 영역도 포기될 수 없는 나라이다.

### ■ 그리스도인은 이중의 방식과 이중의 원리에 따라 살아간다.

그리스도인은 전적으로 신앙적으로만 살 수 없고, 전적으로 세상 방식으로 살아갈 수 없다. 그리스도인은 한편으로는 신앙적으로 살지만, 다른 한편으로는 이성적으로, 즉 합리적으로 살아간다. 물론 그렇다고 하여 '이성적으로' 사는 것이 반드시 불신앙적인 의미는 아니다. 반대로 모든 삶의 방식을 '신앙적으로' 살아가는 것이 반드시 좋은 것이 아닐 수 있다. 그리스도인들은 신앙과 이성, 이 두 가지를 번갈아 가면서 교차적으로 사용하면서 살아간다.13) 그리스도인들은 한편으로는 말씀의 법으로 살면서, 다른 한편으로는 세상법을 존중하면서 산다. 그리스도인들은 원수가 한쪽 뺨을 때릴 때, 산상수훈의 예수님의 가르침에 따라 다른 쪽을 내줄 수 있다. 무한대의 용서와 비폭력의 원리를 실천할 수 있다. 그러나 그것은 개인적인 차원에서 그렇게 할 수 있지, 공적인 영역에서도 그러한 방식을 사용하는 것은 불가능하다. 다시 말해 모든 그리스도인들은 성령의 지배를 받으므로 "모든 사람을 사랑하며, 부정을 참으며 심지어는 죽기까지 기꺼이 그리고 즐거움으로 순종한다."루터 그러나 어떤 그리스도인이 법관으로 일할 때는, 예수님의 산상수훈의 원리가 아니라 국가법과 시민법에 의지하여 재판을 결정하며, 징역형이나 사형판결을 언도할 수 있다. 또한, 그리스도인은 군인으로 복무하면서 복수를 위해서가 아니라 정당방어를 위해 칼을 사용하고 총을 가지고 전투에 참여하기도 한다. 그리스도인인 아

---

13) 여기서 '신앙적으로' 살아간다는 의미는 어떤 행동과 판단을 함에 있어서 인간의 지성과 합리적 이성을 사용하지 않고 무작정 '믿음으로' 결정하고 행동하는 무분별한 신앙지상주의(fideism)를 말한다.

버지는 때로는 자녀에게 체벌하기도 한다. 다른 사람에게 재산상의 손해를 입었을 때, 그리스도인의 개인 윤리의 차원에서는 무한한 용서와 손해를 감내할 수 있지만, 그것이 공적 영역에서 일어난 경우에 공적 질서와 재산상의 손해를 끼쳤을 때, 그리스도인도 세상 법에 의지해 그를 고발하고 맞대응할 수 있다. 왜냐하면, 하나님은 세상 법을 통해 질서와 정의를 유지하기 때문이다.

그리스도인으로 살면서, 시민으로 살아간다. 나는 그리스도의 제자이지만, 동시에 한 나라의 시민이다. 우리는 두 종류의 인격person을 지닌 사람들이다. **그리스도의 사람**Christperson**이면서 세상사람**Weltperson**이다. 그리스도인은 두 직분의 사람이다.** 그리스도인은 제자disciple로 살면서, 동시에 시민citizen으로 살아야 한다. 그런 의미에서 그리스도인은 각자의 역할에 따라 여러 가면을 쓰고 살아가는 사람이라고 할 수 있다. 만약 그리스도인이 장사를 하고 있을 때는, 그는 교회의 장로나 집사로서 장사하는 사람이 아니라 장사꾼의 가면을 쓰고 있으므로 "거저 받았으니 거저 주어라"는 성경 말씀에 따라 장사하지 않고 정당한 범위에서 이익을 남기면서 장사할 수 있다. 그러나 가난한 사람을 돕는 상황이라면 기꺼이 자신의 물질을 나눠주는 데 최선을 다해야 한다

### ■ 교회와 세상, 두 영역을 구분하여 살아야 한다

그리스도인은, 아니 이 땅의 모든 사람들은 '하나님의 가면들'이다. 하나님께서 그들이 세상나라에서 직임을 완수하도록 위정자, 아버지, 직장 상사, 하인의 가면을 주셨다. 우리는 각자 받은 직임을 하나님의 소명으로 알고 살아가는 것이다. 그런 점에서 그리스도인은 그리스도인 개인의 직임과 세상 속에서 수행하는 공적 직임을 구별하여 사용해야 한다. 교회의 직임과 공인으로서의 직임이 혼동되지 않아야 한다. 교회의 장로라 할지

라도, 회사에서는 장로가 아니라 회사의 경영자로 직임을 수행해야 한다. 회사는 교회가 아니라 기업이기 때문에, 말씀과 은혜에 원리에 의해 운영되는 교회처럼 운영되어서는 안 된다. 회사의 기업주가 장로나 목사라 할지라도 그는 경영자로서 일해야 한다. 크리스천 기업주라 할지라도 회사원들을 복음화하는 것이 최우선이 아니라 정당한 이윤을 창출하여 그것을 분배하여 회사에서 일하는 직원들의 생계를 보장해야 할 책임이 있다. 또한, 그리스도인은 정치영역에서 정치와 신앙이라는 두 영역에서 살아간다. 이 두 영역을 구별해야 하고, 혼동해서는 안 된다. 교회의 장로이기도 했던 이명박 전 대통령은 서울시장 재임 시절 한 청년집회에서 "서울시를 하나님께 봉헌합니다!"라는 신앙고백적인 기도를 드렸다가 큰 봉변을 맞이한 적이 있다. 그는 한 사람의 크리스천이자, 장로로서 신앙인의 입장에서 그런 기도를 무의식적으로 드렸지만, 동시에 그는 서울시장이라는 공적 직임의 인물이라는 점을 간과한 것이었다. 세상 속의 그리스도인은 그리스도인들만으로 구성된 우리만의 은혜의 왕국에서 살지 않고, 세상 왕국에서도 살고 있으므로, 이 이중의 영역을 동시적으로 살면서도 또한, 각각의 영역을 구분하면서 살아가야 한다.

### 두왕국론의 긍정적인 측면

■루터는 교회와 국가의 종합을 이루었던 중세기독교사회가 영적 질서인 교회와 세속 권세인 국가가 서로 뒤엉켜 혼돈을 가져왔다고 비판한다. 그래서 그는 교회와 세속을 두 개의 영역으로 구분 짓고자 했다. 세속 왕국은 법과 칼과 강제력으로 통치되어야 하고, 그리스도의 왕국은 복음과 은혜와 말씀으로 통치되어야 한다. 두 영역은 분리되어 운영되어야 하므로, 교회의 원리를 세속으로 가져가서는 안되며, 세속의 운영원리를 영적 질서인 교회로 가져오면 안 된다는 것이었다. 루터는 교회와 국가의 종합

유형을 영적 질서와 세속질서의 혼란으로 간주하고, 근대가 동터오는 시기에 그리스도의 왕국과 세상 왕국은 전혀 이질적인 질서이지만, 그리스도인들은 역설적인 이 두 나라와 두 영역에 소속되어 불가피하게 공존하며 살아가야 할 것을 신학적으로 해명하였다.

■ 두왕국론에 의하면, 그리스도인은 그리스도가 다스리는 그분의 나라 안에서만 살지 않고, 세상 나라에서도 살아간다. 세상 나라는 그리스도가 직접 통치하지는 않지만, 하나님이 세우신 직임자들위정자, 재판관, 교사, 부모이 다스리도록 하셨으므로 그 통치 안에서도 살아가야 한다. 두왕국론은 분리유형처럼, 그리스도인이라 하여 세상을 등지거나 배척하지 않고, 이 세상을 긍정하며 살아간다. 사제나 수도사에게만 성직이 아니라, 모든 직업이 하나님의 거룩한 소명이므로 세속 직업도 소명으로 알고 세속 직업 안에서 살아가야 한다.직업소명설 결혼, 자녀양육, 직업이 모두 하나님이 세우신 질서이므로, 그리스도인이라 해서 '세상이냐 그리스도냐'하는 긴장 가운데 살아갈 필요는 없다. 무엇보다 그리스도인은 이 세상 질서, 통치, 권세를 하나님께서 세우신 것으로 알고 그것에 순종하며 살아간다.

■ 두 나라는 각각의 통치 원리에 따라 구분되어 운영되어야 한다. 그리스도 안에서는 신앙의 방식으로, 사랑과 성령의 다스림 안에서 살아가지만, 세속영역에서는 법과 권력, 강제력에 따라 살아간다. 두 영역은 혼동되거나 뒤섞여져서는 안 된다. 그리스도의 나라의 원리인 말씀, 사랑, 성령, 성례전으로 세상나라를 다스리려고 하면 안 된다. 그리고 그리스도는 세상영역을 침범해 들어 올 수 없다. 세상나라는 하나님이 세우신 세속 위정자와 통치자들에 의해 다스려져야 한다. 세상 정부의 관료들, 의사, 법률가, 아버지, 어머니는 세상나라의 질서를 유지하기 위해 하나님이 세우신 직분자들이다. 그들은 하나님께서 세상을 다스리도록 맡겨진 자율적 영역에 속해 있다. 반대로 세상나라가 그 방식으로 그리스도의 나라를 통

치할 수 없다.

**■은혜와 용서와 사랑의 십자가의 방식보다 냉정하지만, 차라리 (율)법과 상식, 이성적인 방식의 일처리가 훨씬 타당하다.**

교회 공동체는 많은 점에서 은혜의 방식으로 일을 처리한다. 교회봉사는 자원하여 아무 보상 없이 섬김의 방식으로 일한다. 토요일마다 신자들은 교회에 즐거운 마음으로 와서 교회 청소를 하고 있으며, 주일에는 주일 식사 봉사를 힘겹게 감당하고 있으며, 눈이 오나 비가 오나 주차 봉사로 섬긴다. 그러나 이런 봉사의 일을 한다고 해서 그 일에 대한 대가나 보상이 주어지지 않는다. 왜냐하면, 여기는 세상 나라가 아니기 때문이다.

그런데 여기서 가끔, 아니 자주 교회공동체는 이런 일로 혼란과 오류에 빠지기 쉽다. 모든 일을 대가없이 사랑과 은혜로 처리하는 교회의 관행이 때로는 봉사라는 이름으로 이루어지는 착취구조에 빠질 수 있다. 그리고 은혜로 섬김으로 하는 일들이 교회운영에 있어서 정차와 질서와 공정성에서 문제점이 종종 드러나기도 한다. 그래서 때로는 교회 일도 법률적으로 계약을 체결하여 엄격하게 처리하는 것이 오히려 잡음이 없이 은혜로울 수 있다. 교회가 사용해 왔던 은혜와 사랑과 용서의 방식보다 시민사회와 일반사회영역에서 사용하는 율법의 방식이 훨씬 유효한 경우가 많다.

그런 점에서 항상 은혜의 방식을 선호하고, 그런 방식으로 습관화된 교회는 일반 세상의 율법의 방식에 비해 많은 점에서 비절차적이며, 공평하지 않거나 정당하지 못한 경우가 빈번하게 발생한다. 교회는 많은 일을 대가없이 무상으로, 봉사로 하지만, 공공은 법률적인 공정성, 절차성, 합리성이 관례화되어 있다. 교회는 사회가 죄로 오염되어 타락했다고 비난하지만, 오히려 일반 사회는 공적인 영역에서 개인과 개인, 개인과 조직이 서로 이해충돌을 피하도록 상당히 정교하게 분쟁을 피하도록 법적 장치들이 마련되어 있다. 교회 공동체는 바로 이런 합리성, 법률적 이해관계가 제대로 정리되어 있지 않거나 이런 방식을 회피하기 때문에 자주 봉사의 이름으로 인권유린과 강압적인 관계들이 형성되곤 한다. 따라서 교회공동체는 그리스도의 왕국에서 속한 영역이므로 모든 일을 법률적으로, 계약관계로 보상과 처벌을 통해 할 수는 없지만, 그럼에도 전업적인 사역이거나 전문직의 형태로 사역을 하는 경우, 그리고 교회 건축 등, 공공의 영역과 연관되는 일들은 분명한 법적 절차와 질서, 계약과 규칙을 가지고 진행하는 것이 타당하다.

## 두왕국론의 비판적인 점

■ 현실주의적이면서, 기회주의적 적응유형에 빠질 수 있다.

두왕국론에 따르면 교회는 영혼의 구원만을 관장하며, 세속정치에 개입할 수 없다. 세상나라의 통치는 하나님에 의해 세워진 하나님의 가면들, 즉 세속 통치자들에게 자율적으로 위임되었기 때문이다. 국가 통치자는 그리스도인이 아니라 할지라도 하나님의 섭리에 의해 세워졌으므로, 하나님이 허락한 권력질서에 복종해야 한다. 바로 이 점을 루터는 간과한 부분인데, 악한 네로 황제나 히틀러도 하나님이 세우신 권세이므로 복종해야 한다는 결론에 이른다. 따라서 루터의 사회윤리는 현존하는 사회질서를 그리스도의 왕적 통치 아래 끌어오려는 변혁적 사회비전이 약화되고, 기성체제를 쉽게 승인하고, 이를 보존 유지하는 숙명주의적이고 묵종주의적 태도를 가져온다. 두왕국론은 자칫하면 교회에서는 영적으로 살고, 세상에서는 육적인 방식으로 살아도 되거나, 교회에서는 신앙의 원리로 살고, 세상에서는 이성적으로 살면 된다는 이중윤리와 기회주의적 신앙 태도를 용인할 여지가 있다. 무엇보다 그리스도의 통치가 영적인 영역, 즉 신자들의 공동체에만 미칠 뿐, 이 세상의 현실 영역 전체에까지는 미치지 못하게 함으로써, 결국, 세속사회를 자율의 영역으로 방임해 둠으로써 마치 '이신론적 사회관'과 유사한 경향을 띠고 있다. 그리스도의 주되심이 세속영역을 비껴가도록 함으로써, 우리 삶의 모든 영역과 세계 전체에서 그리스도 주재권의 실현을 위해 적극적으로 활동할 변혁적 동기를 고취시키지 못한 채, 이 세상 나라의 기존질서를 방임해 버리는 소극적인 태도를 취하게 된다. 어쨌든 루터주의 사회윤리는 전반적으로 교회의 정치참여와 사회변혁에 있어서 그리스도인의 적극적인 역할을 위축시킨 결과를 초래한 것은 비판되어야 할 부분이다.

# 재정리

## 적응유형:그리스도인은 세상과 그리스도 안에서 동시에 살아간다

**우리는 그리도 안에서 살지만, 또한, 세상 속에서도 살아간다.**

 

 

 1. 왜 적응유형인가?

 • 분리유형은 기독교가 소수종교이거나 합법적인 종교가 아닐 때, 그러니까 그 사회의 주류종교가 아닐 때 주로 등장한다. 교회가 사회 전체에 보편화되었을 때, 분리의 방식은 불가능하다.

 • 세상 속의 그리스도인의 삶의 방식은 〈분리의 방식〉으로만 살아갈 수 없다.

 2. 적응유형의 특징

 • 분리유형은 예수님이냐 세상이냐, 하나님을 섬길 것인가, 우상을 섬길 것인가, 양자택일의 방식이다. 그리스도인은 세상을 포기하고 살아야 한다고 말할 때, 적응유형은 그리스도인으로 살지만, 동시에 동시에 세상 속에서 살아가는 방식이다.

 • 적응유형은 세상을 사탄적인 곳, 죄 많은 세상, 타락한 세상, 멸망할 곳이 아니라 그리스도인이 세상 사람들과 세상 문화 속에서 더불어 살아가야 한다는 입장이다.

## 3. 적응유형의 성경적 실례와 원리

• 성경인물들은 그 누구도 세상을 등지거나 도피하거나 격리되어 살지 않았다: 목자, 정치가, 왕, 시인, 공직자, 농부, 어부, 공회의원, 세관원, 천막제작자, 자주장사.

• 예수님은 은둔자나 고행자로 살지 않았으며, 목수기술자로 살았고, 낮에는 일하고, 밤에는 주무시고, 찾아갈 친구가 있었으며, 결혼식을 축제의 공간으로 만드셨으며, 세리와 죄인들의 친구로 살았으며, 먹기를 탐한다는 비난을 받을 만큼 세상 속에서 살았다.

• "시집가고 장가가고, 사고팔고"분리유형은 이러한 일상의 삶을 정죄한다가 잘못된 것이 아니다. 성경 인물들은 대부분 결혼하고, 자녀를 낳았고, 소득을 위해 일했으며, 정치인, 목자, 제사장, 세리, 어부와 같은 직업인으로 살아갔다.

■ 성경적 삶의 원리는 '양자택일'만이 아니라, "이것과 저것도" 취하는 이중적(dual)인 가르침도 있다.

• 하나님 사랑과 이웃 사랑: 하나님을 사랑하지만, 동시에 이웃도 사랑한다. 신앙생활은 하나님을 향한 차원만 있지 않고 인간을 향한 차원도 있다. 하나님과 관련된 차원수직적 차원과 사람과 관련된 차원수평적 차원

• 예수 그리스도는 신성과 함께 인성도 지닌 분이다: 신앙인은 신적 차원과 인간적 차원을 균형있게 사고해야 한다. 가현설 신앙을 주의하라.

• 영혼 없는 육체도, 육체 없는 영혼도 존재할 수 없듯이, 우리는 영적으로는 그리스도 안에서, 그리고 육적으로는 세상 속에서 살아간다.

■ 이중의 나라에 속한 그리스도인

• 두 분의 아버지: "하늘에 계신 아버지"영혼의 아버지와 "땅의 육신의 아버지".

• 이중정부와 이중국가: 하늘의 정부와 지상의 정부, 천국백성이면서 세상국가에 속한 시민.

• "가이사의 것은 가이사에게, 하나님의 것은 하나님께": 하나님께 드리면서, 국세도 납부한다. 국가에 속한 백성으로는 국법(세속법)을 준수하지만, 하나님 나라의 백성으로서 산상수훈(신법)을 지킨다.

• '위에 있는 권세에 복종하라'롬 13장: 하나님의 통치만이 아니라 세상의 법질서도 준수해야 한다.


■ 적응모델은 두 날개로 살아가는 그리스도인이다.

• 신앙과 이성: 신앙인의 두 가지 수단 −믿음으로 살지만, 이성적(합리)으로도 산다.

• 병들었을 때, 의료의 힘을 의존하는 것과 기도의 능력을 구하는 것은 모순되지 않는다: 일반은총자연은총과 특별은총초자연 은총으로 살아간다.

• 코로나 팬데믹이 창궐했을 때, 전염병 퇴치를 위해 하나님께 기도하는 일과 의료적 방역지침을 준수하는 것은 서로 모순되지 않는다.

• 차량운전을 위해 기도하는 것과 사고예방을 위해 차량점검을 미리하고, 보험에 가입하는 것은 모순된 신앙이 아니다.

• 노후를 위해, 시험합격을 위해 주님께 다 맡기면 믿음 좋고, 성실하게 준비하는 것은 믿음이 부족한가?갈 6:7−9 심는대로 거둔다 "부모는 자녀를 위해 저축을 하나니"고후 12:14

• 하나님은 자연질서 밖에서 초자연적인 방식으로도 활동하실 뿐 아니라, 자연법칙을 만드셔서 자연질서 안에서 이성과 합리성의 틀 안에서 활

동하신다.

• 하나님은 자연질서와 자연법칙 너머에서 기적을 사용하기도 하지만 <sub>초자연적 하나님의 행위</sub>, 인과론적이며 합법칙적 자연질서와 자연법칙 안에서 더 많은 활동을 하신다: 하나님의 초자연적 행동과 자연적 행위는 서로 분간하기 힘들다.

### 두왕국론으로 설명하는 적응모델

**하나님이 창설하신 두 정부/두 통치**

| 그리스도의 왕국 | 세상 왕국 |
| --- | --- |
| 은혜, 용서, 사랑 | 저주, 심판, 징계 |
| 복음의 나라 | 율법의 나라 |
| 말씀 | 칼(강제력) |
| 신앙 | 이성 |
| 구원의 나라 | 보존의 나라 |
| 산상수훈 | 롬13장 |
| 영적, 하늘의 정부 | 육적, 지상의 정부 |

• 영적인 나라와 세상나라는 통치원리가 다르다. 두 왕국은 서로 섞이면 안 된다. 영적인 왕국을 칼<sub>무력, 강제력</sub>로 다스리거나, 세상 왕국을 은혜와 용서로 다스릴 수 없다.

• 그리스도인은 두 나라에서 동시에 살고 있다. 그러나 영적 왕국이 우선이다.

• 그리스도인은 의인이지만, 죄인이요, 이미<sub>already</sub>와 아직<sub>not yet</sub>, 그리스도의 다스림 속에 살지만, 여전히 죄의 현실 속에 살아간다. 구속받았지

만, 완전히 승리하지 않았다. 여전히 악마적 힘과 죄의 영향력 가운데 있으며, 그나마 하나님은 국가, 정부, 강제력을 통해 세상을 통치하신다: 기독교현실주의

• 하나님은 세상 속에 각각의 직분직임을 주셔서 세상나라를 다스린다: 하나님의 가면들. 우리는 가면person을 쓰고 살아간다.

• 우리는 두 신분인 예수님의 제자disciple로 살면서, 세상의 시민citizen으로 살아간다.

• 우리는 그리스도의 사람person of Christ이면서, 세상의 사람person of world이다.


### 긍정적 측면

• 그리스도인에게 신앙인으로 살면서, 세상에서 도피하거나 세상과 단절하지 않도록 한다.

• 주님이냐, 세상이냐는 양자택일의 갈등을 덜어주어 세상 속의 그리스도인으로 살도록 도움을 준다.

• 그리스도인의 삶의 방식은 한 가지 수단방편만 있는 것이 아니며, 두 가지 수단을 상호보완적으로 사용하게 한다.


### 부정적 측면

• 주님이냐, 세상이냐에서 주님을 믿으면서, 세상도 긍정할 때, 이중적인 그리스도인의 모습, 혹은 기회주의적 그리스도인으로 살아가게 할 수 있다.

• 교회 따로, 세상 따로 구분하여 살아가는 방식이 판이하게 나타날 수 있다: 야누스적 신앙인

• 그러나 차라리 세상방식이 효율적인 경우가 많다: 은혜나 비상식보

다 상식적인 법과 통상법으로 처리하는 것이 공정하다.

• 그리스도의 통치가 그리스도의 왕국에만 미치고, 세상 왕국에는 구현되지 않는 단점이 있다.

# 제4강

## 변혁하는 그리스도인: 그리스도는 온 세상을 통치하시므로
## 삶의 전영역에서 그리스도의 제자로 살아간다-변혁유형

### 왜 변혁유형인가?

분리유형의 그리스도인은 세상문화이 죄로 물들어 타락하였으므로 세상을 비관적으로 대하면서 도피적인 태도를 보인다. 그러나 세상과 분리하는 이원론적 분리는 세상 속의 그리스도인으로 하여금 세상문화에 대한 소극적 태도를 지니게 하여, 기독교가 사회 속에서 게토화의 위험에 처하게 한다. 성경은 구속받은 신자로 하여금 이 세상에서 도피적인 인간으로 살라고 가르치지 않는다. 바울은 "악을 피하라"고 하지 않고, 악에게 지지 말고 선으로 악을 이기라고 말한다. 그리스도는 이 세상 문화와 구조, 관습, 삶의 경향과 생활방식에서 활동하는 정사와 권세를 십자가로 이기셨다. 그리스도인의 삶의 자리는 이 세상을 등진 채 퇴각한 토굴이나 골방이 아니라 도시이며, 시장과 광장이 되어야 한다. 복잡한 세속으로부터 잠시 물러나 관상과 묵상의 시간은 장차 세속 도시에서 신앙의 동력을 재충전 받기 위한 한시적인 경건 훈련이 될 수는 있어도 끝없는 정적주의quietism는 건강한 그리스도인의 삶의 방식이 될 수 없다. 모든 그리스도인은 세속도시에서 각자의 직업과 직임에 따라 부름을 받아 살아가야 한다. 그리스도인은 일상의 생활세계와 공공의 영역에서 시민성civility을 가지고 살아가는 사람들이다.

분리유형과 반대로 세상문화 속에서 공존하면서 살아가려는 적응유형이 있다. 적응유형의 하나로서 일치모델은 기독교와 세상문화 사이에 일치와 조화를 꾀하려 한다. 그렇게 될 때, 교회와 세상, 복음과 문화, 그리스도인됨과 세속적 삶 사이에 뚜렷한 구분이 사라진다. 여기서는 기독교적인 문화가 세상 문화가 되기도 하고, 기독교가 문화의 한 형태가 된다. 기독교가 문화 속으로 동화될 때, 기독교는 일종의 생활양식이나 관습, 제도로 남게 되기도 한다. 그러나 교회가 세상 문화와 보조를 맞추게 되고, 교회 안에 문화적 그리스도인들로만 가득하게 될 때, 교회는 세상문화와 보조를 맞추면서, 복음의 급진성을 포기하고, 복음의 뚜렷한 비전을 포기하고 세상과 조화를 유지하려고 한다.

적응유형의 또 다른 형태로서 두왕국론은 일단 그리스도의 나라와 세상나라를 구분함으로써 두왕국을 혼합하거나 동일시하는 일치유형의 오류에서 벗어나 있다. 그러나 두왕국모델은 두 나라 사이를 구분은 하지만, 그렇다고 두 영역이 대립하거나 갈등하도록 만들지는 않는다. 두 왕국은 근본적으로 서로 다르지만, 그럼에도 불구하고 두왕국은 지상에서 공존한다. 더구나 그리스도의 통치 영역을 교회에 제한한다. 그리하여 그리스도의 통치는 영적이고, 종교 영역에만 미칠 뿐 삶의 전 영역을 포괄할 수 없다. 이로써 복음적 삶의 원칙과 성경의 생활 원리가 세속영역 전체에 적용하지 못하게 하고 세상 영역을 이성의 원리와 세속권위에 위임함으로써 그리스도인들이 세상에 대한 적극적인 참여와 개입을 방임하는 결과를 가져온다.

두왕국론은 그리스도인들이 그리스도와 세상이라는 이중의 영역에서 공존하며 살도록 하는 장점이 있다. 하지만 세상 속에서 그리스도인의 삶은 그리스도의 주권 없이도 살아가는 자율의 영역이 되고 만다. 이제 세속 영역은 그리스도의 간섭없이 독립적으로 유지·보존되는 물론 세속세계에 대한 하나님의 통치를 부인하지는 않으나 이성의 세계로 떨어져 나감으로써, 신앙의 종교영역과 이성의 세속세계의 분화를 초래한 근대 세계관을 촉발하는 이론이 된다. 그러나 이 점이 두왕국적 세계관의 한계가 된다. 세상이 그리스도의 통치밖에 있는 한, 세상 속에서 그리스도의 주되심의 실현은 불가능하다.

## 그리스도는 온 세상에서 주님이다.

그리스도는 우리의 삶의 모든 곳에서 주님이시다. 그리스도가 왕이 되게 하라.[1] 이런 모토처럼 변혁유형은 그리스도의 왕적 주권Kingship of Christ을 강조한다. 그 어떤 곳도 그리스도의 통치밖에 있는 영역이란 있을 수 없다. 그리스도의 주되심은 온 세상에 미친다. 온 세상은 그리스도의 주재권에 의해 다스려져야 하고, 그의 주되심이 실현되어야 한다. 그리스도의 주되심, 즉 그리스도의 다스림통치은 영적인 영역, 즉 종교영역예를 들어 교회나 신앙공동체에 국한하지 않는다. 세상나라 전체가 그분께 속해 있어야 한다. 세상 만물, 가정, 정부, 국가, 정치, 경제, 문화, 학문, 일상 등 삶의 모든 영역이 그리스도의 통치아래 두어야 한다는 이 관점이 바로 변혁모델의 기본 입장이다.

이처럼 그리스도의 우주적 통치를 강조하는 이 입장은 주로 칼빈John Calvin과 그 후예들인 칼빈주의 혹은 개혁신학의 전통에서 발전되어 왔다. 여기서 세상을 바라보는 관점, 즉 세계관에 있어서 칼빈적 관점과 루터적 관점의 대조를 발견하게 된다. 칼빈적 입장은 그리스도는 영적인 나라그리

---

[1] 루이스 프람스마, 『그리스도가 왕이 되게 하라』, 이상웅, 김상래 역, 복있는사람, 2011

스도의 왕국만을 다스리지 않고, 세상 왕국을 포함한 삶의 영역 전체를 다스린다고 말한다. 바로 이 점에서 **루터의 두왕국론과 칼빈의 그리스도 왕적 통치론**은 뚜렷한 차이점이 있다. 그러나 여기서 주의할 것은 칼빈의 입장이 원칙적으로는 온 세상에 대한 그리스도의 전⋅포괄적 통치를 강조하면서도, 실제적으로는 루터와 마찬가지로 두왕국을 말한다는 것이다. 칼빈도 교회와 국가를 두 영역으로 구분한다는 점에서 두왕국론을 말한다. 칼빈에 의하면, 영적인 왕국인 교회는 내면의 질서와 영혼구원을 관장하고, 세상 왕국인 국가는 인간의 외적 영역평화, 안전을 담당한다. 그러나 **칼빈은 교회와 국가를 기능적인 차원에서 구분하지만, 세속 질서인 국가영역에도 그리스도의 통치가 미쳐야 한다고 보는 것이 루터와 다르다.** 그리스도의 주되심을 강조하는 칼빈의 사고에서는 루터의 사고처럼, 믿음으로 의롭다 함을 얻는 칭의의 구원에 멈추지 않고그런 점에서 칭의론을 강조하는 루터 신학은 구원론에 집중한다, 이 세상에서 그리스도의 제자로서 성화의 삶을 살아감으로써 하나님의 영광을 위하여 그리스도의 뜻을 적극적으로 실현할 것을 강조한다. **칼빈도 교회와 국가를 두왕국으로 구분하지만, 국가영역에서도 그리스도의 주권이 구현되어야 한다고 강조한 점이 다르다.** 칼빈의 관점에서, 그리스도인은 교회와 세상이라는 두 영역에서 동시에 살아가는 것으로 만족해서는 안 된다. 교회와 세상 모든 영역에서 그리스도의 주재권, 즉 그의 주되심이 실현되도록 힘쓰며 살아가는 것이 칼빈의 입장이다. 칼빈과 칼빈주의 사고에서 그리스도의 왕적 통치를 강조하는 이유는 하나님의 주권론 때문인데, 하나님의 주권은 개인의 경건한 삶뿐 아니라 삶의 전 영역에 미친다. 하나님께서 그가 창조하신 모든 만물을 통치하신다면 종교의 구획과 세속의 구획이 따로따로 나뉘어 있을 수 없다. 세계 전체를 뒤덮고 있는 하나님 주권에 비추어 볼 때 삶의 모든 영역에서 하나님의 관심과 통치 밖에 있는 것은 그 어느 것도 있지 않다. 세계가 두 영역, 즉 하나는 종교적 영역으로, 다른 하나는 세속적인 영역으로 분리되어 있을 수 없다. 그러므로 그리스도인은 세상의 모든 곳에서 그리스도의 주되심에 응답하는 책임적 제자도의 삶을 살아야 한다.

세상 속의 그리스도인의 삶의 방식으로서 두왕국론과 비교할 때, 변혁유형은 확실히 세상에 대한 그리스도인의 입장은 훨씬 적극적이며, 참여적 태도를 취한다. 세상 모든 곳에서, 삶의 영역 전체에서 그리스도의 다스림이 실현되도록 힘써야 하며, 그분의 통치가 실제로 구현될 수 있다고 확신한다는 점에서 승리주의적이며 낙관적인 생각을 지니고 있다. 이와 달리 루터의 두왕국론은 그리스도의 나라와 세상나라 사이의 갈등이 불가피하며, 그리스도인은 두 영역에서 이중적으로 애매한 태도로 살아갈 수밖에 없으며, 여전히 이 세상은 죄와 악의 세력이 영향을 미치고 있기 때문에 그리스도의 통치가 세상 나라 전부에까지 미친다는 것은 현실적으로 불가능하다는 입장을 취함으로써 현실주의 관점을 제시하고 있는 것이다.

위와 같이 루터의 두왕국론에 근거한 '역설유형의 기독교'와는 상당히 다른 입장을 취하면서 그리스도의 우주적 통치와 그의 주되심이 신자의 삶의 전 영역에서 구현되어야 하며, 그리스도의 다스리심에 따라 세상 문화가 변혁되어야 한다고 강조하는 이 관점을 '**변혁유형의 기독교**', 혹은 '**변혁형 기독교**'라고 부른다. 변혁형 기독교는 종교개혁자 존 칼빈으로 거슬러 올라가지만, 이를 실제적으로 구체화한 것은 네덜란드 신칼빈주의 운동의 주도적인 인물인 아브라함 카이퍼Abraham Kuyper의 사상과 그 후예들에서 찾는다. 그리고 이 변혁적 기독교 운동은 문화와 정치, 경제, 삶의 영역 전반에 걸쳐 진행되어 왔기 때문에 이를 '**문화변혁적 기독교**'cultural transformative Christianity, 혹은 '**세계 형성적 기독교**'world formative Christianity로 불리기도 하고, 그것의 신학적 논리체계를 '창조–타락–구속'이란 기본 틀을 중심으로 설명하면서, 적용하기 때문에, 이 운동은 '기독교세계관'이란 이름으로 전개되어 왔다. 따라서 변혁유형이란 곧 기독교세계관과 같은 의미로 사용되고 있다.

## 변혁유형으로서 기독교세계관

■ 그리스도인의 삶의 문제는 이원론적 세계관에 있다: 극복되어야 할 과제로서 이원론

변혁유형인 기독교세계관은 그리스도인들이 성경적 관점에 따라 살지 않는 근본적인 이유는 통합적인 관점에서 살지 않고 이원론적 관점에 따라 살기 때문이라고 지적한다. 이원론적 신앙이란 기독교 신앙을 성경읽기, 기도생활, 예배, 교회봉사와 같은 개인적인 신앙 영역에 제한을 두면서 국가, 정치, 노동, 경제, 직업, 문화 등 공적 삶의 영역과 통합하는 데 실패했기 때문이라는 것이다. 그런데 그 이유는 성스러움의 영역과 속된 영역, 종교적 영역과 세속 영역을 이분화한 이원론적 세계관dualistic world-view에 그 원인이 있다. 기독교세계관은 기독교 신앙의 근본적인 문제는 바로 여기에 있다고 말한다. 많은 그리스도인들이 우리의 삶 전체를 성경의 관점에서 조명하여 살지 않고, 세속 문화의 동인動因에 이끌려 살고 있는데, 그 이유는 기독교 신앙을 사적인 경건, 교회생활, 개인적 차원의 도덕에 연결 지을 뿐, 사회 속의 공적인 삶과는 분리되어 살아간다고 비판한다. 바로 그러한 이원론의 관점에 문제의식을 갖고 다음과 같이 질문한다:

> 왜 우리의 성경적 세계관성경의 가르침, 권위, 가치관이 전도, 세례,
> 기도, 예배, 교회봉사 등 '종교적인 영역'에만 국한되어야 하는

가, 왜 그것은 정치, 경제, 기술, 자연과학, 노동, 예술 등 삶 전
체와 연관하지 못하는가? 왜 우리의 세계관은 삶의 전 영역에서
성경적 전망과 관점, 그리고 기독교적 삶의 태도와 고백을 형성
하지 못하는가?

따라서 이원론dualism은 기독교세계관이 극복하고자 하는 가장 우선적
인 과제가 된다. 기독교세계관은 그리스도인들이 분리된 이원론으로부터
통합적인 전망을 갖도록 노력해야 한다고 말한다.

기독교세계관은 신앙과 이성, 자연과 은총, 종교와 세속, 교회와 국가
의 이원론적 분열이 근대적 세계관에서 기원되었다고 진단한다. 근대적
사고에 의하면 기독교 신앙은 이성적 성찰에 의하지 않은 초월, 기적에 집
중하므로 그것은 단지 개인적 믿음 혹은 신념에 불과하며, 신뢰할만한 진
리가 아니라그러므로 믿음은 과학적인 것이 아니다!, 관찰과 실험을 통해 검증된 과
학적 사실만이 진리로 인정된다.그러므로 과학은 믿을만한 진리가 된다! 여기서 신
앙과 과학의 기능적 이분화가 발생한다. 이것을 **사실/가치 이분법**Fact/Value
Dichotomy이라고 부른다. 여기에 복음주의 신앙은 기독교 신앙의 관심을 너
무나 자주 사적인 욕망과 관심에 촛점을 맞추었으며, 그 결과 개인구원과
개인의 경건한 삶에 머물렀으며, 신앙의 사회적 차원과 공적 성격을 소홀
히 하였다. 그러나 우리는 이렇게 말해야 한다:

"하나님은 영혼을 구원하는 일에만 관심을 가지시는 것이 아
니라 그의 피조물을 회복시키는 데에도 관심을 가지고 계신다.
하나님은 구원의 은혜그뿐만 아니라 그의 보편적인 은혜를 위
한 대리자로 우리를 부르고 계신다. 우리의 임무는 교회를 세우

는 것만이 아니라 하나님께 영광이 되는 사회를 건설하는 것이
다."[2]

## ■ 통합적 세계관으로서 기독교세계관: 변혁유형

1) 기독교세계관은 루터의 두왕국적 세계관과 구별된다.
　그리스도의 왕국　세상 왕국
　은혜, 말씀, 복음, 신앙으로 심판, 율법, 이성으로
　통치되는 영적인 나라 통치되는 위임된, 자율의 나라

그리스도는 그의 나라만을 다스릴 뿐, 세상 나라, 즉 세속의 삶의 영역
전부에서 주되심을 구현하지 못하고 교회만을 다스리는 주님이 되고 만
다.

2) 기독교세계관은 가톨릭의 종합적 세계관과도 다르다.
'은총은 자연을 파괴하지 않고, 그것을 전제하며 완성한다'gratia non tolit
naturam, sed supponit et perficit 기독교세계관에 따르면, 가톨릭의 세계관이 자연
과 은총, 신앙과 이성이 완전히 통합되지 않고 여전히 이층구조를 형성하
고 있어 이원론적 세계관에 서 있다고 비판한다.

3) 기독교세계관은 재세례파의 대립적 세계관과 다르다.
재세례파는 창조와 구원, 교회와 국가를 분리하는 이원론적 틀을 가지
고 있다. 이 세계관은 기독교세계관처럼, 창조가 지니는 일반은총의 가능
성보다는 그리스도의 구속 안에서만 가능성이 있음을 강조한다. 교회는

---

2) 찰스 콜슨, 낸시 피어시, 『그리스도인, 이제 어떻게 살 것인가』, (서울: 요단, 2002), 64.

교회이며, 세상은 세상이다. 교회와 세상은 분명하게 이원성을 유지해야
한다는 입장에 서있다.

　4) 기독교세계관은 통합적 세계관(Integral Worldview)을 특징으로 한다.
　기독교세계관은 성(聖)과 속(俗), 교회와 세상, 사실과 가치의 이분법을
극복하여 삶의 전 영역을 예수 그리스도의 우주적 주권 아래 두려는 통합
적 세계관이면서, 창조, 타락, 구속, 완성이라는 틀을 가지고, 창조세계
전체의 문화를 그리스도의 구속과 문화적 활동을 통해 변혁하고자 하는
변혁적 세계관transformative worldview이다.

# 변혁유형으로서 기독교세계관의 주요 주제

## 1. 삶의 모든 영역에서 그리스도의 주되심을 실현한다.

기독교세계관의 특징은 기독교는 개인구원이나 교회생활 같은 종교영역에 국한하지 않고 삶의 전 영역과 삶의 총체에 관한 것임을 강조한다. 기독교는 종교가 아니라 삶의 총체다. 이런 의미에서 기독교는 종교라기보다 삶의 체계로서 기독교Christianity as system of life라고 말한다. 그러므로 기독교세계관의 기본 모토는 "삶의 전 영역에 그리스도의 주권을 구현하는 것"이다. 그리스도는 구원자Savior일 뿐 아니라 우리 삶의 모든 것을 다스리시는 주님Lord이다. 그리스도의 통치, 곧 그의 다스림은 구속의 보편성과 연결된다. 그리스도는 삶의 모든 영역을 다스리므로 삶의 영역 전체도 구속되어야 한다. 그리스도 안에서 학문과 신앙, 직업과 소명 등 삶 전체가 온전히 통합되어야 하며, 따라서 우리의 삶을 성과 속, 종교영역과 세속 영역으로 나누는 이원론을 거부한다. "만물의 단 일인치라도 "이것이 내 것이다"라고 말할 수 있는 것은 그 어디에도 없다"라는 아브라함 카이퍼의 명구가 대표적이다. 기독교는 개인구원에 초점을 두는 사적 구원 종교가 아니라 인간의 삶의 영역 전체에서 하나님의 주권을 구현하는 전포괄적인 차원을 추구한다. 교회와 국가. 종교와 정치는 기능적으로 구분되지만, 그리스도의 왕적 통치론적 사고에 의해 정치를 비롯한 일반 영역에도 그리스도의 통치를 확신한다.

기독교세계관은 삶의 모든 영역을 그리스도의 주재권 아래 두어야 함을 강조한다. 그것은 정치를 포함한 삶의 모든 차원이 하나님을 경배하는 방향으로 세워져야 한다는 것을 의미한다. 기독교세계관에서 반정립反定立, antithesis 사고는 매우 핵심적인 주제이다. 모든 사물은 하나님을 향하든지, 우상을 향하든지 둘 중 하나를 향하고 있다. 따라서 중립은 없다. 모든 것은 종교적이다. 정치, 경제, 과학, 문화, 예술 등, 비인격적인 영역조차도 중립적이지 않는다. 사람의 인격과 내면만이 아니라 삶의 모든 영역들은 하나님을 순종하든지, 불순종함으로 우상숭배를 향해 있는지 종교적이다.3) 다시 말해 모든 삶의 영역들구조들은 종교적인 근본동인에 의해 좌우된다. 심지어 불신앙적 학문조차도 신앙을 전제하고 있다. 그리고 하나님을 믿는 학문과 그렇지 않은 학문 사이에 대립이 존재한다. 그래서 두 개의 전혀 다른 학문의 유형이 생겨나고, 불신앙적 학문은 그것의 신학적 세계관의 지배를 받게 된다. 그러므로 학문조차도, 그리고 정치나 경제 구조조차도 신앙적 방향으로 변혁되어야 한다. 기독교세계관을 변혁모델이라고 불리우고, 문화변혁주의라고 부르는 이유가 여기에 있다.

## 2. 기독교세계관의 기본 틀: 창조–타락–구속

기독교세계관은 창조–타락–구속이라는 기본틀을 중심으로 설명된다. 이 3가지 틀은 창조–타락–구속–완성으로도 설명된다. 그런데 기독교세계관에서 완성이란 모든 창조의 종말론적 구속의 완성이므로, 완성은 구속으로 통합한다. 그런데 보다 중요한 것은 창조–타락–구속은 분리유형과 적응유형, 그리고 변혁유형에 따라 그 강조점이 다르다는 점이

---

3) 로이 클라우저, 『종교적 중립성의 신화』, 홍병룡 역, 아바서원, 2017. 클라우저는 카이퍼안의 대표적 철학인 도예베르트의 사고에 기초하여 모든 이론의 배경에 종교적인 믿음이 깔려있음을 지적하고 있다.

다. 분리유형에 속하는 고전적인 근본주의자들과 복음주의자들은 창조-타락-구 속에서 창조의 선함보다는 창조의 전적인 타락total depravity을 강조한다. 그들은 타락에 대해 인간의 심성과 인격, 성품만이 타락한 것이 아니라 음악, 영화, 문화, 과학과 같은 문명의 도구들도 죄로 물들어 악하다고 생각한다. 그래서 종합유형이나 일치유형, 그리고 변혁유형처럼, 자연과 문화 속에 일반은총의 선함이 깃들어 있다고 생각하지 않는다. 창조된 모든 것, 즉 자연이 본질적으로 악한 것으로 치부된다. 반면 가톨릭의 종합유형은 창조된 것이 타락했으므로, 구속이 필요하다고 말하지만, 그럼에도 창조된 것들, 즉 자연본성은 선함이 가득하다고 긍정적으로 본다. 일치유형은 창조는 구속과 동일하게 간주된다. 여기서 자연상태은 구속이 있기 전에도 자체는 선하다. 그리스도와 문화를 일치관계로 보는 일치유형은 창조와 구원을 일치하여 생각하기 때문에 문화는 그 자체가 이미 선한 것이 된다. 그리하여 창조를 향한 구속의 긴급성과 불가피성을 강조하지 않는 경향이 있다. 반면 변혁유형은 문화 속에 일반은총이 깃들어 있기 때문에 일반문화조차도 선함이 있으며, 유용하다고 인정한다. 그러나 그럼에도 불구하고, 변혁유형은 타락의 심각성과 후유증을 강조함으로 모든 문화까지도 죄로 인해 타락하였으므로, 그리스도의 구속이 필수적이라고 강조한다.

또한, 타락과 함께 구속의 긴급성을 매우 강조하는 분리유형은 구 속에 대해서는 개인의 구원, 영혼의 구원, 심령의 구원을 말하면서도, 타락한 문화와 영화의 구속이나 타락한 정치와 경제의 구속은 전혀 가능성을 열어두지 않는다. 구속이란 어디까지나 개인의 구속, 영혼의 구속일 뿐이다. 그러나 변혁유형은 문화의 구속, 일의 구속, 정치의 구속처럼, 구속의 포괄성을 매우 강조한다. 결론적으로 기독교세계관은 타락의 총체성을 강조하면서도, 창조의 선함을 긍정하는 관점을 지니고 있다. 왜냐하면, 타락에도 불구하고 일반은총으로 인해 모든 문화 안에 여전히 창조의 선함이 깃들어 있다고 보기 때문이다. 정리한다면 기독교세계관의 논리에 따르면, 모든 창조는 본래 선하다. 창조된 것의 존재 자체가 본질적으로 악한 것은 아니다. 모든 창조에 타락의 후유증은 분명 심각하다. 그러나 타락에도 불구하고 모든 창조가 저주와 심판 아래 있는 것은 아니다. 모든 창조는 타락했지만, 창조된 모든 것이 그 자체로 악하거나 무용지물인 것은 아니다. 그러나 그리스도를 통한 모든 문화의 구속은 반드시 필요하다. 문화는 그리스도의 구속을 통해 창조의 본래의 목적에 부합하게 작동한다. 또한, 구속은 개인구원과 영혼구원을 넘어 우주적 구원과 문화의 구속 등 구속의 범위는 생각보다 훨씬 넓다. 기독교세계관의 창조-타락-구속을 정리한다면, 창조로 형성된formed 구조가 타락으로 인해 방향이 왜곡되었고deformed 그것을 구속으로 변형한다reformed로 요약할 수 있다. 그러나 이렇게 설명되는 기독교세계관이 결론적으로 창조에서 시작하여 구속으로 종결되는 관점이라기보다 그 구속이 바로 창조를 의미한다. 그런 점에서 이 세계관은 타락보다는 구 속에, 그리고 구속보다는 창조에 방점을 찍는 세계관이다. 그리스도 안에서 구속은 결국, 모든 만물, 곧 창조의 회복과 변혁으로서 구속이기 때문이다. 이런 점에서 기독교세계관은 문화변혁적 세계관이라고 불린다.

## 3. 전도명령보다 문화명령cultural mandate에 강조점을 둔다.

흔히 복음주의는 죄인 된 인간의 영원한 구원에 초점을 둔다. 그러므로 그들의 관심은 주로 교회 밖 불신자들의 구원이 중차대한 문제가 된다. 회심, 중생, 십자가를 통한 구속이 그들에게 중요한 관심 주제이고[4], 따라서

---

4) 흔히 복음주의의 특징은 회심주의(conversionism), 십자가중심주의(crucicentrism), 성경주의(biblicism), 행동주의(actionism)로 요약한다.

모든 그리스도인들에게 주어진 사명은 전도명령, 즉 대위임령the Great Commission이라고 강조한다. 그에 반해 카이퍼리안 전통의 문화변혁적 기독교는 역사와 문화 속에서 그리스도인의 변혁적 활동에 무게중심을 둔다. 그래서 변혁적 기독교로서 기독교세계관은 예수 그리스도의 구속으로부터 시작하지 않고 창조로부터 시작한다. 그렇다고 하여 구속을 배제하거나 소홀히 하지는 않는다 예수 그리스도와 그의 구속이 성경의 핵심이지만 창조로부터 해명되지 않으면 타락과 구속도 해명될 수 없다고 말한다. 바로 이 점이 통념적인 복음주의 관점과 다르다. 복음주의는 그리스도 안에서 구속이 없이는 단 한 걸음도 사회적 책임이든, 문화의 새창조든, 창조로 나갈 수 없다. 인간에게 온전한 의미의 삶은 십자가의 구속이 전제되어야 한다. 그러나 기독교세계관의 논리는 구 속에서 출발하기보다, 창조로부터 시작한다.

그런 점에서 확실히 기독교세계관은 예수 그리스도의 복음전도명령마 28:18-20보다 창조시 주어진 문화명령창1:28에 강조점을 둔다. 말하자면 기독교세계관은 창조중심의 세계관creation oriented worldview이다. 기독교세계관의 강조점은 창조-타락-구속이라는 틀에서, 타락에 방점을 둠으로써 인간과 역사발전의 비관주의에 머물지 않으며, 그렇다고 구원에 초점을 둠으로써 구원론과 교회론에 머물러 있기보다, 창조를 향한 변혁적 활동에 초점을 둔다.

## 전도명령과 문화명령

### 두 명령의 주된 내용

(1) 전도명령(Great Commission : 그리스도의 제자에게 부여한 복음전파의 명령으로 죄 아래 있는 인간의 구원을 목표로 하는 명령이다. 그리스도의 십자가를 통해 보여주신 하나님의 사랑과 은혜를 증거하는 사명이다. 복

음전도, 제자화, 교회의 설립, 복음화와 관련된 사명이다.

(2) **문화명령**Cultural Mandate : 창조시 하나님께서 모든 인간에게 주신 명령이다. 생육하고 번식하라, 땅에 충만하라, 땅을 정복하라창1:28로 표현된 문화명령은 모든 인간에게 부여하신 명령으로 삶의 모든 영역에서 인간의 총체적 활동과 관련한 명령이다. 구속받은 그리스도인과 제자에게 국한된 명령이 아니라 하나님의 형상대로 지음 받은 보편 인류에게 부여된 것으로 타락 전에 주어진 명령이다. 하나님의 일반은총을 힘입어 인간사회민족, 국가를 구성하고, 농경활동, 기술문명, 교육과 예술, 정치와 경제활동에 참여하는 등, 인간사회의 총체적 활동에 참여하는 사명이다.

### 두 명령의 차이점

문화명령을 넓은 의미에서 본다면, 일반은총에 근거하여 수행하는 것이므로, 십자가와 구속을 경유하지 않고도 수행 가능한 명령이라고 할 수 있다.5) 이 명령은 그리스도의 제자들을 통한 복음화evangelization가 아니라 모든 인간들의 문화적 활동, 즉 인간화humanization가 주된 방향이다. 또한, 전도명령은 그리스도, 십자가, 특별은총과 관련이 있다면, 문화명령은 창조, 자연법, 일반은총과 연관이 있다. 그러나 복음전도와 문화명령은 총체적 선교관의 등장으로 통합되었다.

그러므로 전도명령과 문화명령의 서로 상관성을 지니고 있다. 예수님의 전도명령에서 "내가 분부한 모든 것을 가르쳐 지키게 하라"라는 명령 안에 그의 제자들이 세상 속에서 하나님의 뜻을 실행하면서 살라는 문화명령의 의미가 내포되어 있기 때문이다. 그런 점에서 복음화와 인간화가 상반되거나 무관한 개념들은 아니다. 이미 총체적 복음화는 복음의 개인

---

5) 그러나 문화명령도 전도명령과 마찬가지로 성령으로 거듭난 그리스도인에게 주어진 특별한 명령으로 설명하기도 한다. 그러나 그러면 창조 때 아담에게 주어진 문화명령이 모든 인류에게 보편적으로 주어진 일반은총에 근거한 명령이라는 점을 설명하기가 어려워진다.

적, 사회적, 문화적 차원을 함축하고 있다. 하나님의 선교 개념과 선교적 교회라는 개념 안에 교회의 선교적 사명은 모든 그리스도인들이 자신들의 삶의 현장에서 하나님의 뜻을 실행하며 살아간다는 의미를 내포하고 있기 때문이다.

| 전도명령 | 문화명령 |
|---|---|
| 마26: 28-29 | 창1:28 |
| 구속을 지향하며, 그리스도의 십자가에 근거한 구원 명령이다. | 창조를 목표로 하며, 창조, 자연법에 근거한 창조 명령이다. |
| 구속받은 그리스도의 제자에게 위탁된 특별한 명령이다. | 하나님의 형상대로 지음받은 모든 인류에게 위임된 보편적인 명령이다. |
| 특별은총 | 일반은총 |
| 복음화(복음전파, 제자화, 교회설립) | 인간화(노동, 정치, 경제, 문화적 활동) |

■ 문화명령

아브라함 카이퍼에 근거를 두고 있는 신칼빈주의Neo Calvinism,6)는 그리스도인의 문화변혁적 역할을 매우 강조한다. 그 핵심 요지는 다음과 같다: 창조세계는 선하신 하나님에 의해 지음받은 선한 창조질서이며, 인간은 피조세계를 하나님의 창조 법에 따라 계발, 발전하도록 문화명령을 부여

---

6) 신칼빈주의는 칼빈주의를 현대화하려는 신학적, 사상적, 세계관적 운동으로 네덜란드의 개혁교회 신학 전통에서 생성되었으며, 그 주도적 인물은 아브라함 카이퍼(Abraham Kuyper), 헤르만 바빙크(Herman Bavinck), 헤르만 도이어베르트(Herman Dooyeweerd) 등을 꼽을 수 있으며, 현대적인 인물로는 리차드 마우(Richard Mouw)나 니콜라스 월터스토프(Nicholas Wolterstorff) 등이 있다. 신칼빈주의는 흔히 칼빈주의 사상의 전부라고 잘못 알려진 칼빈주의 5대 교리(전적 타락, 무조건적 선택, 제한 속죄, 불가항력적 은총, 성도의 견인)와 같이 협소한 구원론적 사고체계가 아니라 삶의 전 영역에서 기독교 신앙을 폭넓게 재구성하고자 한 것이다. 이 사상의 주된 강조점은 기독교는 개인의 구원과 내적인 경건을 위한 종교라기보다 차라리 '삶의 체계'(Christianity as system of life: 기독교는 삶 전체에 관한 것이라는 의미)라고 정의하면서, 문화변혁적 사고로서 문화명령, 특별은총에 비해 일반은총의 강조, 다양한 공적 영역에서 유기적이면서 다원적인 사회이론을 제시한 영역주권론을 강조한다.

받았다.

　문화명령이란 창조시 주신 하나님의 명령으로 '땅의 지배'dominium terrae, 창1:28에 관한 명령이다. 이 명령은 문자적으로는 생육과 번성, 그리고 땅의 정복과 다스림을 가리키는 것이지만, 자연땅을 'cultivate'경작하다, 일구다 하여, 문화culture를 형성하라는 명령이다. 문화명령cultural mandate은 땅의 지배 명령이며, 창조명령creation mandate이고, 인간이 하나님께 부여받은 땅의 통치권을 말한다. 이 명령은 하나님의 형상으로서 인간이 문화—역사적 존재임을 지칭한다. 그런데 문화명령은 땅의 지배 명령이 아니라 땅에 대한 돌봄과 관리, 경작에 관한 명령이다. 이 명령은 인간에게 자연에 대한 무한 지배나 정복을 허용한 것이 아니라 땅을 돌보고, 보전하라는 것이다. 또한, 문화명령은 단지 농경적인 경작활동만이 아니라 정치, 경제, 예술, 학문 등 인간의 총체적 활동을 포함한다. 그리고 문화란 지적 추구나 미적 추구 같은 고도의 문화나 교양있는 분야만이 아니라 인간사회의 모든 영역을 포괄한다. 문화는 미술, 음악, 학문과 정치적, 경제적 생활, 종교, 교회, 교육, 기술, 대중매체, 결혼, 가정생활, 여가, 취미활동 등 인간의 삶 전체를 망라한다.

　이미 창세기에는 문화명령의 진전이 이루어지고 있음을 보여준다. 하나님께서 땅의 경작을 명하셨고, 아담과 하와에게 부부관계를 통해 생육하도록 하셨으며, 동물의 이름을 지음으로써 언어의 시작을 알려주었고, 시를 지어 하와를 노래하는 아담의 모습에서 문화의 발전을 보여준다. 가인의 범죄에도 불구하고, 사람들은 기술의 혁신을 보여주는데, 장막에 거하며 육축하는 자의 조상인 야발, 수금과 퉁소를 잡는 모든 자의 조상인 유발, 동철로 각양 날카로운 기계를 만드는 자인 두발가인창4:20-22이 등장하는 모습 등이 그것이다.

### 창조와 발전

창조는 문화와 역사의 발전을 향해 진행하도록 되어 있었다. 죄가 세상에 들어왔기 때문에 변화가 일어난 것이 아니라 창조는 발전되도록 의도된 것이었다. 구속은 타락에 대한 응급처방이 아니다. 아담은 완성을 향해 지음받았다. 창조는 타락과 상관없이 구원으로 나아가도록 계획되었다 창조세계는 인간이 등장하기 전에도 발전되고 있었다. 하나님은 원래의 창조세계original creation를 계속적 창조continual creation를 통해 발전하게 하시며, 새창조new creation로 완성하게 하신다. 인간은 하나님의 형상을 따라 땅을 발전시키는 문화적 활동으로 우리의 통치권을 행사하도록 부름받았다. 그리고 인간 문화의 진보와 발전은 역사 속에서 '분화'와 '개현'을 통해 진척된다.

## 4. 전적으로 타락하고 부패한 창조, 그러나 구조와 방향을 식별해야 한다.

변혁모델로서 기독교세계관의 논리에는 창조 다음에 타락이 온다. 그런데 타락이란 모든 창조의 타락이다. 타락은 개인의 심성, 인격, 도덕성만 그르친 것이 아니라, 창조된 모든 것들의 타락을 말한다. 문화가 오염되었으며, 자연환경이 훼손되었으며, 사회구조가 병들었으며, 정치와 경제구조가 부패하였다. 타락은 전적 부패와 전적인 오염을 초래했다. 타락이란 총체적 타락을 말한다. 그런데 기독교세계관은 타락의 심각성과 후유증에도 불구하고, 구조와 방향이란 개념을 통해 타락의 실상을 예리하게 구분한다. 구조는 창조의 질서, 즉 사물의 불변적 창조구조를 말한다. 구조는 창조의 법, 즉 창조물의 본질을 구성하는 하나님의 창조명령에 근거를 두고 있다. 구조란 철학적 용어로 본체, 본질, 본성과 유사한 실체를 의미한다. 따라서 타락에도 불구하고 구조는 망가지지 않았다. 그러나 방향에 왜곡을 가져왔다. 이것이 핵심이다. 여기서 방향이란 두 가지 측면을 동시에 함축하고 있는데, 한편으로 타락으로 인한 창조의 왜곡 혹은 변질을 말하며, 다른 한편으로 그리스도 안에서 창조의 구속과 회복을 지칭한다. 그러므로 방향은 이중적이다. 그러니까 모든 만물은 하나님을 향하든지, 하나님을 반역하든지, 하나님을 경배하든지, 우상숭배를 향하든지, 또는 신앙적이든지, 불신앙적이든지 한 방향에 서있다. 신앙과 불신앙, 하나님을 향하는 것과 우상숭배는 단지 개인만이 그렇지 않고, 학문, 사상, 정치, 경제, 기술, 사회제도도 그렇다. 인간 사회에 실존하는 문화, 학문, 사상, 구조 등 모든 것은 하나님을 향하든, 우상을 향하든지, 모든 것은 본질적으로 종교적이다. 만물 혹은 문화는 방향에 따라 신앙적일 수 있고, 불신앙적일 수 있다. 그러므로 타락은 방향이 잘못된 것으로 창조계 전체에 대한 비정상적이며 왜곡, 이탈을 초래한다. 방향은 하나님을 향하는 쪽으로 움직이거나 하나님을 거스르는 방향으로 움직이는 두 가지 가운데 어느 하나의 태도에 속해 있다.[7] 기독교세계관에 따르면 모든 창조는 선하지만, 타락으로 인해 전 창조계의 왜곡이 초래되었다. 그러므로 타락은 창조의 왜곡이다. 그런데 구조와 방향을 구분하여, 구조는 창조의 법칙 및 규범적 질서로 일반은총에 의해 보존되어 있으나 방향은 그 규범에 대한 인간의 응답으로 하나님을 향하고 있든지 그 반대 방향을 향하든지 하고 있다.

### 5. 구속이란 창조의 회복이다.

그리스도의 구속은 개인구원이나 영혼구원만이 아니라 우주적이며 총체적인 구원이다. 죄가 총체적인 타락을 초래했듯이 예수 그리스도의 구

---

7) 브라이언 왈쉬, 리처드 미들튼, 『그리스도인의 비전』, 1987, 69.

원은 타락으로 왜곡된 피조물 전체에 대한 구원이다. 구속은 타락한 창조질서, 피조세계의 회복과 갱신이다. 그리스도를 통한 구속은 영혼의 구원, 개인의 구원을 넘어 구조의 구속, 문화의 구속, 정치의 구속을 포괄한다. 그러므로 변혁유형인 기독교세계관은 **문화의 구속, 일의 구속, 구조의 구속**을 강조한다. 그러므로 정치와 경제구조가 타락하였다면, 왜곡된 경제 시스템도 구속되어야 하고, 정치도 복음화되어야 한다. 기세의 구원은 창조세계 전체의 회복으로서의 구원을 겨냥한다는 점에서 '창조의 구원'이요, 인간 역사와 문화의 갱신과 변혁과 연결되다는 점에서 **문화변혁적 구원**이라고 말할 수 있다. 신킬빈주의 조직신학자인 코넬리우스 플랜틴가는 구속의 보편성과 포괄성에 대해 다음과 같이 설명한다.

> "크리스천들은 타락에 대해 폭넓은 관점을 가지고 있기 때문에 구 속에 대해서도 대단히 폭넓은 관점을 가지고 있다. **만물이 선하게 창조되었고, 만물이 타락했다면, 만물이 구속함을 받아야 한다.** 하나님께서는 '영혼'을 구원하는 것으로 만족하시는 그런 분이 아니시다. 하나님은 '육체'도 구원하기 원하신다. 하나님께서는 인간의 개인적인 행동반경 이내에서 구원하는 것으로 만족하지 않으신다. 경영구조나 노동구조가 구조적인 모순을 안고 있다면 그것도 구속함을 받아야 할 필요가 있다. 국민 건강 관리체계가 돈 있는 사람에게만 혜택이 돌아가게 되어 있다면 그것 역시 구속함을 받아야 한다.… 부패한 모든 것, 타락한 모든 것은 구속함을 받아야 한다. 여기에는 기뻐하고 탄식하는 전체 자연계도 포함된다. 모든 영욕의 고통 가운데 있는 자연계 역시 샬롬을 가져오는 구속이 필요하다. 구속의 행위가 성스러운 지역에 한정된다고 이해하는 것처럼, 세상은 성스러운

영역과 세속적인 영역으로 나누어지지 않았다. 전 세계는 하나 님의 것이다. 전 세계는 타락했다. 그래서 전 세계는 구속이 필요하다.… 아브라함 카이퍼가 말했듯이 "단 한 뼘의 땅"까지 구속이 필요하다."[8]

여기서 강조하는 것은 구속의 보편성과 포괄성이다. 그런데 여기서 구속의 보편성이란 결국, 모든 사람들이 구원받게 될 것이라는 보편구원론 universalism의 의미로 사용되는 그런 의미가 아니다. 구속의 보편성과 포괄성이란 그리스도의 구원이 인간을 넘어 피조된 모든 것들의 구원을 의미하는 만유all thing구원론이지 만인all man구원론이 아니다. 그리스도 안에서 이루어진 구원은 구속으로 부름받은 하나님의 백성들만의 구원이 아니라 인격적이고, 비인격적인 모든 것, 즉 구조, 체제, 질서, 문화, 자연을 망라한 만물의 구속을 의미하는 보편성과 포괄성이라는 점을 기억해야 한다. 기독교세계관의 구원관은 구속의 영역을 개인, 영혼, 내면의 인격에 머물지 않고, 정치, 일, 문화의 구속과 성화에까지 확장한다. 그러므로 교회의 선교 과제는 개인의 구속이나 영혼의 구원에 머물지 않고 정치 영역도 구속되어야 하며, 그러므로 정치적 성화가 추구되어야 한다. 더 나아가 일의 구속과 일터의 구속, 일상의 구속을 추구한다. 기독교세계관에서 구속은 전 피조물의 구속이요, 회복이다. 또한, 모든 인간 삶의 문화가 하나님의 창조 목적에 부합하도록 변혁되는 구속이다. 구원이란 단순히 죄사함이 아니라 만물이 회복되는 구원이다. 만물회복으로서 구원 구속은 완료된 과거적 사건에 머물지 않는다. 그리스도의 구속은 세상 문화와 구조를 변혁하는 과정 속에서 진행되고, 점진적으로 완성되어간다. 만물의 구속, 문화의 구속, 정치의 구속, 일터의 구속은 타락한 사회 속에서 그리스도인

---

8) 코넬리우스 플랜팅가, 『기독지성의 책임』, 오광만 역, 규장, 2004, 159.

의 변혁적 활동의 과정 속에서 실현되어 간다. 다시 말해 기독교의 구속은 죄사함, 중생, 칭의로 멈추지 않고 문화와 일, 정치의 구속을 위해, 혹은 성화를 위해, 즉 문화의 변혁을 위해 적극적으로 살아가야 함을 강조한다. 그런 의미에서 구속이란 우리 밖에서extra nos, 즉 그리스도의 구속행위 ㄴㄴ가운데 수동적으로 일어났으며, 이제는 이미 종료된 '사건으로서 구속'만이 아니라 모든 피조물(자연 피조물만이 아닌 세상 문화, 사회구조, 학문, 예술 등 삶의 전 영역을 포함한다)을 새롭게 재창조하시는 성령의 계속적인 구속사역, 다시 말해 우리 삶의 모든 것을 새롭게 창조하심으로 구속을 완성해 나가시는 하나님의 변혁적 행동을 통해 진행되고 있으며, 또한, 그 변혁의 과정은 구속된 그리스도인들이 세상 속에서 능동적인 참여를 통해 이루어져가는 '과정으로서 구속'이다.9)

## 6. 일반은총론

### 교회 밖 세상과 세상문화를 긍정하고 포용하는 이론

일반은총론은 사실상 기독교세계관의 논리가운데 창조-타락-구원이라는 틀 다음으로 가장 중요한 개념이라고 할 수 있다. 이 개념은 그리스도인과 비그리스도인, 교회 안과 교회 밖 세상을 연결해 주는 가교역할을 하는 개념이다. 또한, 교회 안의 그리스도인에게 세상 속의 그리스도인으

---

9) 하나님의 구속은 오로지 주님의 주권적인 자유로운 결정에 의해 무조건적으로 베푸시는 구원은총에 의해 이루어지는 단독적인 사역임은 분명하다. 그런 의미에서 구원의 신단독주의(monergism)는 견지되어야 한다. 그러나 죄로 인해 부패하여 일그러진 인간의 하나님의 형상이 회복되는 과정과 믿음으로 의롭게 된 자들, 곧 칭의된 자의 성화의 과정은 분명 성령의 주도적인 사역이면서 동시에 타락한 형상을 재창조하시어 회복하시는, 우리의 전인격을 거룩하게 하시는 성령의 구속사역에 능동적으로 응답하고 참여하는 신자의 협력을 통해 이루진다는 점에서 신인협력적이라고 말할 수 있을 것이다. 여기서 회복으로서 구속을 강조하는 변혁모델은 개인구원에 머물지 않기 때문에 모든 피조물의 회복, 즉 사회적, 경제적, 정치적, 문화적 차원들이 재창조되는 변혁적 구속을 목표로 하는데, 이 변혁적 구속의 과정에 그리스도인은 그들의 부르심의 자리에서 응답함으로써 구속에 참여하고 있는 것이다.

로 살도록 일반성을 긍정하도록 사고를 열어주는 연결고리가 바로 일반은
총론이다. 일반은총, 정확히 말해 공동은총commom grace은 비록 모든 피조
세계는 타락하였지만, 창조주 하나님은 그의 창조물을 보존하기 위해 그
리스도의 구속이 미치지 않는 일반인과 일반문화의 영역에도 비구원적 은
총을 베푸셔서, 죄의 억제력을 발휘하게 하여 도덕적 의를 구현하게 하면
서, 역사와 문화의 진보와 발전을 가능하게 하여, 모든 피조물 안에 내재
된 잠재력을 구현하도록 보편적인 은총을 베푸신다는 것을 의미한다. 일
반은총의 원리는 신자와 불신자, 구속된 사람과 구속되지 않은 사람, 교
회 안과 교회 밖 세상을 배타적으로 양분하여 한쪽은 하나님의 축복 가운
데 있고, 다른 한쪽은 신의 저주 아래 있거나, 한쪽은 구원의 은총 가운데
있고, 다른 한쪽은 멸망받아 마땅한 심판의 대상으로 규정하지 않는다.
비록 구속의 은총을 선사받아 그리스도 안에서 살아가는 신자들에게는 특
별은총이 주어져 있지만, 그리스도 밖에서 살아가는 교회 밖 일반인들도
하나님의 자연적인 은총과 도덕적인 은총을 힘입어 살아가고 있으며, 그
들에게 주어진 잠재력을 발현하여 인간 사회와 역사발전에 기여할 수 있
는 신적 은총이 주어져 있다. 이러한 일반은총의 논리는 하나님의 주권과
통치가 교회 안과 교회 밖, 구원의 영역과 비구원의 영역 모두에게 보편적
으로 미친다는 것에 근거를 두고 있다. 일반은총은 구속은총과 같은 제한
된 특별은총과 달리 그리스도인으로 하여금 인간 일반의 자연적인 삶을
긍정하도록 해 주며, 일반문화와 공적인 삶을 적극적으로 살아가도록 하
는 근거를 제공해 준다. 일반은총은 특히 아브라함 카이퍼의 네덜란드 신
칼빈주의 전통과 이 신학적 유산을 발전시킨 리차드 마우 등에 의해 더욱
적극적으로 해석되었다.10) 그러나 일반은총은 그리스도인의 사회 일반의
공적 삶과 활동에 긍정적 시각을 확보해 주었지만, 이와 반대로 구속을 통

10) 아브라함 카이퍼, 『일반은총론』, 부흥과개혁사, 2017, 리차드 마우, 『문화와 일반은총』,
　　권혁민 역, 새물결플러스, 2012.

한 특별은총의 긴급성, 그리고 일반은총과 특별은총의 긴장과 대립을 강조하는 스킬더적 흐름도 있다.

### 일반은총

일반은총이란 아담의 범죄로 타락이 왔으나 이 세상에 죄가 무제한으로 확산되지 못하도록창20:6; 31:7; 욥1:12; 왕하19:27,28; 롬13:1-4 모든 인간에게 도덕과 종교의 감각을 주셔서 선과 의를 수행하게 하시고롬1:18-25; 행17:22, 자연적인 축복을 누리게 하시는 것창17:20; 시145:9,15-16; 마5:44-45; 눅6:35-36; 행14:16-17; 딤전4:10을 말한다.

### 특별은총과 일반은총

#### (1) 특별은총(special grace)

구원받은 하나님의 자녀들에게 베푸시는 하나님의 제한적인 은총이다. 예수 그리스도의 십자가 대속과 복음전도를 통해 이루어지는 하나님의 특별한 은총이므로 구원은총이다.

#### (2) 일반은총(common grace)

• 일반은총이란 그리스도인과 교회 밖의 불신자에게도 공통적으로 미치는 보편은총 혹은 공통은총common grace이다. 그것은 신자나 불신자나 모든 사람에게 베푸시는 하나님의 보편적인 호의이다. 다시 말해, 하나님이 그의 택한 자녀만이 아니라 인류 전체에게 보이는 호의적인 태도이다.

• 일반은총은 성령의 특별한 사역이 아니라 일반적인 사역이다. 다시 말해 중생, 효과있는 부르심, 믿음, 양자됨, 회개, 칭의, 성화와 같은 구원적 사역이 아닌 비구원적 은총non-salvic이다.

• 구속은총이 아니라 보존은총이다. 자연인, 일반사회, 세상 문화가

도덕적으로 유지 보존하도록 은혜를 베푸신다. 구원은총과 별도로 그의 피조물 전체에 대해 보이시는 호의를 말한다.

## 일반은총의 기능

### 1. 자연적 혜택으로서 일반은총

하나님은 신자나 불신자, 선한 자와 악한 자에게도 햇빛, 공기, 비, 결실의 축복과 같은 자연적 혜택을 주시며[11], 행 14:17, 모든 사람들을 선대하시고,[12] 좋은 것을 베푸신다.[13], 마5:45, 시154:9, 창39:5

하나님에 의해 창조된 우주와 자연만물은 하나님의 선하심과 붙드심이 없이는 지탱하거나 보존될 수 없다. 이는 영성령을 통해 만물을 지탱하고 소생하게 하시고,[14]시 145:15-16, 풀과 나무가 자라게 하시고, 모든 피조물에게 먹을 것을 공급하신다. 시 104:16-18; 21, 29-30 그러므로 모든 피조물들은 하나님의 선하심과 도움 없이는 보존되고 유지될 수 없다. 그뿐만 아니라 하나님은 모든 생명체와 인간들에게 호흡을 주시고, 만방에 흩어져 민족과 공동체를 이루어 거주하게 하신다.[15]

■ 자연만물이 계절의 순환을 이루는 것, 봄이 되면 만물이 약동하여 새

---

11) 행 14:17: 곧 여러분에게 하늘로부터 비를 내리시며, 결실기를 주시는 선한 일을 하사 음식과 기쁨으로 여러분의 마음에 만족하게 하셨느니라.

12) 시 145:9 :여호와께서는 모든 것을 선대하시며, 그 지으신 모든 것에 긍휼을 베푸시도다. 눅6:35 그는 은혜를 모르는 자와 악한 자에게도 인자하시느니라.

13)창 39:5: 요셉을 위하여 그 애굽 사람의 집에 복을 내리시므로 그 애굽 사람의 집과 밭에 있는 모든 소유에 미친지라.

14) 시 145:15-16 : 주는 때를 따라 그들에게 먹을 것을 주시며 손을 펴사 모든 생물의 소원을 만족하게 하시나이다.

15) 만민에게 생명과 호흡과 만물을 친히 주시는 이심이라. 인류의 모든 족속을 한 혈통으로 만드사 온 땅에 살게 하시고, 그들의 연대를 정하시며 거주의 경계를 한정하셨으니, … 우리가 그를 힘입어 살며 거동하며 존재하느니라.… 우리가 그의 소생이라(행 17:25-26, 28)

싹이 돋고 생기를 발하여 꽃이 만발하여 행복감을 선사하고, 때에 따라 열매를 맺고 소출을 가져다주는 것, 자연림과 수목원의 신선한 공기, 새들의 노래, 자연 생태계의 조화와 신비감 등은 모두 자연적 차원의 일반은총이다.

■ 자연법칙과 자연질서에 따라 동물과 인간들이 번식, 산란, 출산을 하는 것, 태양과 자연계의 순환운동, 인간과 동물들이 공기를 들이마시며, 호흡하며 생명을 유지하는 것, 햇빛과 비와 같은 자연의 혜택을 받아 누리는 것은 전부 자연적 차원의 일반은총에 해당한다.

■ 이러한 자연적 혜택은 그리스도 밖에 있는 불신자나 악인이나, 선한 사람이나 구원받은 신자에게 골고루 선사되는 공동의 은택이다.

### 2. 도덕적 기능으로서 일반은총: 죄의 억제책

일반은총의 가장 중요한 기능은 죄의 억제책이다. 타락한 인간들로 하여금 죄를 억제하게 하여 죄의 무제한적 발발을 저지시킴으로 인간의 문화가 유지되도록 하시는 은혜이다. 그리하여 중생하지 않는 사람도 시민적 의, 즉 도덕적 규범을 지키며 살아가는 이유는 일반은총 덕분이다. 자연인, 혹은 불신자, 그리고 거듭나지 않은 사람이 구원에 이르는 선을 행할 수는 없지만, 시민적 선은 행할 수 있다. 왕하 10:29-30; 왕하 12:2; 14:3; 눅 6:33; 롬 2:14

타락으로 인간의 형상은 부패하고 손상되었지만, 죄를 억제하는 은총으로 자연인의 양심이 기능을 발휘하며롬 2:14,15, 인간의 악한 본성을 규제하여 인간사회의 도덕질서를 유지하고, 법질서를 지키도록 하여 무법천지가 되지 않도록 하신다. 인간의 이성, 양심, 도덕성을 발휘하게 하여 시민적 의를 유지하게 하신다. 그러므로 불신자라 하여 반드시 무법적인 인간이나 광포한 괴물로 살지 않는다. 만일 죄가 발호하도록 방치한다면 인류

사회의 도덕규범이 무너지고, 무법천지가 되었을 것이다.16) 하나님은 인간에게 지성과 이성을 허락하셔서 인간 사회의 삶의 질서를 부여하셨고, 예술과 학문을 계발하게 하셨다. 특별히 인간에게 도덕성을 부여하셔서 죄를 억제하여 시민적 질서를 유지하게 하고, 정부, 국가, 사회의 미풍양속을 증진하게 한다.

■ "불신자들의 선행은 아무런 의미가 없다. 왜냐하면, 선행으로 천국 가는 것이 아니기 때문이다", "선행보다 중요한 것은 예수 믿는 것이다."

많은 기독교인들은 일반인이나 불신자의 선행은 구원받는데 전혀 보탬이 되지 않기 때문에 아무런 의미가 없다고 생각한다. 이렇게 생각하는 이유는 많은 기독교인들이 모든 가치를 '구원받는 것', '천국 가는 것'에만 두기 때문이다. 그러나 어려운 사람에게 베푸는 구제, 자선, 기부, 이웃을 돕는 선행은 일반은총적 행위가 된다.

하나님은 일반인의 선한 행실을 좋게 보신다.고넬료, 선한 사마리아인

• 불신자와 자연인들이 선을 행하는 것은 하나님의 뜻에 합치된다. 하나님은 모든 사람들이 어려운 이웃을 돌아보고, 그들에게 선행을 베풀라고 명령하신다.

• 인간은 하나님의 형상이므로 정의, 자비와 선과 같은 하나님의 성품을 발휘하는 것은 창조의 목적과 합치된다.

• 따라서 그리스도인들이 사회와 이웃 속에서 선을 증진하고, 북돋우는 일을 하는 것은 하나님의 뜻에 합치된 것이다.

---

16) 일반은총은 인간사회에 어느 정도의 도덕적 선이 보존되게 하심으로 진노와 심판이 유예된다. 그리하여 회개할 기회를 주시기도 하지만, 무엇보다 개인과 사회 속에서 죄를 억제하는 기능을 한다. 가인의 이마에 표를 주어 사람들이 그를 해치지 못하게 하시거나, 아비멜렉으로 하여금 아브라함의 아내를 해치지 못하도록 꿈에 나타나셔서 말씀하신 것이나(창 20:6), 라반이 야곱을 해치지 못하게 막으신 일(창 31:7)이 그 사례에 해당한다.

■ 그리스도인들은 자주 **복음적 의**복음적 선만을 가치 있는 것으로 생각하고, **시민적 의**시민적 선를 소홀히 하는 경우가 빈번하다. 다시 말해 예수의 십자가를 믿음으로 죄용서 받고 의롭게 되어 구원받는 일복음적 의만 가치있는 일이고, 세상 속에서 시민의 일원으로서 도덕적 가치와 공공의 미덕과 예의를 지키는 일시민적 의은 가치 없는 일로 생각하는 것이다. 그런데 한 사회의 시민으로서 공공의 영역에서 살아가는 그리스도인에게 반드시 필요한 덕목은 바로 시민성이라 할 수 있다. 여기서 시민성이란 시민이 지녀야 할 덕을 말한다. 현대사회에서 시민성시민의 덕은 '타인에 대한 배려', '민주 의식', '공정함', '공공 의식', '법과 질서' 등인데, 이것이야말로 시민사회를 살아가는 그리스도인이 갖추어야 할 중요한 덕이다. 그리스도인은 하나님나라의 시민이면서 세상나라에서 살아가는 시민이다. 그리스도인에게 교통법규, 쓰레기 분류, 건축법 등 시민사회의 법질서와 공공성을 존중하고 준수하는 일은 시민성을 실천하는 일로서 일반은총적 미덕에 해당한다.

■ **불신자들이 오히려 도덕적 차원의 일반은총에 따라 살아가는 경우가 많다.**

본래 도덕적 차원의 일반은총은 죄의 억제책으로 주어졌다. 그래서 자연인, 불신자, 거듭나지 않은 사람들이 그들 안에 양심과 도덕심이 발휘하게 하여 사회의 도덕질서와 법질서를 유지하도록 하기 위해 일반은총을 허락하셨다. 그래서 불신자라 하여 반드시 무법적인 인간이나 광포한 인간으로 살지 않는다. 만일 하나님께서 자연인과 불신자에게 양심과 도덕성이라는 일반은총을 주지 않으셨다면, 우리 사회의 도덕규범은 완전히 붕괴되었을 것이며 무법천지가 되었을 것이다. 그런데 문제는 거듭나지 않은 일반인들이 신앙을 가진 그리스도인들보다 훨씬 양심적인 인간으로 살고 있으며 준법정신이 투철한 모범시민으로 살고 있다. 그리고 일반인들이 기독교인들보다 더 모범적인 가정을 유지하는 경우가 많다. 불신자들이 기독교인들보다 훨씬 친절하고, 예의 바르며, 양심적인 사람들이 많다. 물론 정반대의 경우도 많다. 비기독교인들의 세계는 기독교인들이 경험하지 못한 무수히 많은 형태의 불법과 악한 모습이 존재한다

#### ■ 죄의 억제력으로서 일반은총은 기독교인들에게 더 필요하다!

죄의 억제력으로서 일반은총은 특별은총 안에 살아가는 기독교인들과 교회에 더 필요한 것이 아닐까? 왜냐하면, 무수히 많은 기독교인들과 교회들이 양심과 도덕성이 엉망인 경우가 많고, 그런 것을 전혀 개의치 않고 무법한 인간처럼 살아가고 있기 때문이다. 기독교인들과 교회가 누리는 특별은총의 유효성을 입증하기 위해서는 도덕성과 양심이라는 일반은총의 기준에 의해 검증되지 않으면 그들이 내세우는 특별은총은 아무런 의미가 없다. 어떤 의미에서 죄의 억제책으로서 일반은총은 특별은총이라는 미명 아래 법과 질서와 사회의 통념을 쉽게 짓밟는 기독교인들, 목사들, 그리고 공공의 법질서를 아랑곳하지 않고 행동하는 극단의 기독교집단들에게 더욱 필요한 요소라고 할 수 있다.

보수기독교 단체들은 목회자 세금납부를 완강하게 거부한다: 목사는 구약의 제사장이므로 일반사회법에 적용받을 수 없다는 것이다. 이 역시 특별은총을 빌미로 한 일반은총적 사고의 결핍에서 나온 발상이다.

#### ■ "세상 법 위에 영적인 법이 우선이다", "교회는 하나님이 세우신 기관이므로 세상 법을 따를 필요가 없다. 교회는 하나님의 법을 따르는 기관이다".

대형교회 목회자들이나 일부 목회자들이 공공 도로법을 어겨 교회건축을 강행해놓고는 사회로부터 지탄을 받을 때나, 교회재정을 자기 마음대로 남용하여 기소되었을 때, 교회는 세상 법과 상관없으며, 세상 법의 저촉을 받을 필요가 없다고 강변한다. 물론 이런 경우는 대부분 교회나 목회

자 자신이 사회의 공공질서나 사회법을 어겼을 때이다.

### ① 교회도 세속법을 준수해야 한다.

신정국가가 아닌 한 지상의 모든 교회는 사회법과 도덕법이 하나님의 명령과 정면으로 배치되지 않는 한 사회법과 시민법을 준수하고 따라야 한다. 예컨대 어떤 국가가 구약의 율법을 국가운영의 헌법과 사법적 원리로 차용하는 경우라면, 세상 법이 신법 아래 있다고 말할 수 있을 것이다. 따라서 "교회는 세상 법에 저촉되지 않으며, 오로지 신법을 따르는 기관이다"라고 강변한다면, 이는 아직도 교회가 세속 국가질서 밖에 있는 치외법권 지대에 있는 존재로 착각하고 있는 시대착오적 사고라고 할 수 있다.

신정국가 시대 이후 신탁oracle을 통해 하나님께서 직접 통치하시는 신정정치를 행사하지 않으시고, 왕을 통해 대리하여 왕정정치를 허락하셨으며, 그 이후 대의정치를 통해 이 세상을 통치하고 계신다. 교회권력敎勸이 세속권력俗權 위에 군림하던 시대에는 중세 교황권이 절대 우위에 있던 시대를 제외하고는 존재하지 않았다. 하나님은 교회를 통해 세상을 통치하지 않으시고, 국민들의 계약으로 제정한 법, 제도, 규정, 즉 사회 구성원들이 합의한 사회법으로 통치하고 계신다. 이 세상 법과 규정은 자연인과 불신자는 물론 기독교인들까지도 사회의 공동의 삶의 원칙을 지키면서 하나님의 선하심과 공정함, 의로움을 실현하기 위한 방편으로 주어진 일반은총의 수단이다.

### ② 교회는 신적인 기관이지만, 또한, 인간적 기관이다.

물론 일차적으로 교회 자신은 세상 법에 의해 통치되는 자연적 기관이거나 세속적인 기관이 아니다. 교회는 우선적으로 하나님의 말씀, 즉 계시에 의해 다스려지는 신적 기관임에 틀림없다. 그런 점에서 교회는 사회 속에 존재하지만, 교회의 기원과 성격상 특수성의 측면이 분명히 있다. 그러나 교회 역시 사회의 구성원의 일부라는 점에서는 교회의 일반성을 인정해야 한다. 교회는 그 성격상 항상 신적인 차원과 함께 인간적 차원이 동시에 겹쳐 있다. 교회는 하나님과 세상이라는 두 영역경계 속에 걸쳐 있다. 교회를 신적인 기관으로만 이해하다가 자칫 교회의 사회적 현실성의 측면을 간과할 수 있으며, 반대로 교회를 인간적인 기관으로만 이해하는 것은 교회의 신학적 현실성의 측면을 간과하는 오류에 빠지게 된다. 지상의 교회는 그리스도 오심 이후 성령의 강림으로 탄생한 기관이지만, 그렇다고 교회는 진공상태에서 하늘에서 뚝 떨어진 것이 아니다.물론 교회가 만들어질 때, 분명 하나님의 특별하신 뜻과 계획이 있다 인간적인 측면에서 볼 때, 교회는 사회의 구성원들이 의지적으로 모임을 시작함으로써 이루어진 사회적 집단이다. 그런 점에서 교회는 항상 초자연적 계시의 산물만이 아니라,물론 교회는 당연히 예수 그리스도와 성령에 의해 세워진 계시적 산물이다 사회 속에 존재하는 종교집단의 하나이며, 사회적 구성원의 일부이며, 따라서 교회 역시 사회질서를 따라야 할 종교 기관이다. 교회는 이 지상세계에서 하나님의 구원계획을 성취하기 위해 설립되었으며, 그 일을 위해 예수 그리스도의 복음을 선포하고, 증거하며, 예배와 기도, 전도, 디아코니아 활동에 힘쓰면서 존재한다는 점에서는 특별은총의 기관이지만, 특정 국가와 사회 안에서 구청 혹은 마을 공동체에 법적으로 등록되어 있는 사회 구성원이라는 점에서는 사회 일반의 법률적, 행정적 관리와 제재 아래 있는 기관인 것이다.

### ③ 교회도 죄의 억제책으로서 일반은총의 대상이 된다.

이단적 교회나 극단의 신앙그룹에서 인류와 사회법을 파괴할 때, 죄의 억제책으로서 일반은총이 발동되어야 한다: 예컨대 병리적인 기독교집단이 사유재산을 갈취할 때, 여신도들을 성적 착취와 성폭력 대상으로 불법을 자행했을 때, 기이한 종말론을 극렬하게 신봉함으로써 지각없는 청소년이나 청년들이 특수집단에 감금되다시피 한 상황이 되었을 때, 광범위한 전염병이 창궐할 때, 신앙의 이름으로 방역규칙을 준수하지 않고 집회를 개최했을 때, 종교의 자유, 정교분리 원칙, 그리고 종교의 특수성이라는 이유로 국가와 정부는 사회악을 초래하는 해악적 종교집단에 대해 행정력을 동원하여 죄의 억지력을 발휘해야 한다.

기성 교회의 경우에도, 국가의 법과 시민적 공공을 무시하는 경우가 있을 때, 행정당국은 그것이 교회라 할지라도 반드시 법과 제도에 의한 제재를 가해야 한다. 간혹 기성 교회들도 교회보호와 교회 이익을 수호하는 차원에서 오로지 자기 종교의 이익만을 고려하여 시민성과 공공성을 해치는 주장이나 결정을 하는 경우가 자주 발생한다. 이때, 시민사회와 공공의 법질서를 작동하여 교회의 오류를 잡아 주고, 그것이 법의 테두리를 벗어 날 을 경우 제재를 가해야 한다. 그런 경우 그것은 교회에 대한 국가의 탄압이 아니라 국가의 법질서와 시민적 공공를 유지하기 위한 일반은총의 기능이 발휘되고 있다고 보아야 한다.

### 3. 역사와 문화의 진보 작용으로서 일반은총

인간 역사와 문명은 타락에도 불구하고 중단되지 않고 발전과 진보를 향해 나아간다. 가인의 범죄 이후에도 문명의 발전은 계속 진행되었다.창 4:20-22 하나님은 이방인들에게도 여러 방면의 지적인 탁월함을 부여하셔서 일반 문화의 발전을 이루게 하신다.솔로몬 시대의 동쪽 사람들의 지혜와 애굽의 지혜, 왕상 4:30 하나님의 영은 기술분야에서 뛰어난 테크닉을 발휘하도록 은총을 주신다.브사렐과 오홀리압 구속언약 밖에 있어 영생의 은총을 받지는 못했으나 이방인 가정과 개인들에게도 하나님의 인자하심과 은혜를 베푸신

다.보디발의 가정 창 39:5, 요셉의 간수 창39:21 이방인들에게도 모성애를 발휘하게
하거나 은혜와 긍휼을 베풀게 하여 선한 일에 협력자가 되기도 한다.바로의
딸 출 2:6-9, 다니엘의 환관장 단 1:9 또한, 이방인들에게도 물질적 번영의 혜택을
주셔서 이방제국의 국가적 융성을 허락하신다.가나안 땅의 비옥함, 느부갓네살 왕
단 2:29, 고레스 왕 사48:14-15

그러므로 역사의 진보와 발전은 일반은총 덕분이다. 인류역사는 구속
사가 아닌 세속사에서도 발전하고 진보하면서 진행되고 있다. 하나님은
예수 그리스도의 구속을 통해서 특별한 구원역사salvation history를 이루어가
시며, 일반적인 섭리를 통해서 보편역사universal history를 이끌어 가신다.

또한, 과학기술의 발전과 진보는 일반은총의 혜택의 결과이다. 의료기
술과 의약품, 공학, 건축술, 지식정보, 이방문화도 나름대로 의미가 있다.
예를 들어 애굽, 로마, 이슬람 문명은 이교도적 문화의 첨단이었지만, 그것
들을 구속사의 진행을 위해 일반은총의 수단으로 사용하신 경우가 많았다.

여기서 정리할 사항은, 죄의 억제는 하나님의 단독적 활동으로 **영속적
작용**이다. 죄의 억제는 하나님의 단독적인 은혜의 작용이다. 반면 하나님
께서 심겨주신 잠재성의 발현을 통한 문명의 발전과 진보는 인간의 노력
과 발명, 협력활동, 독창성의 결과물로 **진보적 작용**이다. 그러므로 문명
의 진보와 발전은 인간의 협력적 은총의 작용이다.

### ■ 과학기술의 진보와 발전은 일반은총의 결과이다

페니실린, 아스피린같은 효능이 뛰어난 의약품을 개발한 것, 천연두,
흑사병, 결핵과 같은 치명적인 질병을 퇴치하게 된 의료적 진보는 일반은
총의 산물이다. 인간의 지성과 노력으로 기계 공학, 건축술, 지식정보가
현저하게 진보하고 발전하는 것 역시 일반은총의 결과라고 평가할 수 있

다. 그럴 경우, 컴퓨터, 핸드폰, 온라인 인터넷, 디지털 산업, 생명공학의 발전 등은 일반은총의 긍정적인 기여라고 평가된다.

■ 법리학자들, 철학자들, 수리학문(수학)도 일반은총의 결과물이다.(칼빈)

법률적 사고의 진척은 인류에게 도덕적 감수성, 인권의식, 정의와 공정을 진척시켜 나가는데 기여했다. 피타고라스의 수학적 발견, 아인슈타인의 상대성 이론도 그런 사례에 속하며, 소설, 음악, 미술 등 뛰어난 예술작품도 일반은총의 산물이다. 박경리의 '토지', 조정래의 '태백산맥' 같은 민족 대서사시에 해당하는 소설작품, 배토벤과 모차르트의 음악, 대중가수 조용필과 나훈아, 그리고 훈민정음 같은 뛰어난 문화적 성취물도 일반은총의 결과물이다.

■ 일반은총은 특별은총의 도구나 매개물로 작용한다.

예컨대 노아 시대에 배 건조술이 뒷받침되지 않았다면, 노아의 방주는 완성될 수 없었다. 그런데 방주 건조술은 전적으로 일반은총 영역이다. 노아의 방주는 구속사의 진전을 위한 특별은총에 속한 것이지만, 그것의 완수를 위해서는 역청을 발라 방수처리를 했던 동시대의 일반은총의 기술력 덕택이었다.

모세는 어린 시절 애굽의 왕자로 있을 때, 애굽의 학문과 무예를 익혔다. 그것은 비록 이교도 문화였지만, 그러한 문화적 기반은 추후 모세가 출애굽을 위해 필요한 일반은총적 도구들이었다고 할 수 있다.

가인의 후손들은 타락했지만, 그럼에도 문화의 건설에 이바지했다. 인류 역사의 진보와 발전은 반드시 하나님의 선택받은 믿음의 백성들에 의해서만 이루어지지 않았다. 신앙의 영역 밖에서 살아가는 불신자들과 자연인들도 일반은총의 도구로 사용되고 있다. 왜냐하면, 그들은 구원적 은총에서는 벗어나 있지만, 하나님의 일반 섭리의 범위로부터 벗어나 있지 않기 때문이며, 그들도 창조주 하나님의 보호와 간섭 안에서 존재하기 때문이다.

■ 일반은총은 창조시 문화명령의 실현이라고 할 수 있다.

생육하고, 땅을 다스리고, 지배하라는 문화명령, 즉 창조명령은 모든 인류에게 주신 명령이며, 번식을 통한 혈통적 확산, 정치적 통치를 통한 국가의 형성, 일을 통한 직업과 경제 활동, 등 인간의 모든 문화적 활동에 관한 명령이 담겨 있으며, 이것은 창조의 하나님의 축복이었다.

■ 종교도 일반은총의 산물이다.

종교는 한편으로 하나님에 대한 반역의 표현으로 우상숭배이다. 그러나 다른 한편으로 종교는 하나님을 발견할 수 있는 일반계시의 통로가 된다. 하나님은 인간에게 신성에 대한 감지력과 종교의 씨앗을 심겨주셨다.칼빈 그래서 종교는 인간 편에서 하나님을 더듬어 찾아 발견하도록 한다. 종교는 인간의 본성에 고유한 것으로 본래 주어진 것이다. 그러므로 종교는 본질적으로는 신의 계시의 산물이다.바빙크 따라서 종교는 하나님께 대한 인간의 불순종 현상이지만, 동시에 내세, 황천길, 극락세계, 내세에서의 징벌의식 등 종교적 본성과 종교심을 통해 인간이 신에게 도달하도록 태생적으로 주어진 일반은총의 산물이기도 하다.

• 기독교인들은 신라시대에 제작된 미륵불상, 중국의 세계 최대 불상이나 인도의 사원, 이슬람 국가의 사원을 어떤 마음으로 바라보아야 할까? 증오와 파쇄의 눈으로? 아니면 보존해야 할 문화 유적으로 바라보아야 하는가?

열광적인 중보기도팀은 도시를 장악하는 사탄의 세력을 분쇄하기 위해 특정 도시의 술집, 카바레 같은 유흥업소를 순회하면서 그 업소들이 무너지기를페업하기를 위해 중보기도운동을 전개하기도 한다. 이런 연장선에서 어떤 교회의 권사는 낙산사에서 일어난 큰 화재로 인해 보물 479호인 낙산사 동종銅鐘이 불에 타면서 녹아 내린 것을 기도의 응답이라고 하면서 할렐루야를 외쳤다고 한다. 그렇다면 기독교인들은 이런 논리로 신라시대의 미륵불상을 해체하고, 지역에 설치된 단군상의 목을 꺾고 훼절하는 영웅적 신앙행동을 펼쳐야 하는가? 아니면 지자체들이 벌이는 전통문화 복원사업을 한없이 관용하면서 지원하는 태도를 가져야 하는가?

**기독교인들은 민족의 명절인 설이나 추석과 같은 전통문화를 어떻게 바라보아야 하는가?**

①구정이나 추석은 조상숭배요, 우상숭배이므로 배격해야 한다.

②종교적 의미와 상관없이 연휴 기간으로 생각하고 여행을 즐기며 세속적으로 보낸다.

③일반은총의 관점에서 포용적으로 수용하며 보낸다.

민족의 명절인 구정 설이나 추석, 그리고 조상제사를 드리는 시기가 닥칠 때, 불신 가정의 신자들에게는 전통 종교문화의 관례와 부딪히면서 우상숭배와 격돌하는 신앙투쟁의 시간이 되기도 한다. 물론 요즘에는 명절을 전통문화와 상관없이 연휴를 즐기는 문화가 점점 많아지고 있지만, 지금도 여전히 집집마다 전통종교 문화와 신앙문제로 갈등을 빚고 있는 경우가 다반사다.

이런 경우 기독교인들은 어떤 태도와 관점에서 명절의 관습과 전통문화를 바라보아야 할까? 먼저 다음의 성경구절을 묵상해 보자: 이같이 한즉 하늘에 계신 너희 아버지의 아들이 되리니 이는 하나님이 그 해를 악인과 선인에게 비취게 하시며 비를 의로운 자와 불의한 자에게 내리우심이니

라.(마태 5장 45절)

설이나 추석, 그리고 조상제사와 같은 전통문화를 대함에 있어서 일반 은총의 관점이 기독교인들에게 필요하다. 명절은 다음과 같은 점에서 기독교인들에게도 뜻깊은 의미가 있다고 할 수 있다.

첫째, 하나님은 신자들에게만 그분의 호의를 보여주지 않으셨다는 것이다. 물론 일차적으로 하나님은 믿는 자들인 우리에게 구원의 특별한 은총을 선사하셨다. 그러나 하나님은 그가 창조한 모든 인간에게 민족과 국가를 형성하게 하여 그들 각자의 종교와 전통에 따라 자신들의 역사와 문화를 형성하게 하셨다. 하나님은 신앙인들에게만 '배타적으로' 은혜를 베풀지 않으시고, 불신자, 자연인, 교회 밖에 있는 사람들에게도 그분의 아량과 호의를 '포용적으로' 베푸시는 분이다. 우리 그리스도인들은 명절에 다른 친지와 식구들을 만날 때, "하나님은 악인이든 선한 사람이든, 이슬람이든, 소수자이든, 무신론자이든, 누구든지 차별하지 않으시고, 모든 사람에게 해를 비추시고, 비를 내리시며, 노력한 만큼 결실을 얻게 하시는 공평하심과 선하심이 풍성한 분"임을 기억해야 한다.

둘째, 이제 기독교인에게 명절은 '하나님이냐, 우상이냐', '그리스도교와 타종교' 사이의 치열한 종교 투쟁이라는 '옛 신앙문법'을 반성적으로 사고할 필요가 있다. 설이나 추석은 어떤 의미에서 민족의 전통문화와 전통종교 안에서도 일하시는 하나님께서 우리 사회의 모든 구성원에게 베푸시는 '일반은총의 시간'으로 이해하면서, 가족과 친지, 그리고 타인들과 원만하게 화목한 시간을 보내도록 노력해야 한다.

셋째, 현대사회에서 명절은 성묘를 하거나 친지들과 식탁에서의 만남을 통해 흩어진 가족들이 한데 모여 하나의 가족 공동체임을 재확인해 주면서 가족 간의 일치를 도모하는 선한 기회가 된다. 그리고 명절은 점점 '파편화된 개인'과 '홀로된 인간'으로 살아가는 현대인에게, 또한, 황량한 도시문명에서 '고향상실의 인간'으로 살아가는 고독한 현대인에게 따뜻한 인간성을 맛보게 하는 기회를 제공하기도 한다. 따라서 전통명절은 반드시 우상숭배의 시간이 아니라 사회적 미풍양속의 의미가 담겨 있으므로 이런 문화를 기독교인들이 앞장서서 '신앙의 빛'관점에서 긍정적으로 받아들이면서, 명절 속에 담긴 기독교적 가치를 구현하는 시간으로 보내도록 힘써야 한다. 오늘날 기독교가 이 세상에서 빛과 소금이 되는 길은 이런 전통문화 앞에서 기독교인으로서 정체성을 잃지 않으면서도 불신 이웃과 친지들에게 하나님의 '선하심'과 '너그러우심'과 '관용'을 보여주는 모습이라고 할 수 있다.

## 일반은총을 대하는 3종류의 신앙인

근본주의 신앙: 일반은총을 무시하고 특별은총만을 지나치게 강조한다.

인간은 전적으로 부패하여 무능하다고 말한다. 특별은총만을 사고하므로 이성과 자연법을 경시하여 신앙지상주의에 빠진다. 정당한 노력을 하지 않고 벼락같은 축복을 의존하려 한다. 의학적 치료를 무시하고 신앙에만 의존하는 경향이 있다. 지식은 신앙에 해롭다고 믿거나 과학의 진보를 경멸하거나 심지어 '사탄적'이라고 취급하는 경향이 있다. 문화적 산물과 문명의 수단들을 죄악의 통로로 간주하는 경향이 있다.

자유주의 신앙: 이성을 과신하고 합리주의에 빠져 특별은총을 간과한다.

십자가를 통한 특별한 구속이 아니라 인간 역사와 문화의 진보를 추구한다. 당면한 문제에 봉착했을 때, 믿음으로 해결한다는 것은 넌센스이며, 모든 문제를 합리적으로 해결해 나가면 된다고 생각한다. 여기서는 인간의 역사가 계시가 되고, 인간화가 복음화가 되고, 현세적 문화의 진보와 발전은 그 자체가 하나님나라가 된다. 이 세상 너머의 하나님나라란 존재하지 않으며, 도덕적으로 선한 사회가 곧 하나님나라라고 간주한다. 하나님의 차원보다 인간적 차원이 강조되고, 기도보다는 사람들의 의견과 충고를 참고하면 되고, 하나님의 뜻이란 별도로 존재하지 않으며, 인간이 스스로 선택한 것과 결정한 것, 바로 그것이라고 생각한다.

**가톨릭 신앙: 일반은총은 특별은총의 가교가 된다.**

특별은총보다 자연은총을 신뢰하기에 성령을 통한 급격한 회심보다 인간의 자연본성 안에 깃든 도덕심과 이성에 호소한다. 자연과 은총은 대립이 아니다. 은총은 자연을 파괴하지 않고, 오히려 자연을 기반으로 완성된다. 자연은 은총을 위한 디딤돌이자 준비이다. 초자연적 은총은 자연은총을 필요로 하고 이를 전제한다. 따라서 자연과 은총은 대립하거나 충돌하지 않고 서로 보완적이다. 그러나 특별은총을 무시하지 않는다. 오히려 일반은총은 특별은총에 의해 보완되어야 한다. 모든 인간은 일반은총 안에 있을 뿐 아니라 특별은총에도 이미 개방되어 있다. 구원은 모든 인간에게 익명의 그리스도인처럼 열려 있다고 말할 수 있다.칼 라너

**건전한 신앙: 특별은총만이 아니라 일반은총으로도 살아간다.**

그리스도인은 하나님의 특별은총으로 구원의 은총 안에서 살아간다. 우리에게 전도명령과 문화명령을 주셨듯이 우리는 신앙적인 방식과 이성적인 방식을 병행하며 살아간다. 건강한 그리스도인은 특별은총의 필요성과 신적 호의를 무시하지 않으면서, 또한, 일반은총의 도구를 긍정적으로 사용하며 살아가며, 자연법칙과 자연질서, 그리고 시민법에 따라 살아간다.

## 7. 영역주권론Sphere Sovereignty

영역주권이란 창조의 모든 영역교회, 국가, 가정, 기업 등은 하나님의 창조의 법에 따라 창조되었으며, 각각 고유한 주권을 보유하고 있다. 따라서 어느 영역도 다른 영역의 주권을 행사해서도 안 된다. 각각은 고유한 영역 주권이 부여되었다.

영역주권론에 따르면 하나님은 창조시 각각 모든 창조의 영역에 우주적 법질서를 부여하심으로 각각의 영역에 고유한 주권을 부여하셨다. 하나님의 우주적 계획과 목적에 따라 창조된 모든 피조물은 하나님께서 부여하신 각각 고유한 영역의 법칙에 의해 운영된다. 모든 각각의 영역은 그 영역 안에서 독립적이며 고유한 주권을 보유하고 있다. 그러나 하나님의 주권은 본래적 주권이라면, 피조물의 주권은 그것으로부터 유래된 파생적 주권이다. 다시 말해 모든 삶의 영역, 즉 교회, 국가, 경제, 정치, 학문의 영역들은 다른 영역으로부터 침해당할 수 없는 고유한 영역의 주권을 보유하고 있다는 것이다.

> "정부는 칼에 기초하여 정의를 구현하고 유지하도록 하나님에 의해 세워진다. 그러나 정부가 과학의 내부 문제나 교회의 사건에 간섭하는 것은 적절하지 않다. 마찬가지로 교회는 국가의 사건에 관여할 사명이나 과학 문제들을 거론할 소명이 있지 않다." 카이퍼

영역주권론은 피조물의 양상구조structure of aspects를 말한다. 창조주 하나님은 창조 후에도 이 세계질서의 유지에 관계하며 섭리하고 계신다. 하나님은 각 창조물에 질서와 법칙을 부여하셨다. 하나님이 부여하신 질서는

양상樣相 혹은 법칙영역으로 이루어져 있다. 수적 양상에서 심리적 양상까지 하나님이 그 법칙을 직접 통치하시므로 인간이 어길 수 없다. 그런데 이 모든 양상들은 신앙적 동인動因에 의해 아르키메데스적 기점起點이 결정된다. 어떤 것도 중립적이지 않으며, 자충족적이지 않는다. 심지어 불신앙적인 학문조차도 신앙적이든, 불신앙적이든, 종교적인 성격을 지니고 있다.

그런데 영역주권론에는 하나님의 주권과 피조물의 자율성이라는 양면성이 존재한다. 그러니까 모든 영역은 각각 독립되어 있지만, 모든 영역은 그리스도의 주권아래 있다. 다시 말해 국가와 교회, 정치, 경제의 모든 영역은 하나님의 주권이 고유한 질서로 주어져 있다. 그리하여 각각의 영역은 고유한 주권을 보유하고 있다. 그러나 피조물의 주권은 자충족적인 주권이 아니라 파생적 주권이다. 그것은 한편으로는 하나님의 절대 주권을 지향함으로써 신학적 일원성을 확보하고, 그럼으로써 인민 주권론이나 국가 주권론과 같은 모더니티적 절대주권론을 전적으로 부정한다. 다른 한편으로 각 영역의 고유성을 확보함으로써 정치, 경제, 문화의 다원성을 열어 놓으려는 다원주의 사회론의 틀을 제시하고 있다. 그런 점에서 영역주권론은 하나님의 일원론적 주권이 삶의 영역의 주권의 다원성을 동시에 연결하는 사회론이다.[17]

영역주권론을 최초로 제안한 카이퍼는 경제, 예술, 학문, 노동 등의 사회의 각 영역은 다양한 영역들로 구성되며, 각각은 하나님의 법이 규범적으로 주어져 있다고 말한다. 그런데 죄로 인해 하나님의 법이 위반되고 각 영역 안에서 억압이 발생하며 영역들 간의 경계가 혼란스러워 진다. 이때 국가는 일반은총의 도구로서 다른 영역과 충돌이 생길 때, 각자의 상호 경

---

17) 이국운, "아브라함 카이퍼 정치사상의 한국적 수용: 영역주권론을 중심으로", 「신앙과 학문」, 18(3)(2013), 138.

계선을 강제해 주고, 국가의 일치를 위해 부담을 지우는 권리와 의무를 가지고 있다. 그러나 국가는 거기까지만 역할이 주어져 있으며, 진리나 구원과 같은 영적인 문제에 대해서는 아무 권한을 갖지 못한다. 그 문제는 특별은총의 통로인 그리스도의 몸인 교회의 주권이며, 각 영역은 다른 영역의 권리나 자유를 간섭하거나 침해하지 말고 자주적으로 존재한다. 그러므로 하나님으로부터 위임된 법을 넘어서서 다른 영역에 개입하는 것은 영역주권에 위배된다. 그러나 각각의 양상들은 독립된 법칙 영역들로서 그 고유한 주권을 보유하고 있으므로 다른 주권에 의해 지배받을 수 없다.

그러므로 카이퍼의 영영주권론은 '하나님의 절대주권'과 '삶의 영역의 자율성'을 동시에 강조하는 이론이라고 할 수 있다. 그리고 개별 영역의 자율성을 강조하는 영역주권사상은 인간 삶의 영역의 다원성, 즉 사회적 다원주의를 전제한다. 이 사상은 국가의 권력을 제한하는 구조적 수단을 창출하고자 하는 시도에서 출발한다. 그러나 카이퍼는 자본주의의 개인주의와 사회주의의 집단주의를 반대하면서 "창조계의 유기적 영역들"organic spheres of creation을 표방했다. 사회의 각 영역은 절대적으로 독립되어 있거나, 절대적인 자율성이나, 절대 주권으로 유지되는 것이 아니라, 사회의 모든 영역들 사이에 유기적인 성격을 유지해야 한다는 것이다.18)

그러므로 카이퍼의 기독교정치는 한편으로는 '단일한 신주권중심의 정치이론'이면서, 다른 한편으로 '다원주의적 정치론'의 근간이 된다. 이처럼 영역주권론이 지향하는 다원주의적 사회론은 "삶의 전 영역에서 그리스도의 주권을 구현하자"는 카이퍼의 모토를 시대착오적인 방식으로 적용하여 열광주의적인 신정정치나 전제정치의 근거로 차용하려는 위험을 막도록 한다. 그러한 접근은 영역주권론이야말로 네덜란드 정치이론에서 정치적 다원주의의 길을 터주었던 카이퍼리안 기독교정치론을 피상적으

---

18) 원종홍, "국가와 교회의 영역주권에 관한 연구", 통합연구, 8권(1995), 165.

로 이해한 것이라고 할 수 있다.

### 영역주권론의 두 원리: 분화(分化)와 개현(開顯)

기독교세계관, 즉 카이퍼리안 사상은 역사 발전과 문화의 진보를 매우 중요하게 사고한다. 하나님의 창조의 법을 설명하는 두 가지 개념으로 분화와 개현이라는 착상이 중요하다.

**분화**differrentiation: 창조의 각 영역들은 각기 종류대로 분화되어 나가야 한다. "각기 종류대로". 모든 창조는 미분화의 상태에서 분화의 상태로 발전하는 것은 하나님의 창조계획에서 세우신 창조의 법질서이다.

**개현**disclosure: 모든 피조물은 하나님이 부여하신 창조의 원리에 따라 각기 본래 특성을 더 드러나고 펼쳐져야 한다. 인간의 역사와 문화는 타락에도 불구하고 일반은총의 잠재력의 씨앗들이 꽃을 피우면서 발전과 진보를 향해 나아가게 된다.

영역의 주권은 분화와 개현에 의해 진행된다. 먼저 분화의 원리로서, 창조의 각 영역들은 각기 종류대로 분화되어 나가야 한다. 또한, 개현의 원리에 따라 모든 피조물은 하나님이 부여하신 창조의 원리에 따라 각기 본래 특성을 더 드러나고 펼쳐져야 한다. 영역주권의 원리에 따라, 정치기관은 국가의 규범을, 경제기관은 기업의 규범을 따라 각기 특유한 규범적 방식으로 전개되고 꽃을 피워야 하다. 그리하여 사회의 각각의 영역은 하나님께 경배와 순종하는 방향으로 나가야 한다는 점에서는 신앙적이어야 하지만, 그것이 반드시 종교의 형식으로 표현될 필요는 없다.!

카이퍼에 의하면, 가시적인 교회만이 하나님나라의 유일한 형태는 아니다. 따라서 가시적인 교회를 제외하고 정부, 국가, 기업, 경제와 같은 일반 기관들도 하나님나라의 기관이다. 그것들은 각각 고유한 창조의 법에 따라 발전되어 가야 한다. 영역주권의 원리에 따라 정부는 정부의 고유한 특질을 구현하는 것이 정부를 창조하신 하나님의 목적이므로 모든 정부가 반드시 기독교 정부로 존재할 필요가 없다. 기업은 이윤창출과 이윤의 분배를 통해 인간 사회의 발전과 복지를 증대하는 것이 기업에게 주어진 고유한 영역이며, 기업을 창설하신 본래 목적이므로 반드시 종교적 형태의 기업일 이유는 없다. 모든 정부, 국가, 기업, 학교, 문화조차도 하나님의 뜻'에 따라 운영, 발전되어야 한다는 점에서는 신앙적인 지향점을 가져야 하지만, 그러나 모든 일반 영역들은 그 고유한 영역의 주권에 따라 운영되어야 한다는 점에서 종교의 지배나 종속 아래 둘 이유가 없으며, 모든 세속 기관들이 종교의 이름으로 운영되거나 종교적인 방식에 따라 운영되는 것은 아니다. 모든 정부와 기업과 학교가 교회가 되거나 예배당이 되는 것은 영역주권의 원리에 배치된다. 교회는 교회만의 고유한 기능과 목적을 부여받았으며, 기업은 기업의 목적을 구현하도록 부름받았으므로, 기업이 교회가 될 필요는 없다. 기업은 기업의 역할과 기능에 충실하는 것이 하나님의 창조의 법에 합당한 것이다. 그러므로 영역주권론은 삶의 전 영역이 하나님의 주권아래 두어야 한다는 일원론적 기독교사회론이면서, 동시에 각각의 영역은 서로 침해받지 않는 고유성을 인정한다는 점에서 다원주의적 기독교사회론이다.

## 8. 일반은총의 산물과 미래 천국

기독교 종말론은 다음 두 가지 형태가 동시에 가르쳐지고 고백되고 있었다. 특히 벧후 3:10-13의 본문을 어떻게 해석하는가에 따라 종말론의 관점이 확연하게 갈린다.

그러나 주의 날이 도둑 같이 오리니 그 날에는 하늘이 큰 소리로 떠나가고 물질이 뜨거운 불에 풀어지고 땅과 그 중에 있는 모든 일이 드러나리로다. 이 모든 것이 이렇게 풀어지리니 너희가 어떠한 사람이 되어야 마땅하냐 거룩한 행실과 경건함으로 하나님의 날이 임하기를 바라보고 간절히 사모하라 그 날에 하늘이 불에 타서 풀어지고 물질이 뜨거운 불에 녹아지려니와 우리는 그의 약속대로 의가 있는 곳인 새 하늘과 새 땅을 바라보도다.

### 세계멸절설 종말론 (Eschatology of Annihilation)

그리스도의 오심과 함께 지상의 모든 것은 불타 없어질 것이라는 종말론이다. 마지막 날에 지상에 있는 모든 문화의 결과물은 종말이 도래와 함께 흔적도 없이 소멸된다. 멸절설은 벧후 5:10의 "땅과 그 중에 있는 모든 일이 드러나리로다"를 "땅과 그 중에 있는 모든 일이 불타지리로다"라는 사본을 취한다. 개역개정판은 "드러나리로다"라는 단어를 취하면서, 성경본문 하단부에 "어떤 사본에 타지리라"라는 문장을 별도로 표기해 두었다 19)실제로 이 본문 전후 문맥에는 종말이 도래할 때, 모든 옛창조가 불로 사라질 것을 암시하는 뉘앙스가 강하게 담겨 있기도 하다.

여기서 말하는 멸절과 폐기의 종말론에 따르면 그리스도인은 장차 올 천국, 내세천국을 소망할 뿐, 이 땅에 것에 아무런 소망을 가질 이유가 없다. 왜냐하면, 이 세상이나 세상에 있는 모든 것, 창조된 것과 창조의 결과물로서 문화의 산물들은 주님 오시면 다 붙타 없어지기 때문이다. 이 종말

---

19) 개역개정: "그러나 주의 날이 도둑 같이 오리니 그 날에는 하늘이 큰 소리로 떠나가고 물질이 뜨거운 불에 풀어지고 땅과 그 중에 있는 모든 일이 드러나리로다". 표준새번역: "그러나 주님의 날은 도둑같이 올 것입니다. 그 날에 하늘은 요란한 소리를 내면서 사라지고, 원소들은 불에 녹아버리고, 땅과 그 안에 있는 모든 일은 드러날 것입니다". NASB: the elements will be destroyed with intense heat, and the earth and its works will be burned up. NIV: the elements will be destroyed by fire, and the earth and everything in it will be laid bare(탄로나다, 벗겨지다).

관은 세계 소멸의 종말론이요, 세계 폐기론의 종말론이다.

이 종말론에는 현존하는 지상의 세계와 장차 올 미래 천국 사이에 아무런 연관성이나 연속성이 없다. 창조는 종말과 함께 사라지며 소멸된다. 종말은 창조의 폐기를 의미한다. 창조와 종말은 연속성에 있지 않고, 단절과 중단이 있을 뿐이다. 그렇다면 종말이란 존재의 중지이며, 존재의 소멸을 의미한다. 여기서 말하는 종말은 역사의 끝이며, 세계의 끝이 된다.

종말을 세계의 멸절과 폐기로 간주하게 되면, 그리스도인과 교회는 이 땅의 문화를 새롭게 하거나 문화를 변혁할 하등의 이유가 없게 된다. 왜냐하면, 문화는 종말이 올 때, 완전히 소멸되기 때문이다. 역사의 종국이 도래할 때, 지상의 모든 것이 소멸된다면, 현재하는 세상의 문화를 긍정적으로 건설하거나 문화의 변혁을 위해, 그리고 문화의 진보를 힘쓸 이유나 동기가 전혀 존재하지 않게 된다.

결국, 세계 폐기과 세계소멸의 종말론은 현재의 문화와 사회를 적극적으로 변혁할 동력을 확보하지 못하게 만든다. 그리스도인이 소망할 최종적인 삶의 목표는 오직 저 천국에 들어가는 것뿐이다. 현재의 나라는 아무 소망이 없으므로, 장차 임할 천국에 소망을 두고 살 뿐이다. 따라서 이는 현세 비관적 종말론이 된다.

### 세계변형설 종말론 (Eschatology of Transformation)

주님이 오실 때, 이 세상 문화는 불타 사라지지 않는다. 모든 문화의 산물은 마지막 날에 불로 제련되어 불순물을 제거한 후 전적으로 새롭게 변형되어 하나님나라에 포함될 것이다. 이 종말론을 세계변형형의 종말론이라고 부른다. 벤후 3장 10절의 "땅과 그 중에 있는 모든 일이 불타지리로다" 대신 "드러나리로다"로 단어를 취한다. "드러난다"는 말은 "탄로 날 것이다"라는 의미다.

그러므로 그리스도의 최종적인 도래와 함께 종말이 일어날 때, 이 세상에 있는 모든 것, 모든 문화의 산물들은 소멸되거나 폐기되지 않고 새롭게 변형되어 새하늘과 새땅으로 편입된다. 그렇다면, 역사 안에서 성취된 모든 결과물, 곧, 건축물, 예술, 국가 등 인간에 의해 수립된 문화적 결과물, 문화의 산물은 소멸되지 않고 하나님나라로 편입될 것이다. 이사야 60장은 다시스의 배가 예루살렘으로 들어간다는 환상을 보여주고 있으며, 그리스도인의 문화변혁을 강력하게 강조하는 신칼빈주의 신학자 리차드 마우는 이사야 60장을 그렇게 주석한다.

세계변형의 종말론은 하나님나라와 현재의 나라 사이에 단절이 없으며, 연속성을 유지한다.

따라서 그리스도인들은 그날이 올수록 더욱 힘써 세상나라의 문화를 경작하며, 진일보하게 형성해 나가는 데 노력한다. 이 종말론은 종말의 도래를 창조의 소멸이나 폐지가 아니라 창조의 변형transfiguration으로 이해한다. 따라서 창조와 종말 사이에는 불연속성이 아니라 연속성 안에 있다. 하나님은 그의 창조를 결코 폐기하지 않는다. 종말은 역사의 끝이면서, 동시에 역사의 새로운 시작을 의미한다. 따라서 기독교 종말론은 시간, 역사, 창조의 끝이 아니라 피조세계의 새로움을 의미한다. 종말의 상태란, 많은 그리스도인들이 오해하며 상상해 왔듯이, 시간의 영원한 지속의 상태로 돌입하는 것이 아니라 시간의 새로운 시작이 된다. 하나님나라에 들어가는 것은 영원의 무한한 지속의 상태를 말하는 것이 아니다. 따라서 기독교적 종말론은 새로운 창조로서 종말론eschatology as new creation이다. 그리하여 옛 창조는 새 창조로 이어지며, 그리스도 안에서 구속이란 만물의 회복을 의미하듯, 세계의 종말은 새로운 창조를 의미한다.

역사 속에서 성취된 모든 문화는 종말과 함께 소멸되거나 폐기되지 않고, 그리스도의 오심과 함께 새롭게 변형될 것이다. 그러나 문화 안에 얼

룩진 죄스런 찌꺼기는 불로 제련되어 순전한 상태로 그리스도의 나라로 들려지게 된다. 이 종말론에서 현재의 나라와 미래 천국은 연결되어 있다. 그리고 현재의 문화의 결과물은 미래 천국 안으로 편입되기 때문에, 미래 낙관적 종말론이다. 변형의 종말론을 근거로 그리스도인은 이 땅에서 문화명령을 수행함으로써 현재하는 문화를 하나님나라로 들여보내기 위해 노력하게 된다. 이 입장을 현세종말론이라고 부르는데, 이런 입장을 보여주는 신학자는 리처드 마우『왕들이 입성하는 날』, 리처드 미들턴『새하늘과 새땅』, 팀 켈러『마침내 드러난 하나님나라』가 해당된다.

### 이 주제에 관한 참고할 책

송인규, 『일반은총과 문화적 산물』, 부흥과개혁사, 2012, "제8장 문화물의 천국보존"

리처드 마우, 『왕들이 입성하는 날: 이사야가 전망하는 하늘나라』, 김동규 옮김, SFC, 2018

### 정리

■ **그리스도의 주권적 통치**: 신칼빈주의 전통에 서있는 변혁유형에 의하면, 두 영역이 존재하지 않으며, 오직 한 분 그리스도의 통치만이 있다. 세상은 그리스도 밖에서 자율적으로 존재할 수 있는 나라가 아니다. 한 치라도 그리스도의 통치에서 벗어난 곳은 없다. 종교영역과 세속영역이 따로 나뉘어 있지 않고, 종교와 삶은 분리될 수 없다.

■ **변혁을 목표로 하는 그리스도의 구속**: 그러므로 세상문화 전체가 그

리스도의 주권 아래 변혁되어야 한다.롬8:19-22 그리스도의 구속은 사회, 문화적 변혁을 목표로 한다. 그리스도의 구속은 전피조물에 대한 구속이요, 새 창조로서의 구속이다. 이 새로운 창조는 개인적일 뿐 아니라, 우주적인 것이다. 우주적인 구속은 현재 너머에 있는 구원을 말하고 있을 뿐 아니라, 현재 시작되고 있는 구원이다. 구속은 역사 가운데 일어났고, 현재의 역사 안에서 일어나고 있는 것이다.

■ 변혁적 종말론: 종말은 세상의 문화적 결과물이 불타 없어지는 '세계멸절'annihilatio mundi이 아니라, 새롭게 변형되어 보존되는 '세계변형'transformatio mundi의 종말이다. 그러므로 현세적 문화의 결과물은 새 하늘과 새 땅이 도래하는 새 예루살렘에 통합된다. 오시는 그 나라와 현세적 나라 사이에 급격한 단절이 아니라 구속적 변혁과정을 거쳐 그 나라에 편입되는 연속성에 있다.

## 변혁유형으로서 기독교세계관의 문제점

### 카이퍼적 문화변혁론에 깔린 진보-발전론적 역사관

가장 우려스러운 점은 카이퍼리안 사상체계 안에, 특히 일반은총론과 영역주권론에 역사에 대한 진보와 발전론적 관점이 짙게 깔려 있다는 점이다. 카이퍼의 일반은총은 역사와 문화의 진보 이론의 맥락에서 설명되고 있다. 따라서 인류 역사와 문명은 타락에도 불구하고 중단되지 않고 발전과 진보를 향해 나아간다. 카이퍼적 문화변혁론은 어쩌면 19세기 서구 세계에 내재된 진보-발전 역사관의 신학적 대입이 아닌가 하는 비판을 가할 수 있다. 그렇다면 이 세계관은 어거스틴이 말했던, 우울한 실재론과 상당한 거리가 있는 이론이며, 어떤 의미에서 카이퍼신학은 개혁파 정통주의에 포함될 수 있지만, 그의 신학적, 문화변혁 이론에는 19세기 자유주의가 표명했던 인간의 역사와 문화, 종교에 대한 긍정의 시각이 반영된 이론이 아닌가 하는 의구심을 제기할 수 있다. 결국, 이러한 역사와 종교, 문화에 대한 낙관적 시각은 20세기 초 칼 바르트에 의해 맹렬하게 비판받은 위기신학의 관점에서 본다면, 우려스러운 관점을 담고 있다고 할 수 있다.

## 세상과 구 속에 대한 낙관적 관점의 위험

애초에 칼빈과 어거스틴이 세계를 바라보는 관점은 그렇게 낙관적이지 않았다. 칼빈과 어거스틴은 비록 변혁유형의 대표적인 인물로 간주되지만, 이들은 창조가 선하다고 하여 모든 창조와 그 산물을 전적으로 긍정하지 않는다. 그들도 분리유형처럼, 세상과 문화를 비관적으로 바라본다. 이들의 관점에 따르면 창조물은 죄로 인한 타락의 후유증으로 심각하게 망가졌다. 그리고 그 부패의 정도는 상당히 심각하다. 특히 인간의 부패성은 인간에게서 하나님 형상의 특질을 찾아보기 힘들 정도로 엄청나게 망가졌으며 일그러졌으며, 훼손되어 있다. 그러나 하나님은 인간에게 형상의 잔존물을 남겨두셨다. 더는 부패하거나 망가지지 않게 하시려고 죄의 억지력을 보존해 두셨다. 숯불이 다 불타고 잿더미가 되었지만, 잿더미 안에는 아직도 약하게나마 이글거리는 숯불이 남아 있는 것처럼, 인간은 죄의 타락과 부패에도 불구하고 루터의 관점처럼 타락한 인간은 마귀의 형상이 되어버린 것이 아니라, 여전히 하나님의 형상이다. 그리하여 변혁주의자들은 인간의 가능성만이 아니라 모든 창조된 것의 가능성에 대해서도 방향과 구조라는 틀로 설명한다. 방향은 뒤틀려졌으나 구조는 여전히 선하다.

과연 창조와 문화를 모두 선한 것으로 간주할 수 있는가?

기독교세계관, 그러니까 문화변혁주의자들은 그리스도의 왕적 통치가 온 세상에 효과를 주고 있다고 확신한다. 무엇보다 그들은 "창조는 선하다"라는 기본 입장으로 인해, 인간이 향유하는 오락, 여가, 기술문명, 학문 등이 일반은총의 결과물로 간주하려는 경향이 있다. 이러한 문화에 대한 낙관적 관점은 세상 문화로부터 도피하지 않도록 만든다. 더는 "이 세상은 내 집 아니네"라고 찬양하거나 "죄 많은 세상"을 남발하지 않도록 한다. 또한, 기독교세계관은 인간의 이성과 지성, 그리고 이방인의 문화들은 애굽의 보화를 가져가라고 한 것처럼 세상문화를 적극 활용해야 한다고 말하면서. 의료, 과학, 지성, 문화의 산물들은 하나님께서 우리에게 주신 일반은총의 선물들이라는 것이다.

그러나 세상문화의 결과물은 전부 선하기만 한가? 문화는 문화명령에 따른 결과물이기도 하고, 일반은총의 산물이기도 하지만, 동시에 문화의 결과물 안에는 악마적인 것이 스며들어 있다. 미국 과학자들이 1945년 원자폭탄의 개발로 전쟁종식을 가져왔지만, 동시에 인류역사의 가공할만한 재앙으로 다가왔다. 이렇듯 지나칠 정도로 창조와 문화에 대한 낙관적 입장은 그리스도인으로 하여금 반문화적이고, 대항문화적 파토스를 약화하도록 한다. 다시 말해 변혁주의자들은 세상 문화를 변혁한다고는 하지만, 이미 그들에게 선한 창조가 되어 있고, 일반은총의 산물로 간주된 세상 문화와 대결하거나 문화와 갈등하지 못한다. 변혁유형은 세상을 변혁하겠다고 하지만, 실제로는 죄스러운 문화를 더는 죄스럽다고 말하지 않음으로써 세상문화와 거스르면서 대항할 파토스를 빼앗아 버렸다고 할 수 있다.

과연 그리스도의 구속은 창조의 모든 영역에 유효한가?

기독교세계관의 논리에는 하나님나라의 우주적 통치와 그리스도의 구속의 범위가 혼동되고 있는 부분이 있다. 하나님나라는 전포괄적이며, 우주적이지만, 그리스도의 구속은 복음을 믿음으로 고백한 사람들에게 미친다고 할 수 있다. 변혁모델에는 구속의 효과가 지나치게 과장되게 설정되고 있지 않은가? 루터가 말했듯이 구속된 그리스도인은 "의인이면서 동시에 죄인"이라는 애매한 실존 속에서 살아가고 있다고 말해야 옳다. 그러나 개혁적 변혁주의자들은 그리스도의 구속을 지금 여기서 최종 승리를 완료한 것처럼 낙관한 나머지 현재의 구속 상태를 "아직 아니"라는 구속의 유보보다는 "이미"라는 구속의 선취에 치중하고 있는 듯하다.

그리스도의 구속으로 인해 세상은 하나님과 객관적으로 화해되었기는 하지만, 여전히 죄인 된 인간들은 인격적으로 그리스도와 화해되지 못한 경우가 무수히 많으며, 더구나 정치, 경제, 문화의 비인격적 영역까지의 구속은 구체적으로 실현된 바가 없다. 설사 정치영역과 경제 영역에 구속의 실재가 현실화한다고 해도, 그것을 어떻게 식별할 수 있을까? 문화의 구속, 일의 구속, 구조의 구속은 매우 희망 어린 신학적 상상력을 제공하고 있지만, 그 구속의 실재성을 보여주기란 그리 쉽지 않은 문제이다. 이 세상은 여전히 죄 많은 세상이다. 도처에 유형, 무형이 악이 도사리고 있으며, 그리스도의 구속이 필요로 하며, 구속의 긴급성이 요구되는 곳이다. 카이퍼의 일반은총이 지나치게 긍정될 때, 스킬더를 비롯한 대항자들은 그것이 결국, 십자가를 통한 구속은총을 약화시킬 우려를 표명한 것이 바로 그 이유가 된다. 삶의 전 영역에서 하나님 주권의 구현이라는 거시적인 모토 역시 현실 상황 앞에서는 그것의 성취가 매우 암울할 상황에 놓여 있다. 여전히 세상은 악과 죄의 세력이 편만해 있으며, 우울한 실재론이 이 세상의 현상황을 설명하는데 적합하지 않을까? 하나님의 통치는 전포괄적이며, 전세계적인 것이지만, 그 통치의 실제적 실현은 구속된 하나님의 백성들의 공동체로서 교회 안에서 가능하다고 말해야 하지 않을까?

### 승리주의 위험

변혁모델은 승리주의와 정복주의 기독교로 흐를 위험이 있다. 그리스도의 우주적 통치는 기독교의 이름으로 진행되는 세계정복이 아니다. 기독교사회 혹은 기독교문화 건설이 사회 전체를 송두리째 기독교화하는 것은 아니다. 하나님의 주권적 통치는 '하나님의 통치'이지 '그리스도인의 통치'나 '교회의 통치'가 아니다. 그리스도인과 교회는 세상을 향해 정복과 지배라는 주권방식이 아니라, 사랑과 섬김, 고난을 짊어지는 십자가적 방식이라야 한다. 타종교의 문화적 유산이나 비종교적 사회질서를 열광주의적 정복이나 전투적 방식으로 접근할 가능성이 있다.

### 지금의 기독교세계관운동은 기독교 우파 보수집단의 전유물이 되었다

기독교세계관은 변혁유형으로 간주되어 있지만, 이 사상은 그저 문화변혁이라는 차원에만 적용되었을 뿐, 사회변혁의 파토스가 매우 낮은 수준이라고 평가받은지 오래되었다.[20] 기세는 변혁론이라기 보다는 그저 세상을 바라보는 그리스도인의 관점을 열어주는 수준에 머물렀다고 평가해야 한다. 여기서 말하는 '세상을 보는 눈'이란 세상 문화를 죄 많은 산물일 뿐이며, 그래서 세상과 그 문화를 비관적으로 바라보지 말고, 그리고 교회 안에 머물었던 신앙에서 탈출하여 하나님께서 창조하신 선한 창조로서 세상 문화 속으로 용감하게 헤엄쳐 들어가서 문화를 향유하고, 문화를 긍정하면서 타락한 문화를 일구고 새롭게 창조하는 그런 수준의 세계관으로서 기능을 말하는 것이었다.

---

20) 오래전 「복음과상황」에서 기독청년 중심으로 기독교세계관의 사회변혁적 차원의 정치적 한계에 대해 신랄한 비평이 제기되었다.

세상문화를 죄악시했던 그 당시 분위기에서는 기독교세계관이 던진 그 정도의 문제제기조차 매우 신선하고 도발적이었다고 할 수 있으나 80년대 이념운동이 최고조에 달했을 당시, 기독교세계관은 사회변혁의 측면에서 볼 때, 참으로 소극적인 수준의 세계관이라고 말할 수 있다. 아이러니한 것은 한국교회에 한때 기독교문화관에 많은 영향을 끼친 '낮은 울타리' 같은 문화관은 도리어 세상문화를 멀리하라는 소극적 차원에 머물렀으며, 어떤 신학자는 기독교세계관을 '중생자의 세계관' 정도로 규정하기도 했다.

변혁적 세계관이 되어야 할 기독교세계관은 희한하게도 주로 문화변혁론으로만 소개되었을 뿐, 불의한 사회구조와 사회정의를 위한 정치적 발언이라든가, 기독교적 정치참여는 극히 저조한 수준이 되고 말았다. 더구나 최근 들어 기독교세계관운동은 기독교 우파 집단의 정치적 근거로 차용되고 있다. 국정교과서 문제, 사학법 개정, 차별금지법, 동성애 등 한국사회의 정치-문화적 현 안에 대해 기독교세계관운동의 지도층은 모두 우파적 입장에 서서 명백한 보수적 정치관을 여실하게 드러내 주었다. 기세 그룹의 보수화 현상은 적어도 90년대까지만 해도 이 운동의 학술지인 '신앙과 학문'의 기고문의 논조는 그렇게 심각할 정도로 발견되지 않았으며, 사회정의와 불평등 문제에 대한 비판적 논문이 상당수 포함되어 있었지만, 2천년대 들어서자 기세 진영의 지도층에서 상당히 극우적 보수 성향이 노골적으로 표출되었다.

더구나 기독교세계관의 변혁논리를 오늘날에는 기독교 근본주의 그룹에서 자신들의 정치적 근거논리로 사용하고 있다. 성시화운동은 이 단체의 취지를 밝히기를 기독교 복음의 목표는 단지 개인구원이 아니라 도시의 구원이며, 정치영역에서도 그리스도의 주권을 실현해야 한다면서, 이는 존 칼빈의 제네바 성시화 운동과 아브라함 카이퍼의 영역주권론에 뿌리를 둔 것이라고 말하고 있다. 기독당을 비롯하여 최근 들어 활발하게 진보정권을 반대하는 정치적 활동과 젠더이데올로기를 내세우며 반동성애운동을 펼치는 극우 기독교그룹들이 모두 로잔언약에 근거하여 교회의 사회-정치적 참여를 열심히 부르짖고 있는 실정이다. 한국에서의 기독교세계관 그룹의 보수-우파적 경향은 북미에서 프란시스 쉐퍼를 비롯한 대다수 복음주의 그룹이 카이퍼를 등에 업고 보수 우파적으로 정치관을 피력한 것에서 그 징후가 이미 드러나고 있었다.

이에 대한 비판적 극복을 위해 칼빈주의의 사회-정치적 유산을 자본주의의 한계를 극복하는데, 신학적, 정치적 관점의 확장이 필요하다. 현존하는 신칼빈주의 사상가인 니콜라스 월터스토프가 기독교 역사상 가장 '세계형성적 기독교'world formative Christianity를 네덜란드 신칼빈주의와 남미 해방신학에 두면서, 교회가 소홀히 했던 정의와 불의에 일관된 학문적 작업을 전개하는 것을 참고해야 한다. 변혁유형으로서 기독교세계관은 공공신학적 방향으로 가야 하며, 한국사회에 누적된 불평등과 구조악에 대한 철저한 통찰력을 가지고 기독교세계관의 원리를 창조적으로 개발해야 한다.

## 세상을 살아가는 그리스도인의 방식:분리유형 – 적응유형 – 변혁유형

| | 분리유형 | 적응유형 | 변혁유형 |
|---|---|---|---|
| 개요 | 그리스도인은 세상으로부터 분리되어야 한다 | 그리스도인은 세상과 그리스도 안에서 동시에 살아간다 | 그리스도인은 그리스도의 통치 아래 세상을 변혁한다 |
| 개념 | 이원론, 분리주의 | 루터의 두 왕국론 | 그리스도 왕적 통치론 |
| 성경 근거 | 너희는 믿지 않는 자와 멍에를 같이하지 말라.… 믿는 자와 믿지 않는 자가 어찌 상관하며(고후6:14-16) 이 세상이나 세상에 있는 것들을 사랑하지 말라(요일 2:15) | 예수님은 은둔자로 살지 않았다. 가이사의 것은 가이사에게, 하나님의 것은 하나님에게(마22:21) 위에 있는 권세에게 복종하라(롬13:1) | 출애굽(모세), 그리스도의 구속으로 만물의 갱신, 하나님나라의 현재적 도래(마6:10)를 통해 그리스도 통치의 실현(계21:3-5) |
| 사례 | 문화와 대립하는 그리스도 (세상에서 퇴각하여 세상을 등지는 신앙) 초대교회, 터툴리안, 재세례파, 공동체운동, 근본주의 | 문화의 그리스도 (일치유형: 문화개신교주의, 시민종교) 문화 위의 그리스도 (종합유형: 가톨릭교회) 문화와 역설관계의 그리스도 (역설유형: 루터 두왕국) | 문화를 변혁하는 그리스도 (신칼빈주의) 구조를 변혁하는 해방자 그리스도 (해방신학) |
| 내용 | 세상과 세속문화로부터 분리하여 세상과 섞이지 않고 구분하여 살아간다. 세상(문화)과 대립하고, 갈등하는 신앙이다. 신앙 원칙주의자로서 그리스도인의 정체성을 분리됨을 통해 보여준다. 그리스도냐 세상이냐 양자택일 | 세상을 도피하거나 등지지 않으며, 세상(문화)을 단념하거나 대항하기보다 세상과 공존하는 적응의 유형이다. 그리스도 안에 살면서, 동시에 세상 안에서 살아가는 이중(dual), 공존모델 | 세상을 변혁하여 그리스도의 주되심을 실현하려는 적극적인 태도. 세상 속에 하나님나라가 실현된다는 낙관적 태도를 가지고 문화변혁과 역사참여에 적극적이다 |
| | 땅에 있는 자를 아버지라 하지 말라. 너희의 아버지는 한 분이니 하늘에 계신 분이니라(마23:9) | 우리는 그리스도의 나라와 세상 나라, 지상의 시민(citizenship)이면서 천국시민(discipleship)이며, 세상에 속한 사람(person of world)이면서 그리스도의 사람(person of Christ)이다. | 그리스도는 온 세상의 주님이다! 세상은 그리스도의 것이며, 주님이 다스리시며, 그의 주권(통치)아래 있어야 한다. 그리스도는 승리하셨다. |

| | | | |
|---|---|---|---|
| 단점 | 세상을 죄 많은 세상으로 간주하고, 세상과 등을 돌리는 도피적 신앙이나 이원론에 빠진다. 구조선 신학(life boat theology) | 세상과 적응하고, 순응하므로 타협적이 되기 쉽다. 이중적 존재방식으로 기회주의적 경향 | 세상 속에서 그리스도의 통치의 실현을 확신하므로 자칫 승리주의, 정복주의로 빠질 우려도 있다 |
| 신학적특징 | • 창조-타락-구 속에서 인간과 세상의 타락에 초점을 두어 비관적이다<br>• 일반은총을 무시하고 특별은총만을 강조한다<br>· 불신세상, 불신자, 세상문화는 심판과 저주의 대상이며, 배타적 구원관과 태도를 지닌다<br>• 은총은 자연을 파괴한다<br>• 영혼구원을 위한 전도명령에 치중하고 사회개혁과 진보를 위한 문화명령을 소홀히 한다<br>• 하나님의 나라는 구속받은 개인영혼과 교회 안에서 실현된다. 교회 밖의 세상은 은총의 영역 밖에 있다 | • 일치유형: 세상은 근본적으로 타락하지 않았으며, 다만 결함이 있을 뿐이다. 세상, 문화, 인간은 이미 은총 안에 있다. 기독교적이란 인간성과 도덕성 안에서 성취되며, 문화와 역사의 진보와 발전은 바로 그것이 기독교적 성취이다.<br><br>• 종합유형: 신앙과 이성, 자연은총과 초자연은총, 그리스도와 세상은 대립하거나 모순되지 않다. 양자는 서로를 필요로 하며 보완적이다.<br><br>• 역설유형: 그리스도와 세상, 신앙과 이성, 율법과 복음, 말씀과 칼은 구분되어야 하지만, 둘은 별개로서 공존한다. 세상은 그리스도의 통치 밖에 있으며, 세상은 내적 원리에 따라 자율적으로 유지, 보존된다 | • 타락보다 구원, 구원보다 창조를 강조한다<br>• 비록 세상은 타락했으나 구속을 통해 피조세계의 갱신과 회복을 확신한다.<br>• 은총은 자연을 회복시킨다<br>• 특별은총과 함께 일반은총을 강조한다<br>• 구속은 역사와 문화 안에서 실현된다: 문화의 구속, 구조의 구속, 정치의 구속<br>• 하나님의 나라는 개인과 교회를 넘어 세상 속에서 실현된다 |
| 특징 | 도피적 반문화주의 | 현실 적응주의 | 문화 변혁주의 |

분리/적응/변혁모델의 평가

1. 분리모델은 그리스도인과 세상을 지나치게 간격을 두게 하여, 세상을 등지고, 멀리하여 도피적 그리스도인으로 머물게 한다. 그리하여 자칫 이원론자. 분파주의나 현실도피형으로 흐르게 된다.(구조선 신학)

2. 적응모델은 그리스도인으로 살면서, 세상 안에서 동시적으로 살게 하여, 세상 속에서의 삶에 긴장을 덜어주지만, 반대로 세상과 타협하고 균형을 유지하게 하여 세상과 동일화하게 할 위험이 있다. 교회와 세상 속에서 이중적으로 살아가는 공존형이 된다.(번영신학)

3. 변혁모델은 분리주의자들처럼 세상을 등지는 것도 아니요, 동일주의자들이 종종 빠지는 적응의 관점도 아니라 이 세계역사가 그리스도에 의해 변혁될 수 있다는 낙관적인 사고에 기초한다. 기독교세계관(문화/사회변혁신학)

# 재정리

# 변혁모델: 기독교세계관

### 1. 기독교세계관의 역할

■ '죄 많은 이 세상'을 비관적으로 바라보면서 예배당 신앙에 갇힌 그리스도인들에게 세상 속에서 그리스도인의 역할을 강조했다.

■ 교회는 성전이고, 세상은 속된 곳이며, 주일은 거룩한 날이요, 일상은 속된 날이며, 예배, 기도, 교회봉사는 성스러운 활동이고, 직장생활, 돈벌이, 오락은 세속적인 활동이라는 이원론 신앙을 탈피하여 세상과 세속문화를 긍정하는 눈을 열어주었으며, 직업, 일상, 세상생활 등 삶의 모든 영역에서 그리스도의 주되심을 실현하는 신앙을 제시해 주었다.

### 2. 기독교세계관은 무엇을 강조하는가?

1) 기독교세계관은 삶의 전 영역에서 그리스도의 주되심이 구현되는 것에 초점을 둔다.

■ 그리스도는 온 세상의 주님이시다! – 그리스도 왕적 통치

세상은 그리스도의 것이며, 주님이 다스리시며, 그의 주권아래 있어야 한다.

■ "그리스도는 우리 삶 전체에서 주님이 되셔야 한다."

■ "그리스도는 우리 영혼의 주인이실 뿐 아니라 우리의 몸, 가족, 상거래, 여가, 교육의 주님이시다. 그분은 학문과 예술의 주인이고, 우리가 말하는 말과 먹고 마시는 모든 것의 주인이시다." 스미스, 칼빈주의와 사랑에 빠진 젊은이에게 보내는 편지

■ "이것은 '내 것이다'라고 말할만한 곳은 한 치도 없다." 아브라함 카이퍼

2) 기독교세계관에 따르면, 모든 그리스도인은 각자의 삶의 영역에서 부르심을 받았다.

■ 목사, 선교사만이 소명만이 아니라, 일터와 직업, 일상에서 주님의 소명을 따라 살아간다.

■ 기독교는 사람의 생활 전체를 하나님 앞에서 살아야 한다.

■ "그리스도는 우리를 종교로 부르신 것이 아니라 삶으로 부르셨다."

■ 기독교는 구원 종교가 아니라, 삶의 체계Life System이다. 카이퍼

• 루터교는 죄인이 의롭게 됨으로써 개인의 구원만 강조한다.

• 천주교는 가시적인 교회와 성례전만을 거룩하다고 생각한다.

• 재세례파는 세상과 분리하려는 경향이 있다.

• 칼빈주의는 삶의 모든 부분을 주님께 드리면서 거기서 소명을 발견한다.

■ 신자들은 교회를 이루는 것만이 아니라 세상에서 부르심에 따라 살아가는 것이 중요하다.

"하나님은 영혼을 구원하는 일에만 관심있는 것이 아니라 그의 피조물을 회복시키는 데에도 관심을 두고 계신다. 하나님은 구원의 은혜그뿐만 아니라 그의 보편적인 은혜를 위한 대리자로 우리를 부르고 계신다. 우리의 임무는 교회를 세우는 것만이 아니라 하나님께 영광을 돌리는 사회를

건설하는 것이다".

## 3. 이것이 기독교세계관의 핵심이다

### 1) 기세의 기본도식으로서 창조-타락-구속

세상은 선하게 창조되었지만, 총체적으로 타락하였고, 타락한 세상을
그리스도의 구속으로 회복하신다.

#### (1) 창조: 만물의 선한 창조

창조중심의 세계관: 비관적 타락론과 협소한 구원론을 넘어선다.

문화명령: 모든 인간은 땅을 개발하고 문화를 창조하며 역사를 진전시
키도록 부름받는다. 문화의 개발과 갱신, 발전은 하나님의 본래 창조계획
이다.

#### (2) 타락: 총체적 왜곡으로서 타락

타락은 영적인 차원만이 아니라, 인간학적이며 사회적, 그리고 문화적
이며, 정치-경제적인 것에 미쳤다. 모든 피조세계, 즉 만물이 심각하게 타
락했다 – 죄로 인한 타락의 총체성

■ 구조와 방향: 방향은 왜곡되었으나 구조는 선하다.

창조로 형성된formed 구조가 타락으로 말미암아 방향이 왜곡되었고
deformed, 그것을 구속으로 변혁한다.reformed

### (3) 구속: 창조계의 회복으로서 구속

■ 그리스도의 구속은 개인구원이나 영혼구원만이 아니라 우주적이며 총체적인 구원이다.

■ 죄가 총체적인 타락을 초래했듯이 예수 그리스도의 구원은 타락으로 왜곡된 피조물 전체에 대한 구원이다.

■ 구속은 타락한 창조질서, 피조세계의 회복과 갱신이다.

■ 구속은 영혼의 구원, 인격적 구원의 차원을 넘어 인간 역사와 문화의 갱신과 변혁과 연결된다: 문화의 구속일의 구속, 구조의 구속타락한 정치와 경제 구조의 구속, 정치도 복음화되어야 한다 – 문화변혁적 구원

## 4. 일반은총

### 1. 특별은총과 일반은총의 차이점

### 1) 특별은총(special grace)

■ 구원받은 택한 자들에게 베푸시는 하나님의 **제한적인** 은총이다.

■ 예수 그리스도의 십자가 대속, 복음전도를 통해 이루어지는 하나님의 특별한 은총이므로 **구원은총**이다.

### 2) 일반은총(general grace)

■ 그리스도인과 교회 밖의 불신자에게도 공통적으로 미치는 **보편은혜** 혹은 **공통은혜**common grace이다.

■ **은총대상의 보편성**: 신자나 불신자나 모든 사람에게 베푸시는 하나님의 호의이다. 다시 말해, 하나님이 그의 택한 자녀만이 아니라 인류 전체에게 보이는 호의적인 태도이다.

■ 성령의 특별한 사역이 아니라 **일반적인** 사역이다.

비구원적 은혜: 성령의 일반적인 사역중생, 효과있는 부르심, 믿음, 양자됨, 회개, 칭의, 성화 등이 아님에 속하는 것으로 비구원적 은혜non-salvic이다.

■ **구속은총이 아니라 보존은총이다**

• 자연인, 일반사회, 세상 문화가 도덕적으로 유지/보존하는 은혜를 베푸신다.

• 구원은총과 별도로 그의 피조물 전체에 대해 보이시는 호의를 말한다.

■ **죄의 억제:** 죄를 억제하게 하여 죄의 무제한적 발발을 저지시킴으로 인간의 문화가 유지되도록 하시는 은혜이다.

• 비중생자가 시민적 의를 수행하는 은혜이다. 비중생자가 구원적 성격의 선을 행할 수는 없지만, 시민적 선은 행할 수 있다.

왕하 10:29-30; 왕하 12:2; 14:3; 눅 6:33; 롬 2:14


## 3. 일반은총의 기능

### 1) 자연적 혜택으로서 일반은총

■ 신자나 불신자, 선한 자와 악한 자에게도 햇빛, 공기, 비를 주신다.마 5:45

• 시 145:9: 여호와께서는 모든 것을 선대하시며, 그 지으신 모든 것에 긍휼을 베푸시도다.

• 눅 6:35: 그는 은혜를 모르는 자와 악한 자에게도 인자하시느니라.

• 행 14:17: 곧 여러분에게 하늘로부터 비를 내리시며, 결실기를 주시는 선한 일을 하사 음식과 기쁨으로 여러분의 마음에 만족하게 하셨느니라.

• 창 39:5: 요셉을 위하여 그 애굽 사람의 집에 복을 내리시므로 그 애굽 사람의 집과 밭에 있는 모든 소유에 미친지라.

■ 성령은 만물을 지탱하고 소생하게 하신다.

• 시 145:15-16 : 주는 때를 따라 그들에게 먹을 것을 주시며 손을 펴사 모든 생물의 소원을 만족하게 하시나이다.

• 시 104:29-30 : 하나님은 그의 영을 통해 자기 피조물에게 때를 따라 먹을 것을 주시고 새롭게 하신다.

• 시 104:21 : 하나님은 가축을 위해 산에 풀이 자라게 하시고 사자에게 먹을 것을 공급하신다.

• 시 104:16-18 : 하나님은 모든 생물을 먹이신다. 나무들도 돌보고 계신다.

모든 피조물들은 하나님의 선하심과 도움없이는 보존과 유지할 수 없다.

■ 만민에게 생명과 호흡과 만물을 친히 주시는 이심이라. 인류의 모든 족속을 한 혈통으로 만드사 온 땅에 살게 하시고, 그들의 연대를 정하시며 거주의 경계를 한정하셨으니, … 우리가 그를 힘입어 살며 거동하며 존재하느니라. … 우리가 그의 소생이라. 행 17:25-26, 28

### 2) 도덕적 기능(죄의 억제책)으로서 일반은총

■ 타락으로 인간의 형상은 부패하고 손상되었지만, 죄를 억제하는 은총으로 자연인의 양심이 기능을 발휘하며롬 2:14,15, 인간의 악한 본성을 규제하여 인간사회의 도덕질서를 유지하고, 법질서를 지키도록 하여 무법천지가 되지 않도록 하신다.

■ 인간의 이성, 양심, 도덕성을 발휘하게 하여 시민적 의를 유지하게 하신다.

• 불신자라 하여 반드시 패역한 불한당으로 살아가지는 않는다.

• 죄의 억제력을 발휘하지 않았다면, 인간사회의 도덕규범은 무너지고, 무법천지가 되었을 것이다.

• 하나님은 일반인의 선한 행실을 좋게 보신다.고넬료 그러므로 불신자의 선행이 무가치한 것은 아니다.

이처럼 일반은총은 죄를 억제하여 시민적 질서를 유지하게 하고, 정부, 국가, 사회의 미풍양속을 증진하게 한다.


### 죄의 억제력 사례

■ 진노와 심판이 유예된다: 회개할 기회를 주신다. 내 이름을 위하여 내가 노하기를 더디 할 것이며 내 영광을 위하여 참고 너를 멸절하지 아니하리라사 48:9


■ 개인과 사회 속에서 죄가 억제된다.가인의 표, 아비멜렉의 발언: 내가 너를 막아 범죄하지 아니하게 하였나니 창 20:6 하나님이 라반을 금하사 나를 해치지 못하게 하심 창 31:7


### 3) 역사와 문화의 진보 작용으로서 일반은총

■ 인간 역사와 문화문명는 타락에도 불구하고 중단되지 않고 발전과 진보를 향해 나아가도록 하신다. 창 4:20-21

• 가인의 범죄 이후에도 문명은 발전한다. 창 4:20-22

• 지적 명석솔로몬의 지혜보가 동쪽 모든 사람의 지혜와 애굽의 지혜보다 뛰어난지라 왕상 4:30, 숙련된 기술브사렐과 오홀리압, 리더쉽

• 아비멜렉창 20:6,11, 26:10-11, 요셉의 간수창 39:21-23, 바로의 딸, 바람, 다니엘의 환관장, 느부갓네살단 2:29, 고레스 왕사 48:14-15

• 가인의 후손들, 홍수 이전의 사람들, 바울과 함께 배를 탔던 사람들행 27:34

• 언약적 일반은총: 언약 아래 있었지만, 구원에는 미치지 않은 사람들: 이스마엘창 16:10-12, 에서창 26:39-40, 홍해를 건넜지만 배교한 이스라엘

백성들

- 영생은 누리지 못하지만, 물질적, 번영의 혜택, 가나안 땅의 비옥함, 이방제국의 국가적 융성.

■ 역사의 진보와 발전
- 인류역사는 **구속사**가 아닌 **세속사**에서도 발전하고 진보하면서 진행되고 있다.
- 하나님은 예수 그리스도의 구속사를 통해서 특별한 구원역사를 이루어가시며, 일반적인 간섭우연과 필연, 자연질서을 통해서는 일반 역사를 이끌어 가신다.

■ 일반적인 차원의 문명 발전
- 과학기술의 발전과 진보는 일반은총 혜택의 결과이다 – 의약품, 기계 공학, 건축술, 지식정보
- 이방문화와 세속역사도 그 나름대로 의미가 있으며, 구속사의 과정에서 하나님께서 사용하신다. 이슬람, 애굽, 로마.
- 고대의 법리학자들, 철학자들, 변론의 기술, 수리학문
- 가인 후손의 문화 건설
- 시민생활, 법률의식

■ 타종교, 즉 종교도 일반은총의 산물이다.
- 하나님은 인간에게 신 의식과 종교의 씨앗을 주셨다.칼빈
- 종교는 하나님의 일반계시이다.
- 종교는 인간 편에서 하나님을 더듬어 찾아 발견하도록 한다.
- 종교는 인간의 본성에 고유한 것으로 본래 주어진 것이다. 그러므로

종교는 본질상, 기원상 계시의 산물이다.바빙크

## 5. 영역주권론Sphere Sovereignty

### 1. 영역주권이란 무엇인가

• 하나님은 창조 때 각각 영역에 우주적 법질서를 부여하심으로 각각의 영역에 고유한 주권을 부여하셨다.

• 하나님의 우주적 계획과 목적에 따라 창조된 모든 피조물은 하나님께서 부여하신 각각 고유한 영역의 법칙에 의해 운영된다.

• 모든 각각의 영역은 그 영역 안에서 독립적이며 고유한 주권을 보유하고 있다.

• 그러나 하나님의 주권은 본래적 주권이라면, 피조물의 주권은 그것으로부터 유래된 파생적 주권이다.

### 2. 영역주권론의 두 원리
#### 1) 분화(分化)와 개현(開顯)

■ 분화differrentiation : 창조의 각 영역들은 각기 종류대로 분화되어 나가야 한다. "각기 종류대로"

■ 개현disclosure : 모든 피조물은 하나님이 부여하신 창조의 원리에 따라 각기 본래 특성을 더 드러나고 펼쳐져야 한다.

• 인간의 역사와 문화는 타락에도 불구하고 일반은총의 잠재력의 씨앗들이 꽃을 피우면서 발전과 진보를 향해 나아가게 된다.

• 정치기관은 국가의 규범을, 경제기관은 기업의 규범을 따라 각기 특유한 규범적 방식으로 전개되고 꽃을 피워야 하다.

• 모든 사회의 영역은 하나님께 경배와 순종하는 방향으로 나가야 한

다는 점에서는 신앙적이어야 하지만, 그것이 반드시 종교의 형식으로 표현될 필요는 없다.

• 제도적인 교회만이 하나님나라의 유일한 형태가 아니라 결혼, 가정, 국가, 학교 역시 가시적인 교회이다. 그러므로 가시적인 교회를 제외하고 다른 일반 기관들은 하나님나라의 기관으로서 각각 고유한 창조의 법에 따라 발전되어 가야 한다.

• 모든 정부는 정부의 고유한 특질을 구현하는 것이 정부를 창조하신 하나님의 목적이므로 반드시 기독교적 정부로 존재할 필요가 없다.

• 기업은 이윤창출과 이윤의 분배를 통해 인간 사회의 발전과 복지를 증대하는 것이 본래 목적이므로 반드시 종교적 형태의 기업일 이유는 없다.

• 영역주권론은 삶의 전 영역이 하나님의 주권아래 두어야 한다는 일원론적 기독교사회론이면서, 동시에 각각의 영역은 서로 침해받지 않는 고유성을 인정한다는 점에서 다원주의적 기독교사회론이다.

## 6. 기독교세계관의 논의점

### 1) 기독교세계관의 신학적 뿌리

■ 기독교세계관은 유일무이한 기독교적 세계관이 아니라, 카이퍼 바빙크, 도여베르트를 중심으로 하는 네덜란드 신칼빈주의 전통에서 형성된 개혁파 세계관이다: 카이퍼리안 신칼빈주의 전통

■ 이 세계관은 북미의 리차드 마우, 플랜틴가, 니콜라스 월터스토프, 리차드 미들튼 등에 의해 발전, 소개되고 있다.

## 2) 칼빈주의의 두 유형

| 교리적 칼빈주의 | 문화변혁적 칼빈주의 |
| :---: | :---: |
| dogmatistic calvinismculture | transformative calvinism |
| 예정론 | 일반은총 |
| 언약신학 | 문화명령, 창조신학 |
| 성경영감과 무오 | 구조악의 타락 |
| 형벌대속론 | 만물의 회복과 갱신으로서 구원 |
| 칼빈주의 5대 교리 | 영역주권론 |
| 전적 타락 | 삶의 모든 영역에서 그리스도 통치 |
| 무조건적 선택 | |
| 제한 속죄 | |
| 불가항력적 은총 | |
| 성도의 견인 교리 | |

교리적 칼빈주의

■ 인간이해: 인간의 전적 부패를 매우 강조하여 인간의 가능성과 능력을 비관적으로 바라본다.

■ 문화변혁적 칼빈주의자들처럼 일반은총에 근거한 인간의 문화명령 수행 가능성에 그리 긍정적이지 않다.

■ 구원론: 예정론과 제한속죄론을 매우 강조하여 택자와 불택자의 영원한 구원과 멸망에 관심이 집중되어 있다.

■ 하나님나라는 구속된 개인과 교회 안에서 실현되는 것을 강조한다.

■ 종말론: 세계멸절설annihilinatio mundi을 지지한다.

문화변혁적 칼빈주의

■ 인간이해: 인간 타락의 심각성을 부정하지는 않지만, 그럼에도 문화변혁에 긍정적이며 적극적이다.

■ 구원론: 만인 구원을 지지하지는 않지만, 만유 구원을 강조한다.

구원의 총체성을 강조하여, 구원이란 개인의 영혼구원과 육체의 구원이며, 인격적인 구원만이 아니라, 구조악의 구원이면서 문화의 구속이며, 사회적 성화로서 구원이며, 만물의 회복으로서의 구원을 강조한다.

구원에 있어서 개인구원이나 인간 영혼의 구원에 머물지 않고, 우주적이며 삶의 총체로서 구원에 주목한다.

■ 종말론: 세계변형설transformatio mundi로 이해하여 지상의 문화적 성취물이 미래 천국으로 유입된다고 주장한다.


**3) 교회 중심의 세계관이 아니라 일반성과 공통성을 강조하는 세계관이다.**

일반은총에 대한 치열한 논쟁이 있다: 스킬터와 카이퍼.


**7. 극복해야 할 부분: 비판점**

1) 과연 기독교세계관은 변혁론인가?

■ 세상을 보는 눈관점을 제공할 뿐이다.

2) 지나치게 보편화된 기독교세계를 상정하지 않는가?

3) 과연 세상과 문화를 모두 선한 것으로 긍정할 수 있는가?

4) 과연 그리스도의 구속은 온 세상 가운데 현재하고 있는가?

5) 과연 변혁모델인가?
- 문화변혁론에 그치고 니버의 유형론, 사회변혁의 파토스가 결핍되어 있다.
- 변혁론이라기보다 소극적 기독교세계관이다.

## 토론

1. 변혁모델(기독교세계관)이 말하는 주요 내용이 무엇인지 말해 보자.
- 창조–타락–구속
- 문화명령
- 일반은총
- 영역주권

2. 삶의 전 영역에 그리스도의 통치(다스림)를 구현하자는 이 원리가 우리의 삶의 현장에서 실제로 이루어지려면 구체적으로 어떤 노력이 필요할까?

3. 변혁유형이 어떤 점에서 위험성이 있는지(정복주의, 승리주의), 그러나 어떤 점에서 유용한 점이 있는지 말해 보자.

## 제5강

# 진정한 그리스도인과 교회 됨을 생각한다-대안모델

## 신앙의 요소와 유형

### 교리적 신앙(지식과 이성, knowing)

신앙의 본질을 교리에 세우려 한다. 교리적 지식을 매우 중시한다. 지성주의와 이성주의 신앙이 혼합되어 있다. 이 유형은 정통교리와 정통교단을 매우 강조한다. 교리적 지식을 강조할 때, 이단에 빠질 위험이 없으며, 신앙의 분별력이 뛰어나고, 역사적 기독교의 신앙 전통과 유산을 흔들림 없이 잘 계승하여 과거의 신앙을 견고하게 유지 보존해 나가는 강점이 있다. 신앙 객관주의의 측면이 강하다.

### 체험적 신앙(감정, 느낌, feeling)

신앙에서 중요한 것은 신앙체험이다. 교리적 표준이나 정통 신앙을 중시하기보다 실제적으로 겪은 체험이나 특정한 종교적 감정, 그리고 외적으로 나타난 변화가 중요하다. 감정은 변덕스런 것이나 신뢰할만한 것이 못되는 요소가 아니라, 인간 의식의 근간을 이루고 있는 핵심요소다. 종교는 절대의존감정이다.슐라이어마허 신앙 주관주의라는 특징이 있다.

### 윤리적 신앙(실천과 행동, doing)

신앙의 본질은 "무엇을 믿느냐", "어떤 신앙 체험을 했는가"가 아니라 신앙인으로서 "어떻게 살고 있는가"이다. 중요한 것은 내가 정통교리를 믿는가가 아니라 정통실천대로 살고 있는가이다. 많은 신앙지식과 교리를 알고 있거나, 특별한 체험을 했다는 것이 무슨 의미가 있는가? 하나님 나라를 살아내는 것, 구원받은 신앙인으로 살아가는 것, 그리고 믿음보다는 행함을, 신앙고백보다는 사회적 실천을 강조하는 신앙이다. 여기서 실천과 행동이란 사회적 실천이며, 사회행동을 중시하는 것을 의미한다. 사회윤리와 사회적 실천을 강조하는 신앙은 '계몽적 진보신앙'의 방향으로 나아간다. 교리신앙 체험신앙 – 실천신앙

### 존재적 신앙(제자도와 삶의 방식, being)

참된 신앙은 교리를 지적으로 믿는다고 고백하는 것이 아니라 공동체적 삶 속에서 그리스도를 따르는 제자도의 신앙이다. 체험신앙은 내적 주관주의에 빠질 수 있다. 사회적 실천과 사회행동을 강조하는 행동주의 신앙은 기독교 신앙을 사회문제와 사회악의 개선과 사회의 진보에 초점을 둔다. 그러나 중요한 것은 신실한 예수의 공동체를 세상과 구별된 생활방식으로 가시적으로 보여주는 것이다. 이 신앙은 교리적 지식의 축적이나 종교적인 내적 체험보다는, 그렇다고 세상을 향해 뛰쳐나가 사회변혁에 힘쓰기만 하는 신앙이 아니라 전적으로 구별된 대안 공동체를 통해 주목할만한 생활방식을 '존재적으로' 보여주는 신앙을 말한다.

## 1. 기독교 신앙의 근원을 붙들면서 대안적 기독교 신앙으로 가는 길이 있는가?

### 1) 그리스도인이란 그리스도를 믿을 그뿐만 아니라, 그리스도를 따르는 사람이다.

그리스도인이 되는 것이란 우리가 그리스도의 제자가 된다는 것을 의미한다. 예수를 믿는다는 것은 그분을 전적으로 따른다는 것을 말한다. 믿는다는 것은 제자도다.Believing is discipleship 이 점을 강조하는 기독교 신앙은 성경 가르침을 근원적으로 붙들면서 철저한 제자로 살아가는 제자도 신앙을 의미한다.

> "예수를 따른다는 것은 자신의 마음에 예수를 받아들이는 개인의 영적인 변화나, 감정에 충만한 은사적인 경험이나, 정기적으로 성찬식에 참여하는 것을 의미하지 않는다. 오히려 예수를 따른다는 것은 하나님의 변화시키는 일, 세상을 구속하는 일, 그리스도에 의해 가능한 새 창조에 동참하고 그러한 일의 증인이 되는 것을 의미한다"1)

■ 그리스도인은 매일의 삶 속에서 그리스도의 가르침과 그의 삶을 인격적으로 본받고 따르며본받음과 뒤따름imitation and following 철저한 제자도radical discipleship를 따라 살아가는 것을 말한다. "진정한 믿음이란 반드시 삶의 변화와 변혁을 동반하는 구체적인 방식으로 표현되어야 한다."2)

---

1) 존 로스, 『믿음』, (대전: 대장간, 2016), 131.
2) 존 로스, 『믿음』, 129.

2) 속죄신앙을 넘어 모범신앙을 강조한다.

우리는 예수님이 십자가의 죽음을 통해 죄 용서의 은혜를 베푸셨다는 속죄의 은총을 믿는다. 하지만 예수님은 우리의 구주Savior만이 아니라 삶 속에서 본받아야 할 주님Lord도 되신다.

3) 그리스도인이 된다는 것은 삶의 새로운, 그리고 전적인 변화를 말한다.

그리스도인이 되었다는 것은 모든 것이 전적으로 새로워졌다는 것을 말한다. "누구든지 그리스도안에 있으며, 보라 새로운 창조new creation라. 이전 것은 지나갔으니 보라 새 세상이로다."고후 5:16-17 그리스도인은 세상 질서에서 새로운 질서로 들어온 사람이다. 이제 옛 세상, 옛 가치와 삶의 원리에 포박되어 사는 것이 아니라 예수적 가르침, 하나님나라의 가치, 그 런 삶의 원리로 살아가야 한다.

4) 그리스도를 따르는 삶, 그러니까 제자도의 삶은 구체적으로 보여지는 것이어야 한다.

제자로 산다는 것은 우리 안에 만연된 개인주의와 소비주의를 이겨내 는 것을 말한다.

그리스도인은 개인으로만 살아가는 사람이 아니라 공동체로 살아가야 한다. 현대 그리스도인들은 외로운 개인으로, 익명으로 교회를 왔다 갔다 하며 지낸다. 주 안에서 부름받은 형제자매와 더불어 살아가는 삶의 방식 은 우리의 삶의 방식을 개인주의적으로, 탐욕적으로 만들어가는 자본주 의와 소비주의를 경계하며 살아가지 않으면 안된다.

a) 그리스도의 제자됨은 자본주의의 사악한 측면을 유의깊게 바라보는 것

을 내포한다.

만약 자본주의가 개인의 탐욕과 이기심과 경쟁심리를 부추기는 시스템으로 작동하고 있다면, 그것은 주님이 원하시는 삶의 방식이 아니라고 간주하면서 공동체적 삶의 방식을 통해 극복하려고 노력한다. 왜냐하면, 교회는 일종의 사회적 실재이며, 구속된 새로운 사회이며, 대안 사회이므로 공동체의 삶의 방식을 통해 개인주의, 소비주의, 자본주의를 극복할 수 있어야 한다.

그러므로 제자도에로 부르심은 그리스도 안에서 새로운 피조물이 되라는 초청이다.고후 5:17 이 새로운 창조는 구체적으로 말해 자본주의가 추구하는 인간 본성의 여러 가지 측면들, 즉 탐욕, 이기심, 자기중심주의를 극복하는 것을 말한다. 그리고 이러한 새 창조는 인간 본성을 동정심, 자비, 깨어지기 쉬움 등으로 탈바꿈시킨다.존 로스, 『믿음』, 135

b) 경제영역에서 제자도를 실천한다.(경제적 제자도)

그리스도인이라고 하여 기업활동이나 이윤추구를 아예 부정하지는 않는다. 그러나 그리스도인들은 자신이 소유하는 재물, 토지, 재능에 대해 탐욕과 독점적 태도를 버리고, 청지기적 태도를 가지고 살아가려고 힘써야 한다.

c) 단순한 삶을 실천한다.

그리스도인은 소비주의적 삶의 방식을 거절하고, 단순한 생활양식simple lifestyle을 추구한다. 이것은 자본주의적 증식과 성장, 확장에 가치를 두는 삶이 아니라 재활용과 검소한 삶을 살아가려고 노력하는 것을 말한다. 그리하여 음식, 술, 오락과 같은 쾌락주의와 소비주의를 절제하면서 살아간다. 그러나 이것이 현세적 금욕주의를 추구하는 것은 아니다.

참된 그리스도인은 세상과 구별된 대조사회contrast society로서 교회를 세우며 세상 속에 빛과 소금이 되고자 힘쓴다.

교회는 예수 윤리를 본받아 자유주의적 세상 문화를 거절하고, 거스르며, 세상문화와 대조적인 방식의 삶을 살아가는 체류자들(sojourners)이며, 철저 제자도 공동체이다.

## 1. 로널드 사이더가 말하는 교회: 가시적이며 대항문화적 교회

'가난한 시대를 사는 부유한 그리스도인'으로 유명한 로널드 사이더 Ronald Sider는 일찍이 '복음주의 사회행동'Evangelicals for Social Action을 창립하여 그리스도인의 사회참여를 주도했고, 로잔운동의 연장선에서 '복음전도와 사회행동' 사이의 균형을 추구하며 복음의 총체성과 총체적 복음화wholistic evangelization를 강조해 왔다. 그런데 사이더가 강조해 왔던 그리스도인의 사회적 역할과 책임에 대한 방법론에는 그가 또한, 강조하는 독특한 교회관이 매우 중요한 부분을 차지한다. 그는 재세례파 교단에 속한 '그리스도 형제단'Brethren in Christ 출신이며, 본 장에서 서술된 교회관은 이런 신학적 배경이 깔려있다.

### 1) 가시적 교회(visible church)
교회는 하나님나라 복음의 일부이다. 예수가 선포한 하나님나라의 복음은 하나님께서 베푸시는 죄 용서의 은혜를 누리는 것만이 아니다. 그리스도를 주님으로 믿고 고백하는 사람들은 죄용서만이 아니라 예수의 제자들로 구성된 새로운 가시적인 공동체로 창조되는 것을 의미한다. 예수가 선포한 하나님나라의 복음은 바울의 복음과 마찬가지로 인종과 민족의 장

벽과 차별을 넘어 새로운 공동체, 새로운 사회질서가 도래했음을 보여주어야 한다. 초기교회는 가난한 자들에게 소유물을 나누며 공유하는 재산 공유적 공동체까지 보여줌으로써 그 당시 현존하던 이방 사회와 전혀 다른 "새롭고 가시적이며 구속된 사회질서"를 분명하게 보여주었다.[3]

그리스도인들은 예수가 본을 보여주었고 가르쳤던 급진적 하나님나라의 윤리에 따라 살아갈 수 있었으며 그런 본을 따라 살아야 할 의무가 있었다. 그리스도인들은 결혼, 경제적 공유, 인종, 원수사랑 등 모든 영역에서 예수의 새로운 메시야적 공동체로 살아갔던 사람들이었다. 그러므로 신약성경이 말하는 교회는 비가시적이고, 영적인 것이 아니라 가시적이고 공적인 공동체이며, 지극히 정치적인 현실이다.

### 2) 대항 공동체로서 교회

예수의 메시야적 공동체인 교회는 대항문화 공동체counter cultural community다. 예수를 신실하게 따르면서 살아가려면, 이 세상에서 우리는 이방인의 나라에서 살아가는 체류자sojourner요, 국외자局外者 outsider임을 고백하며 살아야 한다. 그러나 이것은 리차드 니이버의 '문화와 대립하는 그리스도'와 동일시하자는 것이 아니다. 문화는 하나님의 창조물이므로, 그리스도인에게 문화를 형성하고 문화를 창출해야 할 청지기적 사명이 주어져 있다. 그러나 교회는 문화 속에 스며든 죄의 편만함에 맞서 세상 문화에 대항하며 살아야 한다는 의미에서 대항문화적이며, 삶의 양식을 새롭게 변화되고 구속된 형태로 문화를 형성해 가야 한다. 그러므로 성경적인 교회란 국가주의의 포로처럼, 시민적 순응이나 동화됨으로 살아가지 않고 예수적 윤리와 급진 제자도의 윤리에 따라 살아가는 것이다. 교회가 그렇게 살아가면서 가시적으로 보여주는 새로운 대조적 존재양식이 사회 체제에

---

3) 클락 코크란, 데릭 데이비스 외, 『교회, 국가, 공적 정의 논쟁』, 김희준 역, (서울: 새물결플러스, 2017), 273-274.

커다란 도전을 주면서 사회변화의 원리가 된다.

교회가 구속받은 공동체라면, 교회는 그들이 살아가는 삶의 방식생활방식을 통해 구속의 실재reality of redemption를 보여주어야 한다.

## 사회변화를 위한 교회의 접근방식들

**복음전도를 통한 사회변화:** 사회는 교회의 복음전파, 영혼구원, 제자양육, 교회의 확장을 통해 실현된다고 믿는다. 사회의 변화는 교회가 복음을 가지고 개개인을 회심, 거듭남의 사역을 하게 될 때 이루어진다고 생각한다. 개인이 영적으로 변화되고, 개인이 복음화될 때, 사회는 저절로 변화될 것이다.

• **기능주의적 사회관:** 사회는 개인의 총합이므로 개개인이 사회의 각 영역에서 바르게 살아간다면, 사회는 변화될 것이라는 입장이다.

• **교회성장 우선주의:** 교회가 영혼구원과 교회성장을 통해 수적인 성장을 가져오면, 그 성장의 결과로 사회는 저절로 변화될 것이다.도널드 맥가브란

**사회행동을 통한 사회의 변화:** 교회의 존재목적은 교회 자신이 아니라 세상을 위한 기관이므로 교회는 사회 속으로 들어가 사회적 책임과 역할에 힘쓸 때, 사회는 변화될 것이다. 이 관점에는 사회의 진보와 발전에 있어서 교회의 역할과 중요성이 약화되고 있는 측면이 많으며, 교회는 다만 사회변화를 위한 보호막이나 후원군 정도로만 사고하고 있다는 점이다.

• 기독교세계관과 해방신학

**교회의 존재가 최선의 선교다:** 그리스도인들은 그리스도를 주님으로 고백하면서 삶을 통해, 세상 속에서 제자도의 공동체로 살아가는 것이다.

사회를 향한 교회의 최선의 방법은 '교회가 교회되는 것' 이다. 교회는 사회 속에서 전적으로 구별된 대조사회를 가시적으로 보여줌으로써 세상을 변화시킬 수 있다.

## 2. 스탠리 하우워어스의 교회론: 낯선 체류자alien residents의 공동체로서 교회

스탠리 하우어워스Stanley Hauerwas는 현존하는 가장 영향력 있는 기독교 윤리학자이다. 그는 교회와 신학이 '자유주의적 근대성'과 소비주의적 사고에 적응하고, 동화되는 것을 배격하고 후기기독교사회에서 식민지 백성이요, 낯선 거류민임을 인식하며 대항문화 공동체로 살아가는 것임을 강조한다. 그의 신학적 사고는 칼 바르트, 존 하워드 요더, 알리스터 매킨타이어의 영향 하에 형성되었다. 그의 대표적인 저작은 『하나님의 나그네 된 백성』복있는사람, 『교회됨』북코아, *The Peaceable Kingdom*이 있다.4)

**교회는 기존질서에 순응과 적응하기보다 거절하고 비타협하는 대항 공동체다.**

이 유형의 교회론은 가라지와 알곡, 참된 신자와 거짓된 신자, 그리스도를 진정으로 따르는 신자와 그렇지 않은 신자들이 섞여 있는 어거스틴적 혼합 교회론을 부정한다. 이런 교회는 국가와 교회를 섞으며, 참된 신자와 명목적인 신자가 섞여있는 대★교회적 교회이며, 절충적 교회론이다. 교회는 세상 질서와 그 체제로부터 구별된 사회이며, 그리스도를 고백

---

4) 그의 다른 저서로는 국내 번역된 저서로는 『한나의 이야기』, IVP, 2017, 『교회의 정치학: 기독교 세계 이후 교회의 형성과 실천』, 백지운 역, IVP, 2019, 『덕과 성품』, 홍종락 역, 2019, 『마태복음』, 김성근, 김유진 역, SFC, 2018, 윌리엄 윌리몬과 공저: 『십계명』, 강봉재 역, 복있는사람, 2007, 『주여, 기도를 가르쳐 주소서』, 이종태 역, 2017, 『성령』, 김기철 역, 2017.

하며 그분을 따르기로 한 제자들의 모임이다.

하우워어스는 교회가 콘스탄틴주의적 유혹에 빠진다고 경고한다. 그 유혹이란 세상 문화를 거스르기보다 문화를 변혁하려는 유혹이라는 것이다. 그 예로, 월터 라우쉔부쉬의 사회복음과 라인홀드 니이버의 기독교현실주의가 미국을 변혁할 수 있다는 낙관적인 사고를 했다는 것이다.[5]

그는 오직 그리스도에게 속한 교회가 국가와 편안하게 동맹을 맺는 것이 교회를 망치는 치명적인 독성이라면서, 그리스도인은 국가에 충성하는 시민으로서 정체성보다 그리스도의 몸인 교회의 구성원으로서의 정체성을 더 중시해야 한다고 말한다. 하우어워스는 오늘의 미국 기독교가 잘못된 길로 가고 있음을 비판한다. 미국 기독교는 '시민종교'로 전락하게 되었으며, 미국을 기독교화하려는 신학과 교회는 교회를 미국화하는 결과를 낳았다고 진단한다. 하우어워스

그는 오늘날 북미 그리스도인들은 교회와 국가, 그리스도교적 가치와 샘 아저씨의 가치, 하나님의 축복과 아메리칸 드림이 지닌 개인주의를 분간하지 못한다고 비판한다.

무엇보다 미국교회의 설교자들이 '오직 성경으로'의 원리를 가지고 설교하지만, 그들은 그리스도인들이 진정으로 윤리적이고 영적 차원의 갱신 없이도 성경을 읽을 수 있다는 믿음을 심어주고 있다. 성경을 '상식' 수준에서 읽으면, 결국, 그 성경읽기는 자아 만족을 위한 방편으로 읽게 되고, 그리스도인의 삶은 마음을 편안하게 하는 물질주의로 나가게 된다. "성경을 읽고 설교하는 행위는 심원한 윤리적 행위다" 하우어워스

---

5) 마크 코피, 스탠리 하우워어스, 『시민, 국가종교, 자기만의 신을 넘어서』, 한문덕 옮김, 비아, 2016.

### 철저 제자도의 교회

성경을 따르는 사람들에게 무신론이 문제가 아니라 우상숭배가 더 중요한 문제다. 오늘의 기독교 신앙의 핵심 혹은 위기는 현대인의 계몽이성과 합리성의 잣대로 기독교 신앙을 변증하고, 회의하는 신앙에서 건져내면서 현대적 사유에 어울리는 신앙을 검증해 내는, 합리적 변증론의 문제가 아니라 그래서 신학은 논증의 문제가 아니다, 매일의 삶에서 그리스도를 어떻게 따를 것인가를 삶으로 보여주는 일이다.

"교회가 맞닥뜨린 도전은 어떻게 하면 신앙에 회의적인 사람들을 설득하느냐가 아니다. 교회가 진지하게 고민해야 하는 것은 교회가 어떻게 해야 자신의 욕망과 뜻이 하나님께 사로잡힐 수 있는가이다." 하우어워스

> "오늘날 교회의 진짜 적은 무신론이 아니라 친절함이다. 오늘의 교회는 반기독교적 가치와 삶의 방식으로 일관되게 살아가는 이름뿐인 신자들에게조차 너무 친절하고 싹싹하다. 오늘의 교회는 교인들이 두려워 교회에 적이 있음에도 불구하고 이를 설교하지 못한다. 또한, 교회는 너무 소심해서 교회를 스쳐 가는 현대의 외로운 소비자들을 향해 교회 구성원이 되는 것은 훈련된 공동체의 일원이 되는 것이며 이 세상에 대해서는 낯선 이방인이 되는 것이라고 선포하지 못한다" 하우어워스

하우어워스는 미국교회가 경영학을 활용한 교회성장학 전략을 사용하는 것을 강력하게 비판한다. 이 이론은 교회의 본질을 교인 수, 교회 건물, 재정과 같은 것으로 만들어 버린다고 말한다. 윌로우크릭교회처럼 구도자 중심의 교회들은 비신자들을 지나치게 배려한 나머지 예배형식과 교회의 프로그램을 간략하게 축소하거나 생략해 버린다. 그리하여 빌 하이밸

스는 교회에서 십자가를 없앴다. 목사들이 교회를 물질 만능주의에 지친 소비자들을 위로하는 곳으로 사용하려는 유혹에 저항해야 한다. 교회는 거대한 쇼핑몰에 자리 잡은 상점이 아니다.!

> "교회가 로터리 클럽이 될 때 교회는 사라질 것이다. 로터리 클
> 럽은 일주일에 한 번 편한 시간에 봉사활동을 잠깐 하고 함께
> 밥 한 끼하면서 그것으로 만족하기 때문이다"하우어워스

> "안타깝게도 미국 주류 개신교인들은 복음을 무엇인가 자명하고 분명한 것, 친절한 것으로 만들려고 노력한다. 세상이 이미 기독교인들을 그리스도와 함께 죽고 부활하는 것과는 무관한 사람들로 여기고 있음에도 말이다"47 "교회는 단순히 좋은 만남이나 사귐이 이루어지는 곳이 아니다. 교회는 우리 삶과 죽음의 문제가 걸려있는 곳이다"하우어워스

**낯선 체류자들의 교회: 교회는 세상 국가에서 살아가는 식민지 백성이다.**
그리스도인이란 우리의 시민권이 하늘에 있음을 인식하면서 이 세상은 우리에게 식민지라는 것, 그래서 이 세상 질서와 삶의 방식이 낯설다는 것을 알고 살아가는 임시체류자들이다. 그리스도인은 이 세상 국가의 일원으로 살고는 있지만, 그런 문화와 삶의 방식에 동화되거나 길들어지지 않으면서 그것과는 구별된 생활방식으로 살아야 하는 사람들이다.

> "그리스도인이 된다는 것은 이 세상의 시선에 볼 때 다른 세계
> 가 이곳에 세운 식민지 백성이 되는 것, '낯선 거류민' 이 되는
> 것이다"『하나님의 나그네된 백성』, 32

"복음에 참여하라는 요청은 나그네 된 백성임시체류자이 되라는 것, 대항문화 사건에 참여하라는 것, 그리고 교회라는 이름의 폴리스polis에 가입하라는 신나는 초청이다. 복음이 우리에게 부과하는 문제는, 믿음의 옛 체계들과 우리가 조화될 수 있느냐를 다루는 지적인 딜레마가 아니다. 예수가 우리에게 던지는 문제는, 하나님께서 우리와 함께하심을 보여주는 이야기에 의해 세워진 낯선 공동체에 어떻게 충성할 것인가 하는 정치적인 딜레마다."『하나님의 나그네 된 백성』, 41

오늘날 교회는 불신앙의 사회 속에서 임시체류자로 살고, 모험을 감행하는 식민지로 존재한다. 교회가 식민지라는 의미는 이 세상에서 고착된 질서 안에 머물러 있기를 거부하는 것을 의미한다. 그것은 그리스도가 세상 속으로 개입하시는 행위와도 같다. 교회가 식민지라는 의미는 예수의 첫 제자들에게 볼 수 있듯이, 예수를 따라가고자 애쓰면서 이동하는 백성이라는 것이다.

### 교회는 성품 공동체다.(Church as a Character Community)

그리스도인은 새로운 성품의 사람들이다: '우리가 세상에서 무엇을 행할 것인가'행동주의activism보다, '우리는 누구인가', '우리는 어떤 사람들인가'라는 그리스도인의 존재와 정체성을 알아채는 것에서 출발해야 한다.

많은 그리스도인 부모들은 자녀들을 주일학교로 보내 놓고는 그들이 기독교인이 되었을 것이라고 착각한다. 또한, 그리스도인 국회의원 몇 명을 선출하고, 법안을 통과시키면 기독교 문화를 세울 수 있다고 과신한다. 그리고 기독교 문화, 기독교 대학, 기독교 병원, 기독교 협동조합을 세우는 것을 보면서 그 사회가 기독교적인 사회가 되었다고 착각한다. 중요한 것은 그리스도인에게 합당한 성품공동체로 만들어진 교회가 세워져 있는가이다.

우리는 그리스도의 제자들이며, 세상에서 눈에 띄는 대안 사회로서 교회다.

"하나님께서는 사람들을 불러내셔서 이 세상이 자기 스스로는 이룰 수 없는 대안적인 사회를 세우셨는데, 그것이 바로 교회라는 것이다."『하나님의 나그네된 백성』, 21

"교회는 … 제자가 되는데 어떠한 희생이 따르는지를 알고 기꺼이 그것을 지불하는 사람들로 이루어진, 가시적인 몸을 세우는 공동체다"

"가시적인 교회란 그안에 속한 사람들이 서로 약속에 충실하며, 원수를 사랑하고 진리를 말하며, 가난한 사람들을 존중하고 의로운 일을 위해 고난당하는 삶을 사는 것, 이러한 일들을 통해 놀라운 공동체를 창조하시는 하나님의 능력을 증언하면서, 세상을 향해 분명하게 드러나는 장소이다."『하나님의 나그네된 백성』, 66

기독교윤리에서 핵심문제는 개인이냐, 사회냐, 개인의 회심이냐, 사회변혁이냐는 논쟁은 잘못된 것이다. 산상설교의 핵심은 하나님의 가시적인 백성들을 일으키는 것이다. 우리의 방식은 개인의 변화가 아니라 세상이 사회적 강제력이나 통치를 통해 결코 이룰 수 없는 '삶의 방식'생활방식을 통해 세상에 보여주는 것이다.

"교회가 존재하는 목적은 … 세상의 방식과는 철저히 다르며, 또 약속으로 충만하기에 그 방식과 모순되기까지 한 새로운 표 징을 이 세상 속에 드러내는 데 있다."『하나님의 나그네된 백성』, 126

"하나님께서 만물을 친히 다스리시는 방법 중 가장 핵심적인 것 은, 모든 사람들에게 구체적이고 눈에 보이는 모습으로 나타나 는 메시야 공동체의 백성이 되라고 초청하는 것이다."『하나님의 나 그네된 백성』, 132

### 예수 사역의 사회적, 정치적 성격: 대안사회로서 교회

예수는 그의 메시아적 사역과 공생애에서 행하셨던 것은 하나님나라의 가시적 실현을 반대하는 것을 거슬러 새로운 사회적 실재를 공적으로 출 범시키는 것이었다.『예수의 정치학』, 72 예수가 세우려고 의도했던 것은 새로 운 사회적 질서였다.『예수의 정치학』, 81

예수의 십자가는 우리를 새로운 윤리비폭력, 혁명적 복종로 부르셨다는 사 실, 즉 근본부터가 철저히 다른 새로운 삶의 질서를 지닌 새 공동체를 창 조함으로써 기존 사회를 위협한 사람이었고, 그가 짊어진 십자가로 대변 되는 새로운 삶의 방식과 윤리로 우리를 초대하신 분이라는 사실이다.『예 수의 정치학』, 101-102

### 대항문화로서 교회(church as counterculture)

대항문화란 사회의 지배적인 문화에 반대하고 적극적으로 도전하는 문 화를 말하며, '반문화'反文化 또는 '카운터컬처'로 부른다. 기존질서나 기존 체제에 순응하기를 거부하는 문화운동이다. 교회는 세상문화에 동화되지 않고, 길들여지지 않으려 하며, 그것을 거스르면서 불순응주의자로 살아가는 일종의 대항문화 공동체다. 따라서 기독교의 사회변화 전략은 교회가 교회되는 데 있다. 그리스도인의 정치적 과제는 세상을 변혁하는 것이 아니라 '교회를 세우는 것'이다.

지금까지 교회의 사회변혁 방식은 변혁유형의 방식이었다. 세상을 바꾸겠다는 신념을 가진 교회들은 교회가 세상을 바꿀 수 있다고 말했지만, 사실은 세상이 교회를 길들여 버렸다. 교회가 세상에서 사회적 책임과 역할을 강조하면서 어느새 교회 자신도 모르는 사이 쉽게 '문화'기존문화, 주류문화를 승인하고 타협하면서 교회만의 독특성을 스스로 억누르게 되었다.

"비록 니버는 자유주의자들을 '문화에 속한 그리스도'Christ of Culture 진영에 포함시키지만, 미국의 주류 자유주의 개신교회가 되고 싶어 했던 교회는 '문화를 변혁하는 그리스도'였다. '문화를 변혁하는 그리스도'는 문화에 굴복하지 않았으며 또 문화와 담을 쌓고 도피하지도 않았다. 변혁주의 견해를 따르는 교회는 미국을 더 살기 좋은 곳으로 만들고 사회를 예수가 인정할만한 곳으로 변혁하기 위해 분주히 일했다. 그러나 니버의 분류는 우리의 상황을 읽는 데 방해를 준다. 문화를 변혁하는 교회는 사실은 콘스탄틴주의의 사회전략을 승인해 주는 결과를 가져다 주었다."『하나님의 나그네 된 백성』, 56-57

### 신新교회론_ 대조사회와 대항세력으로서 교회6)

로핑크G. Lohfink는 교회를 '대조사회'contrast society라고 말한 바 있다. 예수는 어떤 공동체를 원했나 교회는 세상과 구별된 존재방식을 보여주어야 하며, 세상질서와 삶의 방식과 대조적인 방식을 가시적으로 보여줄 때, 그것이

---

6) 김동춘, 「복음과 상황(182호), 복상논단(2006.4.30.)의 기고문을 일부 수정하여 사용함.

사회를 향한 가장 강력한 영향력이 된다는 것이다. 교회가 세상 밖으로 나가 세상구조를 변혁하기를 힘쓰기보다는 도리어 교회의 교회됨을 드러내며, 교회의 세상과의 이질성과 특이성을 보여주는 것이 가장 효과적인 대안이라는 것이다.

오늘날처럼 교회의 사회적 영향력이 증가하는 시대에 교회는 사회 전체를 '교회화'churchfication하거나 '기독교화'christianization하려는 유혹에 빠지게 된다. 그러나 그것은 교회와 세속을 뒤섞는 또 다른 콘스탄틴적 지름길이다. 교회의 살길은 세상 속에서 교회의 영향력을 증대하는 것이 아니라, 교회의 교회됨과 교회의 본질을 되살리는 것이다. 하워드 존 요더H.J. Yoder는 "세상에서 교회의 가치는 세상을 향한 교회의 사역에 있는 것이 아니라 세상 안에서의 교회의 존재 자체에 있다. 결국, 교회가 세상에서 세상을 위해 행할 수 있는 가장 큰 봉사는 더 탁월한 삶의 방식을 모범적으로 보여주는 것이다"라고 역설한 바 있다.

### 교회가 세상과 대조되는 삶의 방식을 보여야 한다

로핑크의 '대조사회로서 교회' 개념에는 국가교회 전통의 서구 기독교의 유산에 대한 비판적 성찰이 묻어나 있다. 그가 볼 때 교회는 세상 속에 파묻혀 들어가 어느덧 교회 자체의 존재를 망각하고 교회 본연의 소임을 포기하기에 이르렀다. 교회가 세속 안으로 들어가 세상을 바꾸겠다고 하면서도 정작 그 자신을 상실해버렸다고 본다.

그러니 교회는 산 위의 도시, 세상의 소금과 빛처럼 자신의 독특성을 드러내야 한다. 교회는 세상 안에 있으나 세상이 되기보다 교회 자신이 되어야 한다. 웰빙이 세상의 관심사로 등장할 때 교회도 웰빙을 외치고, 잘 먹고 잘사는 법이 세상에 울려 퍼질 때 교회에 그렇게 사는 법이 있다고 화답

하는 것은 세상과 동화하려는 교회의 카멜레온적 습성이다. 따라서 교회는 교회의 교회됨, 교회의 본래성, 교회의 자기 정체성을 되살려야 한다. 그것은 교회가 대조사회로서 존재하는 것이다. 그것은 교회가 세상질서와 세상적 삶의 방식과 대조성對照性, 이질성異質性, 구별됨을 교회의 존재방식으로 보여주는 것이다. 이것이 대조사회로서 교회의 의미이다.

### 대항세력으로서의 교회

세상과의 구별됨과 대조성을 강조하는 대조사회로서 교회를 넘어서서 세상을 향한 저항과 대항적 파토스가 필요하다. 여기서 교회를 대항사회 혹은 대항세력이라고 부를 수 있다. 대조사회로서 교회만으로는 저 세상의 가치체계와 세상이 안겨주는 삶의 질서에 포로된 교회를 구출할 수 없기 때문이다. 교회는 악마적 세상과 그 세상적 지배체제를 거역하고 불순종할 줄 아는 대항세력이 되어야 한다. '교회가 대항세력이다'라는 명제는 교회가 현실사회 속에 존재하지만 현존하는 사회구조, 즉 기성체제나 지배체제domination system에 저항하는 개념이다.

교회는 세상사회에 저항한다. 왜냐하면, 교회는 세상과는 다른 규범들과 가치들, 그러니까 하나님나라의 통치아래 살아가는 사회이기 때문이다. 교회는 때로 세상에 길들이지 않은 야성野性과 세상문화에 세련되지 못한 투박함, 그들과 어울리기 힘든 부적응성을 긍정할 필요도 있다. 왜냐하면, 교회는 세상이라는 옛 질서로부터 구별된 새로운 사회이며, 현존하는 세상적 가치관이나 문화적 코드에 의거하여 사는 것을 거부하고 저항하며 살아야 하기 때문이다. 오늘의 교회의 생명력의 비결은 세상의 주류적 트렌드로부터 결별하고, 새로운 길을 모색하는 것이 되지 않고는 미래 교회의 희망을 찾을 수 없을 것이다.

## 대항문화로서 교회church as counter culture

"교회는 세상의 지배적인 문화에 반反하는 대항문화이다. 위험할 정도로 자유분방하고 자율적이며 개인주의적인 자본주의 소비문화가 선택의 여지 없이 우리를 지배하고 있으며, 우리는 그런 줄도 모르고 이른바 "사회적 결정론"에 따라 살아가는 가운데 교회와 목회자들마저 그러한 문화에 순응하여 안주하면서, 현상 유지에 바쁘다고 개탄한다. 복음은 하나님이 그리스도 안에서 가져오신 새로운 세상에 대한 이야기이며, 지금의 세상 풍조와 가치관을 흔들어 파괴하는 새로운 세상의 이야기이다. 교회는 바로 이 새 하늘과 새로운 세상의 전조前兆이며, 목사의 목회는 강요하다시피 넘겨받은 낡은 세상에 순응 적응하도록 돕는 일이 아니라, 옛 낡은 세상을 떠나 바로 이 새로운 세상으로 사람들을 옮겨 움직여 가게 하는 일이다. 그래서 예수 그리스도로 말미암아 시작된 새로운 세상 속으로 들어가도록 가르치는 것이 기독교 교육이고, 낡은 세상을 향하여 예수 그리스도 이름으로 진리를 외치고, 그 세상을 향하여, 감히 "아니요"no!를 외칠 수 있는 사람으로 제자 삼는 것이 복음전도이다. 그러므로 목회적 돌봄도 현재의 문화가 요구하는 교인들의 필요 충족 그 이상이어야 한다. 여러 가지 면에서 목사의 목회사역은 현재의 낡은 세상과 다른 새로운 세상을 발동하여 건설하는 것이기 때문에 지난할 그뿐만 아니라, 세상 사회가 그토록 사랑하는 문화와 충돌할 수밖에 없다. 오늘날 교회와 목회자들은 이 세상 문화를 본받고, 뒤쫓아가는 문화타협주의자들이다. 문화변혁주의자들도 사실상 세상 문화에 순응하는 문화 일치주의 혹은 문화타협주의자들이다. 그러나 교회는 대항문화를 건설하여 현 세상의 질서와 체제를 거부하고 불순응하는 자들의 모임이다."7)

---

7) 윌리엄 윌리몬, 『목회자』, 한국기독교연구소, 2004, 8-9.

"기독교적인 목회는 뚜렷하게 이스라엘과 로마 문화를 포함하여 우리가 속한 지배적 문화에 반反하는 대항문화적countercultural이기 때문에, 우리는 본질상 문화 타협적인 기독교 리더십을 경계해야만 한다. 물론 우리는 절대로 문화로부터 도피할 수 없다.그러므로 반문화주의자를 도피적 기독교로 규정해서는 안 된다—주 그러나 교회라고 하는 "문화"를 포함하여 모든 문화는 하나님의 심판 아래 있다. 그러므로 목사들은 언제나 목회하고 있는 사회와 교회 안에서 문화와 어느 정도 마찰이나 불협화음을 예상하지 않으면 안 된다. 세상에 "적합한" 사람이 되고자 노력하는 가운데, 때때로 우리는 순전히 세속적인 리더십이 줄 수 있는 것을 세상에 주지 못한다고 죄책감을 느낀다. 베드로전서 2장 11절은 우리가 "낯선 땅에서 나그네 생활"as alien and exiles할 것을 권고한다. 현재 북미 교회는 나그네가 거하는 곳과 흡사한 상황에 있는 것 같다. 즉 우리 자신이 조성하였고, 또 기독교 교회를 위해 안전한 곳으로 만들었다고 생각하는 바로 그 문화 안에서 선교사들처럼 살아가고 있다. 그래서 목사의 선교사 이미지를 적극 권장하고 싶다. 더 정확하게 말하면 목사는 지도적 선교사 이미지 또는 선교사를 길러내는 사람이 되어야 할 것을 권하고 싶다. 우리는 본래 편안하고 수동적인 문화 안에서 집안 유지나 하는 것이 아니다. "낯선 땅에서 나그네"로 사는 삶이 무엇인지, 우리는 미국 흑인교회로부터 몇 가지 배울 수 있다. 오늘 개신교 주류에 속한 목사들조차도 대다수 비기독교 문화 속에 고립된 변방 거류자인 소수자를 이끄는 지도자라는 느낌을 갖기 시작하고 있다. 그래서 내가 예상할 수 있는 것은 목사들이 본질상 무관심하고, 때로 대놓고 적대적인 주류 문화 환경 속에서 부식성 산도腐蝕酸度, corrosive acid를 분석해 낼 줄 아는 교회 교인들을 교육하고, 길러내고, 문화를 적응시키는 데에 좀 더 시간을 써야 한다는 것이다. 지적 소수자cognitive minority인 기독교인들이 사는 세상에서, 주류 문화에 저항하고, 복음대로 살면서 창의적으로 복음을 전달할 방법을 교회 성도들에게 제공하기 위하여 더 많이 노력해야 할 것이다."8)

### 교회란 무엇인가?
교회는 예수 그리스도를 주님으로 믿고 뒤따르는 제자도의 공동체이며, 사회 속에 존재하는 새로운 사회, 즉 **대안사회**alternative society이다.

### 교회를 이해하는 3가지 관점이 있다.
■ 교회는 영혼 구원이 가장 우선시되어야 하는 영적인 종교 기관이다.교회의 영성화

■ 교회는 국가와 대등한 권력을 보유하는 세속적 힘을 지향하는 종교 권력이다.교회의 정치화

■ 교회는 영적인 기관만이 아니지만, 그렇다고 정치권력도 아니며, 예수 윤리에 따라 세상과 전적으로 구별됨을 보여주는 사회적 대안이다.

그러므로 "교회는 사회전략을 갖지 않는다. 교회 자신이 사회 전략이다."『하나님의 나그네된 백성』, 61 교회가 세상 속에 있어야 하느냐, 세상 밖에 있어야 하는가 하는 논쟁은 불필요한 것이다. 그런데 그동안 교회가 세상에 봉사하려면, 세상 속에 존재해야 한다고 말해 왔다. 그러나 "안타깝게도 교회가 지나치게 자발적으로 세상에 봉사하려고 한데서 우리의 심각한 비극들이 생겨났다.… 교회가 관심을 두어야 하는 일은 어떤 식으로, 즉 어떤 형태와 어떤 목적을 가지고 세상안에 있어야 하느냐의 문제다."62

---

8) 윌리엄 윌리몬, 『목회자』, 92-93.

교회의 사회전략에 대한 하우어워스의 분석

**행동주의 교회**activist church: 사회의 구조악을 개선하고 인간화된 사회를 건설하는 데 주력한다. 그러나 이런 교회의 정치는 종교로 치장된 자유주의가 되어버린다.

**회심주의 교회**conversionist church: 사회의 구조는 결국, 인간의 죄로부터 발생하므로 이런 교회는 사회구조의 변혁을 개인의 영혼구원의 문제로 바꿔 버린다. 그래서 교회는 오직 인간의 내적 변화를 위해서 일한다고 말한다.

**고백적 교회**confessional church: 고백적 교회는 회심주의자들의 개인주의와 행동주의자들의 세속주의를 거부하는 입장이다. 고백적 교회의 사회변혁 입장은 개인의 정신을 바꾸거나 사회를 변혁하는 데 있지 않고 먼저 그리스도를 예배하도록 결단하는 데 초점을 두려고 한다.

고백적 교회도 회심을 말하는데, 여기서 회심이란 "세례를 받아 새로운 백성, 즉 대안적인 폴리스polis이자 교회라 불리는 대항문화적인 사회조직에 접붙여지는 긴 과정을 의미한다."[66] 고백적 교회는 사회 속에서 가시적인 대조공동체, 즉 대조사회가 되려고 한다.


## 토론

**대안모델은 소종파 유형(sectarian type)이 아닌가? 이것은 교회의 게토화를 초래하지 않는가?**

지금까지 설명한 대안모델은 요더나 하우어워스를 통해 대안적 교회론을 제시한다. 그에 따르면, 교회는 사회·정치적 참여를 통해 세상을 변혁하기보다 교회의 교회됨에 주력함으로써 기존사회와 전적으로 구별된 대안사회 혹은 대항사회를 형성함으로써 사회를 변화시켜야 한다는 것인데, 이 유형에 대해 그렇게 비판한다.

대안모델이 주로 비판받는 이유로는, 그동안 교회와 사회의 관계를 설명할 때, 가장 유용하고, 효과적인 해답으로 제시된 모델이 리차드 니이버의 '그리스도와 문화' 유형론에서 마지막 모델인 '문화를 변혁하는 그리스도', 즉 변혁모델이었다. 그러나 변혁모델은 기독교가 사회 속에 깊숙이 참여함으로써 기존사회와 문화를 실제로 변혁했는가? 라는 비판을 피하지 못한다. 사회를 변혁하기 위해 뛰어든 교회는 결국, 사회를 새롭게 하기보다 도리어 사회의 기존질서의 원칙을 쉽게 승인하면서 점점 세속 질서와 가치에 동화되면서 그 체제에 편입되었을 뿐이다. 그리하여 가장 변혁적 기독교 유형으로 간주되는 해방신학이나 신칼빈주의는 사실상 세속주의 기독교로 전락했다고 신랄하게 비판한다.스캇 맥나이트,『하나님나라의 비밀』 실제로 신칼주의 신학자로서 변혁모델을 대표하는 아브라함 카이퍼 사상은 그 본산인 네덜란드에서는 거의 찾아 볼 수 없을 정도가 되었으며, 네덜란드는 유럽에서 가장 세속화된 문화를 보여주고 있다. 또한, 신칼빈주의를 북미에 이식시켜 이를 기독교세계관으로 대중화시킨 북미의 변혁적 기독교그룹의 정치적 지점은 트럼프를 적극적으로 지지하는 등 미국에서 보수 우파로 정치화되어 있는 실정이다.

현존하는 신학에서 가장 대표적인 변혁모델은 공공신학이다. 공공신학은 워낙 그 지형이 복잡하고 다양하지만, 미국에서 공공신학을 대표하는 학자로서 맥스 스택하우스Max Stackhouse는 그의 공공신학의 신학적 기반을 신칼빈주의 사상에 두고 있다.맥스 스택하우스,『세계화와 은총』 그런데 공공신학은 기존사회와 체제를 근본적으로 변혁하는데 초점을 두기보다 기독교가 사회의 공공의 장에서 원할하게 소통하는데 역점을 두고 있다. 그런 점에서 공공신학자들가운데 해방신학을 매우 적대적으로 대하는 이들이 상당하다. 그런 맥락에서 공공신학은 사실상 변혁모델이 아니라 거의 **일치유형**(문화의 그리스도, 혹은 문화에 '속한' 그리스도)에 가깝다고 할 수 있다. 따라서 사회변화와 사회참여를 꿈꾸는 변혁주의자들이 자신들의 입장을 두둔하면서 대안모델은 소종파 유형일뿐이며, 결국, 교회의 게토화를 초래할 뿐이라고 주장하고 있지만, 그것은 변혁모델이 다른 어떤 유형보다 사회변화를 이끌어 낼 가장 유용한 모델이라는 것을 전제한 비판이다. 리차드 니이버에 의해 분류된 '그리스도와 문화' 유형에서 변혁모델은 분리모델, 종합모델, 일치모델, 그리고 역설모델을 능가한 가장 유력한 대안적인 모델인 것처럼 소개되어 있었기 때문에, 그리고 대안모델은 니이버의 유형론에서 중요한 관찰 대상이 아니었으며, 그래서 요더나 하우어워스가 제시한 교회론적 방식이 분리모델로 분류되어 있는 탓에 대안모델이 지닌 적극적인 평가나 공정한 해석이 객관적으로 이루어지지 못했다. 역사상 재세례파로 대표되는 소종파유형은 주류 기독교에 의해 항상 이단아로 취급받기 일쑤였다는 점도 고려해야 한다. 따라서 주류 기독교와 그들의 변혁적 사회참여 방식에 익숙한 이들에게 대안모델은 교회가 기존 사회로부터 게토화를 초래할 것이라는 우려하는 것은 당연하다고 말할 수 있다.

설사 대안모델이 소종파 유형이라고 하더라도, 변혁유형은 주류기독교에서도 특히 대大교회형에 가까워서 이 소종파교회가 사회변화의 가능성은 매우 낮게 볼 수밖에 없을 것이다. 그러나 주류문화와 적응하거나 순응하지 않고, 전혀 다른 형태의 삶의 방식을 창조적으로 실험해 나가는 아미시 등 '반문화 공동체로서 교회', 혹은 '서브컬처로서 교회'와 같은 도발적인 시도에서 오히려 한계에 봉착한 자본주의 문명에 대한 사회경제적, 생태적 차원의 대안을 제시해 주고 있다고 긍정적으로 평가받고 있다. 지금의 기독교가 주류사회로부터 점점 주변부로 퇴각당하는 상황이라는 것을 고려한다면, 지금까지 당연시되어 왔던 주류 모델(변혁모델)보다는 여기서

논의된 대안모델이야말로 복음적 교회가 실천해 볼만한 근원적 기반이 될
수 있다고 생각한다.


### 도움 될 만한 책

김동춘, "대조사회로서 교회", 기윤실 칼럼 다음, 네이버 검색

김동춘, "교회, 하나님의 사회" http://www.nics.or.kr/newsletter/post/1835 느헤미
　　야 [뉴스레터], 2017년 4월호 칼럼

마크 코피, 스탠리 하우어워스: 『시민, 국가, 종교, 자기만의 신을 넘어
　　서』, 비아, 2016

스탠리 하우어워스, 윌리엄 윌리몬, 『하나님의 나그네 된 백성』, 김기철
　　역, IVP, 2008.

스탠리 하우어워스, 『교회됨』, 문시영 역, 북코리아, 2010.

# 재정리

## 한국기독교의 새로운 대안을 찾다-대안모델

### 위기와 전환기에 서 있는 한국기독교

1. 결별이 필요하다.

1) 콘스탄틴적 기독교: 국가교회와 기독교왕국적 사고로부터 떠나야 한다.

2) 맘몬, 자아숭배, 번영신앙에 물든 기독교로부터 결별하라.

2. 새로운 대안을 찾아야 한다.

1) 현존질서status quo 기존체제에서는 희망을 찾을 수 없다.

2) 예수 그리스도와 복음의 혁명성을 발견하라.

### 1. 철저한 제자도Radical Discipleship의 기독교

개인구원에서 세상 구원과 하나님나라 신앙으로

1) 죄 용서와 칭의에 치중한 속죄모델에서 예수의 인격과 삶을 본받고 따르는 제자도의 신학적 유산이 필요하다.

기독교 신앙은 천국 가는 것, 영생을 누리는 것, 교회를 세우는 것을 넘어 이 땅에 하나님나라를 세워나가는 것이다.

## 2. 새로운 교회관

### 1) 전적으로 새로운 질서인 교회

• 교회에 대한 성경적 비전은 하나님의 구원계획의 실현으로서 그것은 만물의 변혁이며, 하나님의 백성들이 현실 속에서 새로운 현실을 살아내도록 부르신다는 것이다. 존 드라이버, 『교회의 얼굴』, 31

• 교회는 새로운 사회다.

교회의 성서적 이미지는 세상 속에서 하나님의 대조사회가 되기로 헌신한 전적으로 구별된 신자들이라고 이해되어야 한다.

• 하나님의 백성으로서 교회는 새로운 피조물이다. 교회는 하나님의 통치아래 살기로 순종하는 사람들이며, 그들은 옛 체제를 거부, 결별하고, 새로운 대안질서를 살기로 부름받은 사람들이다.

• 하나님의 백성들은 옛 세계와의 철저한radical 단절을 포함하며, 다른 신들, 다른 가치, 다른 삶의 방식을 거부한 사람들이다. 갈대아 우르에서 "하나님의 부르심은 갈대아 사회와 가치관에 대해 윤리적으로 영적으로 순응하지 말라는 부르심이었다". 하나님께서 아브라함을 부르신 것은 대조사회를 이루라는 초청이었다."『교회의 얼굴』, 36

### 2) 세상, 국가, 권력, 체제와 길들임, 편입, 타협을 거부하는 불순응성 (nonconformism)

• 세상에 길들여짐을 저항하고 결별하는 것은 신자됨의 출발점이다.

그리스도인은 이 세상의 질서에 순응하지 않고 임시체류자요, 순례자들의 교회를 구성해 나가야 한다.

### 대조사회|contrast society로서 교회

■ 교회는 종교적인 기관이나 국가체제도 아니다. 교회는 구속을 통해 전적으로 새롭게 된 사회이다. 하나님은 이 땅 위에 그리스도를 보여주는 가시적인 교회를 세우신다. 교회는 세상에서 그리스도를 대리하여 보여주는 가시적인 사회다.

■ 성경의 이야기는 하나님의 대안사회를 세우신다는 주제가 이어져 있다.
• 노아의 방주는 파괴된 하나님의 사회를 갱신하여 보존하신다는 구원행동이다.
• 이스라엘은 언약을 통해 새로이 태동한 하나님의 사회였다.
언약 백성으로서 이스라엘 백성들은 애굽과 바벨론 제국의 백성과는 구별된 다른 사회적 질서 아래 살았다. 토라의 법 아래 그들은 제의방식에서, 먹는 방식에서 그리고 농사짓는 방식과 정결예법에서, 그리고 노예와 고아와 과부, 타국인을 비롯한 사회적 밑바닥 계층과의 관계방식에서 제국적 사회질서와는 구별된 품성과 가치를 지니고 살아야만 했다. 안식일과 안식년, 그리고 그것의 완결판으로서 희년사회 −희년은 시간적 순환이면서 경제적 순환으로서 사실은 삼위일체의 사회적 순환의 가시적 실현이다−는 이스라엘이 도달해야 할 가장 변혁적인 사회 프로그램이었다.

■ 예수사회는 대조사회였다.
예수 윤리의 절정으로서 산상수훈은 하나님의 통치아래 돌입된 그 나라 사람들, 그 나라의 회원들을 위한 사회윤리였다. 오리를 가게 하면 십리라도 동행해 주고, 오른쪽 뺨을 때리면 왼쪽도 내밀어 주어라마5:39,41 "너희가 …그렇게 들었으나 나는 너희에게 이르노니"라는 말씀들은 하나님의 새로운 사회의 윤리요, 서기관과 바리새인들의 관례화된 윤리, 현실주의적 윤리와는 차별화된 대조사회의 윤리였다. "너희는 세상의 소금이요," "세상의 빛"이라는 예수님의 말씀은 그들의 사회는 자신들만의 독특한 삶의 정체성을 붙들면서 현존하는 세상문화와 세상 흐름을 거스르는 대항사회對抗社會요, 대조사회對照社會로서 교회를 말한다.

예수사회는 내면의 덕성의 윤리만이 아니다. 예수님은 로마제국의 폭력적인 통치방식을 저항하는 '사회적 제자도'social discipleship의 존재방식을 강조한다. 예수님은 단호히 "너희는 그렇지 아니하니" 하시면서 현존하는 세상질서와 대조적인 사회, 즉 '섬김의 사회'society of diakonia를 제시하신다.막10:35-45 예수님의 윤리는 크리스챤 개인의 내면적 성품윤리를 넘어 로마적 사회질서를 거부하고 대항하는 대안적 사회를 지향하고 있는 것이다. 교회는 그런 점에서 단지 평범한 사회가 아니라 독특한 원리에 따라 살아가는 대안사회요, 대조사회contrast society인 것이다. 대조사회로서 교회 구성원은 이제 돈지갑의 혁명, 즉 하나님의 경제적 제자도를 요구받는다. 하나님나라의 통치아래 사는 그 사회는 이방인과는 전혀 다른 경제관을 요구받는다. 그 사회의 사람들은 하나님과 재물을 겸하여 섬겨서도 안 되며마6:24, 무엇을 먹을까 마실까 입을까 염려해서도 안 되며,마6:25 재물을 포기하고 단념하는 '경제적 회개'로만 예수 추종의 제자가 된다.눅18:22; 19:8,9

■ 교회는 세상과 다른 대조사회요, 대안사회다.
교회가 세상으로부터 분리된다는 것은 공간적 격리나 도피가 아니라 세상적 가치와 세상구조, 세상질서이것이 신약성경에서 부정적 의미로 사용된 '세상 코스모스이다에 대한 거부와 저항으로 이해해야 한다. 이제 교회가 세속질서와 다른 모습, 즉 교회의 독특성과 대조성을 보여주어야 한다.선포적 증거,

오늘의 교회는 세상 질서와 세상 가치관, 세상적 방식에 너무 동화되어 있고 깊숙이 편입되어 있다. 그리하여 예수적 윤리, 즉 제자됨의 삶의 구조를 세상 속에 분명하게 보여주지 못하고 있다. 이제 교회의 존재 방식은 '그들만의 사회'를 형성할 필요가 있다. 세상과는 다른 색깔, 세상과는 다른 맛을 보여주는 '산위의 동네'로서 교회가 필요하다. 세상질서와 차별화된 대조사회로서 교회, 그런 교회가 우리 시대의 대안적 교회상이다.

### 대항세력으로서 교회

교회는 세상 속에 존재하지만, 세상의 지배체제domination system를 거절하며 저항한다. 그리스도인은 하나님의 다스림에 복종하며, 우상적 지배구조를 상대화하거나 거부한다. 기존의 사회의 삶의 방식을 따르지 않고 거부하면서 새로운 질서를 구축해 나간다. 하나님의 백성은 세상질서의 이탈자가 된다. 우리는 전적으로 새로운 대안사회를 내다보며 애굽과 결별하듯 기존의 사회질서를 상대화한다. 교회는 일종의 대항문화 공동체로서 세상과 대적하는 질서가 되어야 한다. 이것은 교회가 대항문화공동체가 되는 것과 같은 의미이다.

### 교회를 통한 새로운 사회 형성

- 희년, 제자도, 십자가, 공동체는 대안교회에서 핵심가치에 속한다.
- 대조사회G. Lohfink, 희년사회적 대조사회N. Lohfink, U. Duchrow
- 하나님의 거룩한 백성이 된다는 것은 하나님의 언약적 은혜가 가져다주는 사회적 질서에 합당하게 살아가는 것을 의미한다. 그들은 이방 제국 백성들의 삶과 다른 삶의 질서를 가시적으로 보여주는, 구체적인 사회적 명령을 지켜내야 한다.

# 세상 속의 그리스도인을 위한 총론: 사회적 신앙의 길

### 총체적 복음으로 살아가는 온전한 그리스도인

자아 안에 갇힌 개인구원과 사적 신앙을 넘어서서 이웃, 세상,
사회 속에서 그리스도의 증인으로 살아가기를 배운다.

## 1. 세상 속의 그리스도인으로 살아가기 위한 신앙의 전환

### ■ 교회적 신앙에서 사회적 신앙으로

교회적 신앙의 수준에서 살아가는 그리스도인은 신앙의 관심이 교회와
교회문화 안에 갇혀있다. 물론 교회는 그리스도인의 신앙을 성장시켜 주
며 보존하는 영적 돌봄처이며, 양육 기관이다. 그리스도인에게 교회는 믿
음의 젖줄이며 공급처다. 교회는 신자들의 어머니요어머니 교회, 구원의 방
주의 역할을 한다.구원의 방주로서 교회 그럼에도 교회당 신앙에 머물러 있거
나, 예배당에 갇힌 신앙은 너무 좁다란 신앙인으로 남게 한다. 이런 그리
스도인은 신앙생활을 주일예배를 비롯한 각종 공예배와 새벽기도, 그리
고 교회 봉사와 교회 내의 친교모임이 전부라고 생각하며 살아간다. 대부
분의 그리스도인은 '교회생활'을 '신앙생활'의 전부라고 이해한다.

이제 '교회생활'이 아니라 '킹덤 라이프, 곧 '하나님나라의 삶'

으로 달라져야 한다. 개신교는 가톨릭의 교회 제도 중심의 시스템에서 탈출하였으나 개교회주의로 흘러가더니 결국, 다시 '교회생활중심'으로 복귀하고 말았다. 물론 우리에게 '교회생활'의 중요성이 없는 것은 아니지만, '교회생활'이 신앙생활의 모든 것은 아니다. 이제 신자의 신앙생활이 '하나님나라의 삶'임을 일깨워주는 방향으로 전환해야 한다.김재영

하나님은 우리가 교회 밖 세상에서 온전한 그리스도인으로 살아가기를 원하신다. 기독인의 신앙의 궁극적인 목표는 교회가 아니라 하나님나라에 있다. 우리의 목표는 세상 속에서 교회의 성장이 아니라 세상 속에서 하나님나라의 진보와 성장에 두어야 한다. 하나님나라는 교회를 통해 움트며, 성장해 나가며, 교회를 통해 확장되어 가지만, 그렇다고 하여 교회의 외적인 성장 자체가 반드시 하나님나라의 증진과 일치하는 것은 아니다. 이 땅에 교회의 종탑과 십자가는 셀 수 없을 만큼 많아졌고, 교회의 외형적인 규모와 물량적인 힘은 엄청나지만, 그렇다고 하여 증가한 교회의 숫자와 물리적 영향력만큼 그것에 비례하여 하나님나라의 내용과 표지mark를 보여주는 것은 아니지 않은가?

그러므로 교회가 교회 자신을 위해 존재할 때, 그리고 교회의 이익만을 위해 존재할 때, 교회는 하나님의 뜻과 그 가치를 전파하는 도구가 되지 않고, 단순한 종교적 이익단체로 머물고 만다. 이제 그리스도인의 신앙은 교회생활이나 교회의 이익을 위해 섬기는 교회적 신앙 수준에서 탈피해야 한다. 그러나 여기서 우리는 주의해야 한다. 이러한 관점이 반드시 우리가 현실의 기존교회를 전적으로 배격해야 한다는 의미는 아니다. 참된 교회요, 건강한 목회자는 교회 안의 신자를 교회 안에 가두어 미성숙한 신자로 남지 않도록, 세상의 소금과 빛의 역할을 하도록 이끌어주며, 삶의 현장에

서 온전한 그리스도인으로 살아가도록 영적인 안내와 훈련을 할 것이다.

결론적으로 그리스도인의 신앙은 교회 속에서 꽃피우지 않고, 이 세상 속에서 열매를 가져와야 한다. 교회는 하나님나라의 가치와 삶의 원리가 구현되도록 양육하는 기관으로 존재해야 한다. 단순한 교회의 외적 성장이 아니라 세상 속에서 하나님나라의 성장과 확장을 위해 힘써야 한다.

## 사회적 신앙과 교회적 신앙의 관계

그렇다면 사회적 신앙으로 성장하려면, 반드시 교회적 신앙을 버려야 하는가? 다시 말해 교회적 신앙은 반드시 사회적 신앙의 장애물인가? 교회안의 신자와 사회 속의 신자는 언제나 배타시. 대립하는가? 성경적 가치에 따라 존재하는 교회라면, 궁극적으로 사회적 신앙인으로 나아가도록 양육되어 성장해 가야 한다.

왜냐하면, 교회의 본질이 이미 사회적이기 때문이다. 사회적이지 않은 교회는 교회가 아니기 때문이다. 교회는 개인이나 홀로는 존재할 수 없다. 교회적 삶 자체가 이미 관계적이요, 사회적이다. 그리고 교회가 가르치고, 고백하는 신앙내용 자체 안에 이미 사회적 신앙 교리로 가득하다: 삼위일체 하나님께서는 아버지, 아들, 성령 세 분의 위격과 함께 관계 안에서 존재하시는 '사회적 하나님'이시다. 성육신 사건은 하나님께서 인간이 되시고자 세상 속에, 사회 속에 내재하심으로 사회 속에 현존하신 사건이었다. 또한, 성경에서 하나님께서 명령하시는 윤리적 명령의 총체는 하나님사랑과 이웃사랑으로 요약되고 있다. 그뿐만 아니라 진정한authentic 신앙은 가인에게 살해당한 아벨의 울부짖음에 귀 기울이는 신앙이며, 강도 만난 자를 외면하지 않고 선행을 베푸는 선한 사마리아인의 신앙이며, 헐벗은 자와 감옥에 갇힌 자, 병든 자를 돕는 신앙이다. 문제는 교회적 신앙이 병들었기 때문에, 왜곡된 방향으로 설교 되고 양육되어 온 것이 문제이지, 교회적 신앙 자체가 근본적으로 문제가 있는 것은 아니다.

그러나 이러한 설명에도 불구하고 현실 속에 존재하는 교회적 신앙이 쉽사리 성경적 가르침과 원리를 회복하거나 개선 변화될 것이라는 막연한 희망을 가지는 것은 고민해야 할 문제다. 교회적 신앙은 오랫동안 기존의 틀에 박힌 그 나름의 신앙문법이 기성교회 안에 견고하게 존재하고 있으며, 난공불락의 관습화된 신앙 형태로 영향력을 행사하면서 전승되어 오고 있기 때문에 새로운 교회와 사회적 신앙을 희망하는 사람들의 기대처럼, 기존교회가 저절로 기독교 신앙의 원형과 본질로 회귀할 것이라는 막연한 기대를 꿈꾸지 않아야 할 것이다.

■ 자아 안에 갇힌 그리스도인: 행복주의를 추구하는 사적 신앙을 넘어서라

교회적 신앙에 갇힌 신앙인은 사사화된 신앙과 맥을 같이 한다. 통념적인 의미의 교회적 신앙은 곧 개인주의적 신앙인을 양산하기 때문이다. 그런데 교회의 틀을 탈피하는 신앙인이 반드시 이웃과 세상을 향한 사회적 신앙으로 승화되지 않는다. 교회적 신앙을 극복하고 사회적 신앙으로 승화된 신앙인도 많지만, 오히려 기존 교회의 제도와 형식과 틀을 거부하지만, 신앙생활의 최종적인 귀착점이 자아중심의 신앙으로 안착하는 경우도 많기 때문이다.

자아 안에서 갇힌 그리스도인은 신앙의 목적을 자기만족과 자아 행복, 그리고 자기 안에서 누리는 내적 평안에 둔다. 이 신앙은 나르시시즘적 신앙, 즉 자기애 신앙이다. **나르시시즘**narcissism은 자기도취와 자기애라는 병리적 특징을 띤다. 이는 자아, 주체, 즉 에고ego를 향해 모든 관심이 집중되어 있으며, 타자를 향해서는 아무런 관심이 없는 상태를 말한다.[1]

---

1) "나르시스는 타자적 주체를 알지 못하는 정신이다. 그는 언제나 홀로 주체로서 존재한다. 그의 세계에서는 자기만이 주체이며 다른 모든 것은 그의 객체이다. 그리하여 그의 세계 속에서 모든 타자는 사물화(事物化)되고 인식대상으로 정립되기는 하되, 결코 인격적 만남의 대상으로서 그에게 마주 설 수 없다", 김상봉, 『나르시스의 꿈: 서양정신의 극복을

나르시스화된 신앙은 사사화된 신앙으로 연결된다. 그리하여 믿음은 사적 이익을 위한 도구요, 수단이 되고만다. 자기애와 자아의 행복, 자아를 향한 관심에 집중된 이런 사적 신앙은 기복주의나 번영신앙이 새롭게 변형된, 그러나 본질은 같은 신앙형태로서 결국, 기독교 신앙이 자아의 욕망 충족을 위한 이익의 도구가 되고 만다. 그러므로 사적 신앙은 결국 공익 신앙이 아닌 사익 신앙의 모습을 띠게 된다.2)

■ 총체적 복음으로 살아가는 세상 속의 그리스도인

온전한 그리스도인은 자아의 행복과 평안, 그리고 사사로운 욕망을 충족하기 위한 '사적 경건'private piety과 개인구원individual salvation에 머물지 않고, 세상 속에서 그리스도인의 삶을 증거하며 살아간다. 우리가 믿고 고백하는 복음은 사적 복음private gospel으로 이해할 것이 아니라, 공적 복음public gospel이며, 총체적 복음wholistic gospel으로 재구성하여 표현되어야 한다. 그리하여 총체적 복음의 관점에서 살아가는 그리스도인은 일상, 직업, 정치적 행동, 사회정의, 인권, 평화, 복지, 환경 등 인간의 삶의 전 영역에 복음이 구현되도록 하는데 적극 참여한다.

다음의 문장은 우리가 말하는 **총체적 복음이 무엇이며, 그러한 복음 원리에 기초한 그리스도인의 삶의 목표와 방향이 무엇인가** 명료하게 설명하고 있다.

하나님은 영혼의 주님만이 아니라 몸의 주님이시며, 하늘의 통치자일 뿐 아니라 땅의 통치자이다. 복음은 우리 영혼을 땅에서

---

위한 연습』, (서울: 한길사, 2002), 21.
2) 사익 신앙은 사적 신앙의 다른 표현으로, 신앙의 목표와 관심을 자아의 행복과 이익에 초점을 두는 신앙이며, 공익 신앙은 신앙의 목표와 방향이 공공의 유익에 초점을 맞추어 기독교 신앙이 이웃, 사회, 타자와의 상관성에 무게를 두는 신앙을 말한다.

하늘로 들림 받게 하는 방편이 아니다. 복음은 만물을 구속하시는 주님을 고백하면서, 삶의 전 영역에서 예수의 제자로 살도록 철저히 순종하는 삶의 제자도에 관한 것이다. 복음은 개인의 심령과 교회만이 아니라 세상 전체에서, 모든 피조물 안에서 갱신과 회복을 가져와야 한다. 이를 위해 그리스도인은 세상 모든 영역에서 그리스도의 주되심을 드러내고, 만물을 회복하고 갱신하도록 부르심을 받았으며 세상 속으로 파송받았다.

**총체적 복음**Wholistic Gospel의 기원은 로잔운동1974의 흐름에서 합의된 명제다. 복음주의 선교관의 대전환을 가져왔던 로잔언약은 인간화, 역사 안에서 구원, 해방, 사회참여와 사회행동을 강조하는 에큐메니컬 선교관과 복음화, 개인구원과 인격적 회심, 교회확장의 선교를 강조하는 복음주의 선교관의 양극화를 지양하고 복음전도와 사회참여를 교회의 선교 사명의 두 차원으로 규정함으로써 총체적 선교, 혹은 총체적 복음을 합의적 개념으로 추출하였다: **복음전도와 사회 정치 참여는 우리 그리스도인의 의무의 두 부분임을 인정한다.**(로잔언약)

복음의 총체성을 강조하면서 총체적 복음화 운동을 기치로 하는 새로운 복음주의 진영은 복음전도와 함께 그리스도인의 사회적 책임을 강조하는데, 이러한 선교적, 사회행동적 방향은 존 스토트를 필두로 하는 로널드 사이더, 르네 빠딜라, 올란도 코스타스 등에 의해 구체적으로 정립되었다.

■ **분열적 신앙에서 총체적 신앙으로 자신의 신앙관을 재정립하라.**

분열적 신앙이란 어떤 범주와 범주 사이, 영역과 영역이 서로 통전적으로 결합되어 있지 않고 파편적이며, 일면적으로 동떨어져 있는 채로 나뉘어 있는 형태를 말한다. 분열적 신앙을 넘어 총체적 신앙으로 가기 위해서

는, 개인적인 죄와 사회적인 죄, 개인적인 회심과 구조악의 변화, 복음전
도와 사회참여, 개인구원과 사회구원, 대리적 속죄와 도덕적인 모범으로
서의 구원관, 정통교리에 충실한 교리신앙과 도덕적 실천을 보여주는 윤
리신앙을 결합하고 일치시키는 기독교 신앙의 새로운 전망이 필요하다.

### ■ 개인구원을 넘어 총체적 구원으로

한국교회는 기독교의 구원을 개인구원과 개인 구령에 국한해 왔다. 구
원이란 한 개인의 영혼이, 심령이 구원받는 것으로 이해했다. 제자훈련식
의 구원이란 한 개인이 회심하여 구원의 확신을 누리는 것이며, 그의 삶이
변화되어 제자의 삶을 사는 것, 그리고 죽어서 천국 가는 구원을 강조했다.
그러나 성경적인 구원개념은 개인 구원의 차원을 넘어 하나님의 총체적인
통치가 온 세상에 드러나는 것, 곧 만물의 구속을 말한다. 개인의 영혼이
구원받을 뿐 아니라 육체도 구원받는다. 그리고 구원이 임할 때, 만물의 갱
신과 변혁이 도래할 것이다. 이것이 총체적, 사회적, 문화적 구원이다.

## 2. 총체적인 회심을 추구하라.

### 인격적 회심

예수님을 나의 구주Savior와 주님Lord으로 인격적으로 받아들이면서, 전
인격의 돌아섬, 즉 전향을 의미하는 회심이다. 이러한 회심을 '개인적 회
심'이나 '영적인 회심'이라고 부를 수 있다. 이 단계에서의 회심은 자신의
죄인됨에 대한 깊은 자각과 하나님을 향한 내적인 돌이킴이 일어난다. 이
회심은 한 사람의 인격 안에서 일어나는 회심이다. 그러나 여기서 말하는
회심은 아직 사회 도덕적 차원의 회심에는 이르지 않았으며, 단지 인격과
내적인 삶의 방향이 하나님께로 전환되었음을 말한다.

### 인간학적 회심

인간학적 회심은 하나님을 향한 회개에서 인간과 이웃을 향한 방향전환으로 진전된 회심을 말한다. 그리스도교 신앙 경험에서 일어나는 회심, 혹은 회개가 영적인 차원의 회심이나 내면의 회심, 그래서 심리적 방향전환은 그리스도인이라 불리는 그의 전인격에 실제적인 변화를 가져왔다고 확신할 수 없다.

인간학적 회심의 가장 대표적인 사례는 삭개오의 회개다.눅 19:1-10 삭개오는 단지 예수에 대한 인격적 회심에 머물지 않고 그가 동족 유대인들에게 저지른 경제적 착취와 불법에 대해 회개하였다. 그의 회개는 이웃 앞에 저지른 죄악을 뉘우치는 인간학적 회개였다. 복음서에는 선한 사마리아인이 보여준 행위눅10:2537이나 지극히 작은 자에게 베푼 자비의 행위마25:31-46 등이 인간학적 회개의 사례가 된다. 인간학적 회개를 이룬 사람은 자신이 저지른 이웃과의 관계의 잘못에서 돌이키려 하고, 실천적 행동은 주로 자비와 긍휼의 행위로 나타난다. 한 사람 안에서 아무리 놀라운 인격적 회심이 일어났다고 할지라도, 인간학적 회심으로 더 진일보하지 않으면 한 사람 안에서 일어난 놀라운 회심은 진정한 회심이라고 말하기 어렵다.

### 사회구조적 회심

삭개오의 회개는 인간학적 회심의 측면이 있지만, 그가 세리장으로 재직할 동안 저지른 경제적 착취를 공적으로 고백함으로써 일종의 '경제적 회개'까지 나아갔다. 그때 예수님은 "이 집에 구원이 이르렀다"고 선포하셨다.

자신을 기독교인이라고 고백하는 사람이 흑인을 비인간화하고 학대하는 노예제도를 개선하지 않는다면, 그리고 자신의 경제적 이익 때문에 명백히 악랄한 인종차별적 제도를 유지하려 한다면, 그를 그리스도인이라고 부를 수 있을까? 트럼프를 비롯한 미국의 역대 대통령들이 백악관에서 매일 매일 조찬기도회를 경건하게 드리면서 다른 한편으로 부정한 방식으로 축적한 부동산 재벌을 옹호하면서 악랄한 경제제도를 철폐하지 않는다면, 그들이 성경에 손을 얹고 선서를 했다고 할지라도 그들을 진정한 신앙인이라고 할 수 있을까? 마찬가지로 우리 현대역사에서 민주화 운동을 억압하기 위해 그들을 범법자로 체포하고 고문한 활동에 가담한 이근안 같은 사람이 비록 회개하고 세례받고 신자가 되고 목사 안수까지 받았다고 할지라도, 그가 지난날의 과오를 공적으로 회개하지 않는다면, 그가 하나님 앞과 사람 앞에 회개한 신앙인이라고 규정할 수 있겠는가? 아니면 우리는 그리스도인들이 지난날 저질렀던 악행들을 구조악의 우산 아래 살다보니 의도적이지 않게 저지른 '악의 평범성'이라는 이름으로 면죄부를 주고 정당화해 주어야 하는가?

그리스도인으로 회심한 신앙인이 불법적인 방식을 동원하여 벼락같은 부를 축적하고, 그 일부를 십일조나 기부금으로 헌금했다고 하여, 그의 부의 축적행위가 용서되며, 그를 선한 그리스도인이라고 할 수 있겠는가?

오늘날 한국교회 안에 수많은 회심자를 생산해 냈지만, 개인적, 인격적 차원의 회심에 그치면서, 사회 속에 내재한 불법적인 일에 구조적으로 가담하면서 비양심적인 기독교인들이 양산되고 있다. 그들은 참으로 회심했는가? 그들을 가리켜 회심한 그리스도인이라고 할 수 있는가? 기독교인들은 넘쳐나지만, 왜 사회는 바뀌지 않는가? 우리 사회의 누적된 구조악을 철폐하는데 왜 그리스도인들의 목소리는 들리지 않는가? 대부분 그리스도인들조차 사회악과 구조악에 무감각한 채로 가담하고 있거나 오히려 의도적이며, 자발적으로 그러한 악의 그물망에 깊숙이 연루되어 있기 때문이다.

### 신학적 회심

극우 정치성향과 과격한 근본주의 신학으로 무장된 태극기 부대와 전광훈 목사, 그리고 엄마부대 대표인 주옥순 권사, 반동성애 운동과 반이슬람 운동을 앞장서서 펼쳐가는 대부분의 인사들이 기독교인들이다. 이들은 근거 없는 논리로 어른 세대의 기독교인들을 선동하여 광장으로 끌어내고 있다. 이들은 극우 보수성향의 정치평론가들의 논리를 그대로 답습하면서 진보정권의 위험으로부터, 그리고 북한의 핵을 통한 적화통일의 위험으로부터 이 나라를 구출해 내야 한다면서 '애국적 기독교'를 표방하면서 여전히 반공 이데올로기와 불가항력적인 친미신봉적 사고, 이스라엘 회복에 대한 희구, 그리고 기이한 상상력으로 엮어낸 종말론적 음모론을 신봉한다.

최근 코로나 사태로 전지구적 재앙이 발생하자 기상천외한 형태의 음모론이 다양하게 유포되었다.

**백신 음모론**: "코로나 백신은 북한이 퍼뜨린 것이다"전광훈, "코로나 발생과 확산은 빌 게이츠의 '코로나19 프로젝트'에서 시작되었다", 적그리스도가 세계경제를 장악하기 위해 사람들 이마에 생체 바코드 666을 새겨서 수퍼 컴퓨터의 전산시스템으로 인간을 통제하려고 한다.최바울, 3)

**세계 인구조절 음모론**: 인구 증가로 이상기후 현상이 발생하자 그림자 정부세계 정치 경제를 조정하는 비밀 세력가 아프리카 인구를 조절하기 위해 바이러스를 만들어 고의로 퍼뜨렸다.

**큐어논 음모론**: 큐어논QAnon은 'Q'와 'Anonymous'익명의를 합친 말이다. 극우 정치성향을 지닌 Q라는 익명의Anonymous 네티즌이 퍼뜨리기 시작하면서 시작된 음모론으로 이를 신봉하는 사람들은 큐어논 신봉자가 된

---

3) 허호익, "코로나19 백신 음모론과 666에 대한 바른 이해", 출처: ttp://www.newsnjoy.or.kr/news/articleView.html?idxno=302074

다. 이들은 낸시 펠로시 미 연방 하원의장과 CIA국장이 베를린에서 체포될 것이며, 교황도 바티칸에서 체포된다고 주장한다. 그들은 미국 민주당의 지도부와 프랜치스카 교황까지 악마를 숭배하는 소아성애자들이며, 마약, 인신매매에 연루되어 있다고 믿는다. 미국의 엘리트 정치집단은 정부 내의 관료집단인 '딥 스테이트Deep State'를 통제하고 있으나, 트럼프 대통령이 적절한 때에 이들을 대대적으로 체포하고 세상을 구원할 난세의 영웅이 될 것이라고 믿는다.

이 외에도 프리메이슨 음모론, 일루미나티 음모론 등 수많은 형태의 음모론이 종말론과 결합하여 유행병처럼 나돌고 있다. 대개 이런 음모론은 국내의 극우 정치성향의 집단들, 예를 들어 강용석의 '가로세로연구소', 공병호의 '공병호TV' 등에서도 유포되고 있다.


신학적 회심은 열광주의적인 선교운동에 빠져 있는 집단들에게 필요하다. 타종교를 박멸과 정복의 대상으로 간주하고, 유서 깊은 법당에 난입하여 찬송가와 할렐루야를 외치거나 탱화에 낙서를 하는 등 무례한 행동을 서슴지 않는 이런 행위들은 모두 신학적 회심을 통해서만 교정될 수 있다. 시민광장과 유튜브에서 유포되고 있는 이해하기 어려운 자가당착에 빠진 허무맹랑한 신학적 주장으로 인해 많은 신앙인들이 미혹에 빠지고 있을 뿐 아니라 교회의 선교에 막대한 지장을 초래하고 있다. 문제는 이런 극단의 근본주의 기독교 신학으로 인해 기독교는 우리 사회의 공론장에서 타자에 대한 관용 없는 배타성과 폭력적인 종교임을 드러내고 있다는 것이다. 그러나 포용적인 신학의 전환을 통해 예수 그리스도를 통한 구원의 유일성을 믿으면서도, 타종교를 이웃종교로 받아들이고, 종교 간의 대화를 추구하는 기품있는 종교로 거듭날 수 있다.

그런 이유에서 신학적 회심이 반드시 필요하다. 물론 이 회심은 인격적인 회심은 아니다. 그러나 회심이 단순히 하나님을 향한 영적이며 내적인 방향전환에 그칠 뿐, 타자, 이웃에 대한 신앙인의 태도 변화가 없다면, 그러한 회심이 어떤 의미가 있다고 할 수 있을까? 더 나아가 순전한 그리스도에 대한 신앙을 보유하고 있고, 기도생활과 성경읽기, 교회봉사에도 열성적인 신앙인이지만, 극렬한 광기적인 집단에 연루되어 많은 영역에서 이해할 수 없는 괴이한 신학적 논리에 빠져 있다면, 그것이 과연 진정한 기독교 신앙의 모습이라고 할 수 있을까? 자문해 보아야 한다. 이런 맥락에서 인격적 회심 이후에도 생각하는 그리스도인으로 살아가기 위한 회심이 필요하다. 우리는 이러한 회심을 '지성의 회심'이라고 부른다. 신앙인의 회심이 지성의 영역에까지 도달하지 않을 때, 기이한 종말론과 음모론의 신봉자가 되면서 건강한 그리스도인의 사고능력을 보유하기 어렵기 때문이다. 기독교 신앙을 지성으로 환원시킬 수 없지만, 역사적 기독교가 처음부터 '지성을 추구하는 신앙'이었다는 점에서 신학적 회심은 필요 타당하다고 말할 수 있다.

## 3. 세상 속의 그리스도인으로 살아가기 위한 사회적 성경읽기

기독교신학은 중요하다. 그러나 신학이 우리의 지식과 논리와 체계 안에서만 맴돌 때, 허망한 신학적 재료만으로 남게 된다. 사회적 신앙이 몸에 배어 우리의 일상의 삶과 사고 안에서 녹여낼 정도가 되려면 **사회적 신앙의 영성** Spirituality of Social Faith이 필요하다. 자아의 욕망과 탐욕적 삶의 관습을 거스르면서 이웃과 타자, 그리고 사회 속에서 작동하는 사회적 영성은 몸적인 배움, Bodly Learning, 4) 즉 몸에 밴 습관화된 지식Bodly Knowledge을 통해 가능하다. 지식이 논리로 남지 않으려면 성경과 신학이 우리의 사고

---

4) 제임스 K. A. 스미스, 『습관이 영성이다: 영성 형성에 미치는 습관의 힘』, 박세혁 역, (서울: 비아토르, 2018).

와 이해력의 습관이 일상화된 형태로 꾸준하게 터득되어야 한다. 바로 그
것은 사회적 성경읽기를 통해 일차적으로 획득된다고 확신한다.

성경읽기에는 다음과 같은 다양한 방식과 관점이 있다.

- 구속사적 성경읽기
- 개인경건의 소재로 읽는 성경: QT를 위한 성경
- 기복주의와 번영신앙의 눈으로 읽는 성경5)
- 치유상담적 성경읽기
- 공동체 성경읽기Public Reading of Scripture, 6)
- 기독교세계관적 성경읽기: 창조─타락─구속, 문화명령과 문화변혁
적 관점으로 읽는 성경.
  - 사회적 관점의 성경읽기:
  - 하나님나라와 사회현실을 연결하는 성경읽기,7) 디아코니아적 성경
읽기,8) 가난한 자들의 관점으로 읽는 성경, 피해자victims 관점에서 읽는 성

---

5) 부, 성공, 형통, 자기계발을 위한 성경읽기 등이 그것이다.

6) 최근 활발하게 일고 있는 '공동체 성경읽기' 운동은 이를 주관하는 단체에서 'Public Reading of Scripture'로 사용하고 있어 그 의미상 혼동을 줄 수 있다. 이 성경읽기 운동은 성경을 혼자 읽지 말고 다른 신앙인들과 함께 읽자는 운동이다. 이 성경읽기의 방식에 따르면, "모든 신자는 성경을 공개적으로(publically) 읽으라는 명령을 받았다". 그러므로 "성경읽기는 개인적인 행위만이 아니라 교회 공동체 차원에서 이뤄지는 행위라야 한다"는 것이다. 그들은 성경을 그룹 속에서 "낭독하는 것"을 권유한다. 따라서 이 성경읽기는 사적이며 개인적인 관점에서 읽는 성경읽기를 넘어 공적이며, 사회적인 시각의 성경읽기와는 전혀 무관하다. 차라리 이 성경읽기는 공적인 성경읽기라기 보다 "커뮤니티 성경읽기"라고 불려야 정당하다. 이 운동은 성경읽기 '방식'에 관한 새로운 운동이지 성경을 읽어가는 '관점'과 '해석'의 새로운 방법을 지향하고 있지 않다. 참고. 제프리 아서스, 『말씀을 낭독하라: 공동체 성경 듣기』, 김은정 역, (서울: 국민북스, 2017)

7) 성경읽기로는, 톰 라이트, 리처드 미들턴 그리고 종교사회주의자 레온하르트 라가츠 등이 있다.

8) 게하르트 쉐퍼, 테오도어 슈트롬, 『디아코니아와 성서』, 한들출판사, 2013, 폴커 헤르만, 마틴 호르스트만, 『디아코니아학: 디아코니아로 가는 성서적, 역사적 그리고 신학적 통로』, 이범성 역, 대한기독교서회, 2016

경, 주변성marginality, 비주류minority, 반문화countercultural 관점에서 읽는 성경, 총체적 선교관의 관점의 성경읽기,9) 페미니즘적 성경읽기, 생태학적 성경읽기.

## 4. 세상 속의 그리스도인으로 살아가기 위한 온전한 그리스도인

### 균형 잡힌 총체적 신앙

어떻게 하면 그리스도인의 신앙이 한쪽으로 편중되지 않고, 균형잡힌 balanced 관점과 통합적인integral 관점을 형성할 수 있을까? 다시 말해 기도, 예배, 묵상의 차원과 인간적이며, 세속적 활동 사이를 결합할 수 있을까? 하나님의 차원과 인간적인 차원, 즉 하나님에 대한 우리의 관계와 인간에 대한 인간의 관계, 수직적 차원과 수평적 차원, 초월성과 내재성, 저 세상적인 것otherworldly과 이 세상적인 것thisworldly, 종교적인 차원과 세속적인 차원, 믿는 것과 행동하는 것, 정통교리orthodox와 정통실천orthopraxis, 신앙고백과 신앙실천, 믿음과 사회정의, 개인구원과 사회구원, 복음전도와 사회적 책임, 전도명령과 문화명령 등이 균형잡힌 상태로, 통전적으로 결합된 신앙을 형성할 수 있을까?

### 하나님사랑과 이웃사랑(마 22:37-40 )10)

하나님 사랑과 이웃사랑으로 요약되는 대강령에서 첫째 명령은 하나님께 대한 인간의 태도이며, 둘째 명령은 인간의 인간에 대한 태도이다. 이

---

9) 크리스토퍼 라이트, 『하나님의 선교』, 정옥배 역, IVP, 2010, 딘 플레밍, 『하나님의 온전한 선교』, 한화룡 역, 대서, 2015.

10) "네 마음을 다하고 목숨을 다하고 뜻을 다하여 주 너의 하나님을 사랑하라 하셨으니, 이것이 크고 첫째 되는 계명이요, 둘째도 그와 같으니 네 이웃을 네 자신 같이 사랑하라 하셨으니, 이 두 계명이 온 율법과 선지자의 강령이니라". 하나님 사랑과 이웃사랑은 모든 율법의 대강령(general rules, fundamental principles), 즉 하나님께 대한 인간의 가장 크고 첫째 되는 명령이다.

두 강령에서 "이것이 크고 첫째 되는 계명이요"라고 말함으로써 하나님사랑이 이웃사랑보다 우선적인 명령이라고 규정하고 있다. 왜냐하면, 차등적graded 차원에서 인간에 대한 의무보다 하나님께 대한 의무가 더 우월한 명령이기 때문이다. 그러나 이웃사랑보다 하나님사랑이 반드시 절대적으로 우선적인 명령은 결코 아니다. 그것은 '논리적 우선성'을 의미하는 것이지, '상황적 우선성'은 아니다.

안식일에는 어떤 일도 금지하는 유대교 전통의 십계명이 있지만, 예수는 병든 자의 치료를 위해 안식일 법을 어겼다. "안식일이 사람을 위하여 있는 것이요 사람이 안식일을 위하여 있는 것이 아니니"막 2:27 안식일이라는 제도와 법도 인간이 처한 상황보다 우선하지 않는다. 바로 이것이 '상황적 우선성'을 의미한다.

더욱이 하나님 사랑과 이웃사랑이라는 이 두 차원은 "이것이 크고 첫째 되는 계명이요, 둘째도 그와 같으니"라고 진술하고 있다. 얼핏 보면 하나님 사랑은 이웃사랑보다 더 중하고 우선적인 명령인 듯 말하고 있지만, 둘째 명령은 첫째 명령과 동등한 비중을 갖는 명령이라고 말한다.

### 십계명: 하나님에 관한 명령과 인간에 관한 명령

십계명decalogue은 하나님에 관한 계명1-4계명과 인간에 대한 계명5-10계명으로 구분되어 있으면서 동시에 하나님에 관한 명령과 인간에 관한 명령의 서로 연결되어 결합된 구조를 갖는다. 그리하여 십계명은 신적인 차원과 인간적 차원, 수직적 차원과 수평적 차원이 결속되어 있다.

그런데 십계명에서 하나님에 관한 차원이 인간에 관한 차원보다 우선적이다. 인간에 관한 차원은 하나님 차원의 명령보다 후순위에 놓여있다. 그렇다고 하여 인간과 관련한 것이 열등하거나 경시되어도 좋다는 의미는 아니다. 다만 모든 도덕률에는 순서와 질서가 있다. 먼저 지켜야 할 것이 있고, 후순위로 지켜야 할 것이 있다. 하나님 이름, 그의 거룩성, 그의 유일하심은 가장 우선적으로 존중되어야 할 부분이다. 왜냐하면, 인간이 창조주에게 의존되어 있지, 창조주가 피조물에게 의존되어 있지 않기 때문이다. 따라서 하나님에 관한 의무가 먼저 준수되어야 하고, 그다음 인간에 관한 책무가 뒤따라야 한다. 율법의 대강령도 "네 하나님을 사랑하라 하셨으니 이것이 크고 첫째되는 계명이요, 둘째는 이와 같으니 네 이웃을 네몸과 같이 사랑하라"라고 말하고 있다.

### 안식일: 신적 차원과 인간적 차원의 결합11)

십계명에서 안식일 계명은 두 차원이 결합되어 있다. 안식일 명령은 하나님에 관한 명령제1~3계명과 인간에 관한 명령제5~10계명을 이어주는 연결고리의 계명이자, 교량 역할을 하는 계명이다. 한 편으로 안식일 명령은 하나님의 거룩한 시간을 구별하여 지킬 것을 요구하면서, 다른 한편으로 안식일은 가축을 포함한 노동하는 인간에 대한 사회복지와 인권보호 차원이 결합되어 있기 때문이다. 대부분 안식일 계명을 주일성수로 연결하는 안식일 준수와 같은 하나님께 대한 명령으로만 이해하지만, 이 계명은 하나님의 창조에 대한 기억과 경배와 인간을 향한 배려와 보호라는 이중적인 차원이 연결되어 있다. 그것은 신학적 차원과 인간학적 차원, 종교적 차원과 사회적 차원, 하나님을 향한 예배와 인간의 노동하는 삶, 그리고 노동을 중지하라는 명령과 활동하라는 명령이 동전의 양면처럼 한 계명안에 교합하여 녹아 있다.

---

11) 안식일을 기억하여 거룩하게 지키라. 엿새 동안은 힘써 네 모든 일을 행할 것이나 일곱째 날은 네 하나님 여호와의 안식일인즉 너나 네 아들이나 네 딸이나 네 남종이나 네 여종이나 네 가축이나 네 문안에 머무는 객이라도 아무 일도 하지 말라(출 20:8-10)

### 성육신적 연합: 신성과 인성의 결합

인간이 되신 하나님의 성육신은 신적 본성divine nature과 인간 본성human nature의 결합의 신비를 드러내 준다. 성육신의 신비는 두 본성이 한 인격 안에서 결합되어 있지만, 두 영역은 혼합되지 않고inconfusedly, 분리되지 않고indivisibly, 나뉘어 있지 않다.inseparably 그러나 동시에 신적 본성과 인간 본성은 결합으로 인해 본성들의 구분이 없어지지 않고, 오히려 두 본성의 속성이 보존되어 있다.

성육신의 신비는 신적 차원과 인간적 차원의 완벽한 결합의 원리를 보여준다. 기독교 신앙에서 하나님과의 수직적 차원, 초월적 차원, 초자연적 차원을 망각한다면, 신성이신 그리스도만을 강조하는 것이며, 인성을 입은 그리스도를 배제하는 것과 마찬가지이며, 반대로 인간적 차원, 수평적 차원, 정의, 인권, 평화와 같은 현실의 존재영역을 망각한다면, 인성을 입으신 그리스도를 배제하는 것과 동일하다. 기독교 신앙은 영적이고, 초자연적 실재에만 관심을 갖는 것이 아니다. 신앙은 물질적이고 역사적인 현실에도 가치를 부여한다. 하나님의 현실은 인간현실로 침투하여 하나님과 인간 현실은 서로 만나고 결합하여 온전한 기독교를 만들어 낸다.

### 신학주의와 세속주의라는 양극단을 거부하라.

신학주의란 기독교 신앙을 예배, 경건, 교리, 등 종교적 영역에 한정시키는 위험이다. 교회는 자신의 사명을 종교적 영역으로만 제약해서는 안 된다. 복음은 인간의 삶의 모든 차원과 관련되어 있다. 교회는 죄, 사랑, 기도, 용서 등의 신앙 문제를 직업이나 경제적이며 사회적 질서와 아무 상관이 없는 양, 그것들을 신앙의 영역에서 제외해서는 안 된다. 기독교는 현실의 한 영역만이 아니라 모든 현실을 구원하기 위하여, 그리고 그것을 하나님나라의 일부가 되도록 만들기 위해 부름받았다.

반대로 세속주의의 위험이란 교회의 사명을 순전히 세상적인 과업의 차원으로 환원하는 것이다. 세속주의는 교회가 전하는 구원을 물질적 복지로 축소시키고, 교회의 모든 영적, 종교적인 사명을 망각하고 신앙과 교회의 활동이 정치적, 사회적 질서에 우선권을 두는 것으로 변질될 위험이 있다.

### 궁극적인 것과 궁극 이전의 것

궁극적인 것Letztes이란 성육신, 죄인이 의롭게 되는 칭의, 삼위일체와 같은 것으로 기독교적 삶의 본질적인 것을 말한다. 궁극 이전의 것Vorletztes은 굶주린 자에게 먹을 것을 주고, 병든 자를 돌보는 일, 가난한 자들에게 자비와 긍휼을 베푸는 활동을 말한다. 본회퍼는 교회의 활동은 궁극적인 것과 궁극 이전의 것을 함께 고려해야 한다고 말한다. 구원과 영원한 차원에만 집중하는 사람들은 궁극적인 것만으로 모든 것을 해결할 수 있다고 말한다. 그들은 궁극적인 것만을 고려함으로써 궁극 이전의 것은 완전히 무시하고 배제하려고 한다. 반대로 굶주린 자에게 먹을 것을 주며 병든 자를 돌보는 사람들은 궁극 이전의 것으로 모든 문제를 해결할 수 있다고 생각한다. 그러나 궁극적인 것 때문에 궁극 이전의 것을 무시해서도 안 되며, 궁극적인 것을 이유로 궁극 이전의 것을 소홀히 해서도 안 된다. 우리에게 궁극적인 것이 먼저이나 두 차원은 서로 보완이 필요하다.

### 사회봉사와 사회행동

교회와 그리스도인의 사회적 실천에는 사회봉사와 사회행동이 있다. 사회봉사social service는 자선에 기초한 구제 및 긍휼사역을 말한다. 노숙자, 독거노인에게 식사를 제공하고 돌봄서비스를 하는 일, 빈곤지역에서 연탄 나르기, 의료봉사, 재난당한 자들에 대한 구호활동 등이 그것이다. 사회봉사는 긍휼심을 동기로 하는 개인적, 집단적인 도움원조을 제공하는 활동을 말한다. 반면 사회행동social action은 인간과 사회의 비참한 원인을 사회적 불평등, 구조적으로 시스템화된 사회질서, 그리고 희생양 메카니즘 등 구조악structural evil 사회악에서 그 원인과 해법을 찾는다.

이와 달리 사회봉사에 역점을 두는 교회와 기독교인의 사회적 실천은 사회-경제적 체제에 은폐된 사회적 모순을 드러내어 사회시스템적인 변혁을 위해 정치참여나 정치적인 활동에 개입하여 구조악의 철폐와 사회시스템의 개선에 관심을 두지 않고, 자선활동과 자원봉사, 긴급구호활동을 통해 사회적 문제를 점진적으로 개량, 개선하려고 한다. 반면 사회행동주의자들은 사회 문제를 사회계층적 갈등 문제로 간주하면서, 사회질서와 체제의 문제로 인식하면서 이를 분석, 관찰하면서 시위, 정치참여와 정치적 활동, 정치세력의 지지와 반대 등의 방식으로 해결해 나가려 한다. 전통적으로 기독교의 사회적 섬김은 개교회 차원의 자선과 구호활동이나 기아대책, 월드비전, 굿네이버스, 컴패션 등의 단체들이 시행하는 구제와 자선, 구호활동과 같은 사회봉사를 실천해 왔다. 초대교회부터 교회의 사회적 역할은 사도들과 집사직deacon을 통한 자선활동을 중심으로 시행되어 오다가 점차 고아원, 병자 돌봄 시설인 병원hospital, 그리고 양로원 등을 설립하여 교회적 디아코니아 형태로 실행해 왔는데, 이러한 교회의 사회적 섬김을 '디아코니아'Diakonia로 불리어 왔다. 그러나 근대국가의 출현으로 교회를 중심으로 실행되어 왔던 '교회적 디아코니아'ecclesial diakonia는 국가에 의해 주도되는 사회복지 차원으로 이양되게 되었다.12) 따라서 국가와 민간의 사회복지 영역이 증대되어 감에 따라 교회적 디아코니아의 정체성을 확보해 가야 하며, 교회의 디아코니아는 국가와 민간사회복지기관과 NGO

---

12) 우리 사회의 사회보장제도에는 〈사회보험〉, 〈공공부조〉, 〈사회서비스〉 3가지가 있다. 사회보험은 전 국민을 대상으로 의무적으로 시행되고 있는데, 산재보험, 국민 건강보험, 연금보험, 고용보험, 노인장기요양 등이 있다. 공공부조는 빈곤층, 장애인, 노인 등의 저소득층에게 최저생활비를 지원하는 국민기초생활보장, 의료급여 등이 있고, 사회서비스는 노인복지, 장애인복지, 모자보건 등이 있다.

이 미치지 못하는 사각지대로 확대되어야 하며, 무엇보다 '사회적 디아코니아'social diakonia, 13)로 교회의 사회적 섬김의 지평을 확대해 나가야 한다.

## 총제적 복음과 총체적 신앙은 만능이 아니다

통전적 복음과 총체적 신앙은 항상 양극단을 결합하는 방식을 추구한다. 개인적 복음과 사회적 복음을 결합하는 복음은 통전적 복음integral gospel이다. 개인구원과 사회구원을 결합하는 구원의 관점이 바로 총체적 구원이다. 온전한 복음whole gospel, 온전한 신앙whole faith, 온전한 그리스도인whole christian은 우리에게 지극히 이상적인 모토다. 그러나 복음의 온전성wholeness of gospel과 총체적 구원wholistic salvation은 구체적으로 어떻게 실현될수 있는가?

총체성wholism의 관점은 하나님 관계와 인간의 관계, 수직적 차원과 수평적 차원, 개인구원과 사회구원, 복음전도와 사회적 책임, 구원과 윤리라는 두 영역, 즉 신앙 논리와 신학적 사고에 있어서 이분법적으로 나누어진 균열을 봉합해주고, 양극단에 치우친 관점을 균형 있게 결합하는 장점이 있다. 그러나 분리된 두 영역을 결합하고 하나로 묶는 총체적 관점은 우리의 관념 속에서 논리적 진술로 그칠 가능성이 다분하다. 사실상 완벽한 균형이란 불가능하다. 총체적 복음이든 총체적 선교든, 그리고 총체적 그리스도인의 삶이라는 것도 어쩌면 양극단에 치우치지 않으려는 균형론적 희망에서 나온 논리라고 할 수 있다. 더구나 통전성은 어느 한 부분도 만족시키지 못할 확률이 있다.

---

13) 디아코니아의 역사적, 유형별 형태는 '개인적 디아코니아'(personal diakonia)와 '교회적 디아코니아'(ecclesial diakonia), 그리고 사회구조와 사회 시스템의 근본적인 변혁을 시스템사회행동의 차원을 포함하는 '사회적 디아코니아'가 있다. 사회적 디아코니아는 정치적 디아코니아(political diakonia), 혹은 예언자적 디아코니아(prophetic diakonia)로도 불린다.

통전주의의 위험: 동일화와 환원주의라는 오류에 빠지지 않아야 한다:
분리되어서는 안되지만, 구분되어야 한다.

### 예배와 삶

가장 흔하게 저지르는 통전적 논리의 하나가 예배와 삶을 혼동하는 데서 발생한다. 예배와 삶이 따로따로 분리되어 살아가는 이원론 신앙을 극복하는 차원에서 "예배는 삶이 되어야 하고, 삶은 예배가 되어야 한다"라고 말하더니, 이제는 '삶이 예배'라는 거의 상식화된 신앙논리가 만들어졌다. 이 논리를 뒷받침하는 가장 대표적인 성경본문은 "너희 몸을 하나님이 기뻐하시는 거룩한 산 제사로 드리라. 이는 너희의 드릴 영적 예배니라"롬 12:1는 구절이다. 그러나 그리스도인의 신앙과 삶에서 한편으로 예배와 삶은 통전적으로 결합되어야 하지만, 다른 한편으로 그것은 구분되어야 한다. 예배는 예배이며, 삶은 삶이다. 또한, 삶은 삶이지 그것이 곧 예배는 아니기 때문이다. 예배와 삶이 이분법적으로 동떨어져서는 안 된다는 것은 지당하다. 또한, 우리의 일상의 삶은 하나님께서 받으시는 예배인 것도 맞다. 그럼에도 불구하고 예배와 삶을 구분하지 않고, 동일시하는 위험에 빠지지 않아야 한다. 또한, 예배를 삶으로 환원하고, 삶을 예배로 환원하는 환원주의14)의 오류에 빠지는 것을 경계해야 한다.

삶이 예배다! 이 명제에는 예배는 예배로 끝나지 않고 삶으로 연결되어야 하며, 신앙생활에서 본질적인 것은 예배 자체가 아니라 '예배 이후의 삶'life after worship이 중요하다는 의미가 담겨 있다. 그러나 〈삶이 예배다〉라고 말하면서 '교회의 예배'나 '의례로서 예배', 즉 '예전적 예배'는 중요하지

---

14) 환원주의(reductionism)란 복잡하고 추상적인 사상이나 개념을 단순하고 덜 복잡한 차원으로 끌어 내리는 것을 뜻한다. 예를 들어 인간의 사고작용이란 단지 뇌의 화학적 작용에 불과하다고 하는 설명이나 모든 생물학적 현상을 물리적 혹은 화학적 반응으로 설명하는 것이 환원주의에 속한다. 따라서 〈예배는 다름 아닌 삶이다〉라고 하거나, 반대로 〈삶이 곧 예배다〉. 이런 논리도 환원주의에 속한다.

않으며, 그것은 단지 신앙 형식이거나 껍데기에 불과한 것이라고 치부하는 것은 그리스도인에게 예배의 의미를 제거해 버리는 결과를 가져온다. 이처럼 예배를 삶과 동일화해 버리고, 예배를 삶으로 환원하는 환원주의 사고는 그리스도인의 삶에서 예배 무용론으로 귀결될 것이 뻔하다.

많은 신앙인들이 "우리 매일의 일상과 삶이 예배가 되어야 한다". 그래서 교회의 예배를 드리지 말고, "삶의 예배를 드리라"고 강조한다. 그러나 정상적인 의미에서 공동체 안에서 예배 없는 그리스도인이 삶 속에서 예배가 얼마나 타당한 말인가? 신앙공동체에 소속되지 않은 채 예배 없이 살아가는 신앙인이 과연 삶 속에서도 진정한 의미의 예배적 삶을 살고 있다고 단정할 수 있을까? 〈삶이 예배다〉는 이 말에 담긴 위험한 사고는 '삶'을 '예배'에 비해 지나칠 정도로 절대적인 의미를 부여하는 것에 있으며, 신앙에 있어서 예배란 단지 '형식적인 것'에 불과하며, 예배하는 행위를 율법주의적 행위에 불과하다는 것이다. 그리하여 '예배는 신앙의 형식'이며, '삶은 신앙의 내용'이라는 도식을 전제하고 있다. 그러나 예배는 신앙과 삶에서 형식이 아니라 그 자체가 내용이 된다. 더구나 예배는 그리스도인의 세상적 삶을 더 견고하게 하는 영성의 원천이 된다. 예배는 세상 권세를 거스르며, 불의한 구조에 저항하는 정치적 힘이 된다. 교회의 예배, 공동체의 예배는 삶의 예배의 장애물이 아니라, 그것의 촉진제이며 원동력이다. 우리의 삶이 하나님 앞에서 '예배적 삶'이 되어야 하고, '삶의 예배'가 되어야 한다는 말은 예배와 삶의 분리를 극복하여 통전적 신앙을 고무한다는 점에서는 타당하지만, 예배와 삶은 '동등하지만, 별개이다'라는 원칙에 따라 이 둘은 구분되어야 하며, 이러한 구분은 그리스도인의 신앙관에 있어서 매우 중요한 분별 요소가 된다.

## 복음전도와 사회행동

복음전도와 사회정의의 문제는 오늘의 교회에서 선교적 사명에서 매우 중요한 과제다. 로잔언약Lausanne Covenant은 "복음전도와 사회, 정치적 참여는 우리 그리스도인의 의무의 양면이다"라고 아주 분명하게 교회의 선교적 사명에서 사회·정치적 참여가 제외되지 않는다는 점을 강조하면서, 전도활동과 사회참여가 분리되어 있지 않고 이 두 개의 과제가 통전적으로 결합되어 있음을 천명했다.

> "우리는 … 자주 복음전도와 사회참여를 서로 배타적인 것으로 간주해 온 것에 대하여 참회한다. 인간과의 화해가 하나님과의 화해는 아니며, 사회 행동이 복음전도는 아니며, 정치적 해방이 구원은 아니지만, 복음전도와 사회, 정치적 참여가 우리 그리스도인의 의무의 두 가지 부분이라고 우리는 주장한다. 왜냐하면, 이 두 가지는 다 같이 하나님과 인간에 대한 우리의 교리, 즉 이웃을 위한 사랑과 예수 그리스도에 대한 우리의 순종의 필수적인 표현이기 때문이다. 구원의 메시지는 모든 종류의 소외와 압박과 차별에 대한 심판의 메시지를 내포한다. 그러므로 우리는 악과 부정이 있는 곳에서는 어디서나 이것을 공박하는 일을 무서워해서는 안 된다. 사람들이 그리스도를 받아들이면 그의 나라에 다시 태어난다. 따라서 그들은 불의한 세상 속에서도 그 나라의 의를 나타낼 그뿐만 아니라 전파하기에 힘써야 한다. 우리가 주장하는 구원은 우리의 개인적이고 사회적인 책임을 총체적으로 수행하도록 우리를 변화시키는 것이어야 한다. 행함이 없는 믿음은 죽은 것이다"로잔언약

그런데 여기서 주목해야 할 점은 복음전도와 사회적 책임을 교회가 수행해야 할 두 가지의 선교 사명으로 간주하면서 '총체적 선교'wholostic mission, 혹은 '총체적 복음화'wholistic evangelization로 정립했음에도 불구하고, 로잔언약의 기본적인 입장은 복음전도적 행위와 사회적 활동을 분명히 구분하고 있다: 사람과의 화해가 곧 하나님과의 화해는 아니며, 또 사회참여가 곧 복음전도일 수 없으며, 정치적 해방이 곧 구원은 아니다. 또한, 로잔언약은 선교에 있어서 복음전도가 사회행동보다 우선적이라는 점을 강조하고 있다.

누구보다 총체적 복음화에 기초하여 그리스도인의 사회적 책임을 강조해 왔던 로널드 사이더는 복음전도와 사회행동evangelism and social action의 관계를 동등하나, 별개이다.equal, but distinct라고 정리한다. 그는 성경이 말하는 구원과 예수의 복음은 개인적이면서 사회적이며, 영적이면서도 물질적이라고 강조하면서 교회의 선교적 과제에서 복음전도와 사회정의가 동반되어야 한다고 말한다. 그러나 이 둘은 구별되어야 한다. 왜냐하면, 복음전도와 사회행동은 분리되지는 않지만, 구별되어야 하기 때문이다. 복음전도는 예수 그리스도와 복음의 내용을 입술로 증거하여, 그리스도를 인격적으로 선포하는 일이라면, 사회행동은 사회정의, 인간의 복지, 사회의 구조악을 제거하거나 경감하는 일에 관련된 인간적, 사회-정치, 경제적 활동이라고 말한다. 복음전도의 주된 목표는 세상 속에서 하나님나라의 증진을 포함하지만, 기본적으로는 잃어버린 죄인의 영원한 구원을 목표로 하지만, 사회행동의 기본목표는 인간 사회의 지상적이며, 현세적인, 그리고 육체적이며 물질적인 삶의 개선과 진보를 목표로 한다는 점에서 이 둘의 영역은 각각 다른 과제를 지닌다고 말한다. 따라서 복음전도와 사회행동의 목표를 달성하기 위해서는 '동등하나 별개이다'는 입장을 유지

해야 한다고 말한다.15)

## 사회적 교리: 사회적 관점의 기독교 교리

하나님을 안다는 것이란 정의를 행하는 것이다16)

하나님은 아는 길, 즉 하나님 인식에는 '계시적 인식'의 길이 있다. 계시를 통한 하나님 인식은 일반계시자연계시를 통한 인식과 특별계시를 통한 인식이 있는데, 올바른 하나님 인식은 이스라엘 역사 안에서 계시된 하나님구약의 하나님과 예수 그리스도 안에서 계시된 하나님신약의 예수 그리스도을 통해 아는 방식이 있다.

그러나 성경에 계시된 하나님에 대해 지적인 앎을 가지고 있다고 해서 참된 하나님을 알고 있다고 할 수 있을까? 만일 그렇다면 하나님 지식과 성경 지식이 풍부할수록 하나님을 더 잘 알고 있다고 할 것이다. 그러나 하나님을 안다는 것은 하나님에 대한 어떤 관념이나 그분의 속성이나 성품을 알고 있다는 것만을 의미하지 않는다. 하나님을 안다는 것은 〈하나님에 관한 지식적인 앎이나 인지적 앎〉이 아니다. 하나님을 아는 것은 지식의 문제가 아니라 실천의 문제이다. 왜냐하면, 교리와 성경 지식으로 하나님을 알고 있으며, 이론적으로는 하나님을 알고 있지만, 실천적으로는 하나님을 부인하는 '실천적 무신론자들'practical atheists이 많기 때문이다. 따라서 하나님을 아는 것은 계시적 지식만이 아니라 〈실천적 하나님 인식〉을 통해서 가능하다. 정통교리orthdox가 아니라 정통실천ortopraxis이 하나님을 알도록 한다. 하나님 인식은 신적 대상에 대한 지적 동의와 같은 인지적 행

---

15) 로널드 사이더, 『복음전도와 사회행동』, 이상원, 박현국 역, CLC, 2013.

16) 렘 9:24 "자랑하는 자는 이것으로 자랑할지니 곧 명철하여 나를 아는 것과 나 여호와는 사랑과 정의와 공의를 땅에 행하는 자인 줄 깨닫는 것이라". 미6:8 "사람아 주께서 선한 것이 무엇임을 네게 보이셨나니, 여호와께서 네게 구하시는 것은 오직 정의를 행하며, 인자를 사랑하며 겸손하게 네 하나님과 함께 행하는 것이 아니냐".

위가 아니다. 하나님의 뜻에 대한 바른 실천과 행위가 하나님 앎에 대한 바른길이다.

### 하나님은 인간의 고통에 함께 하신다: 하나님의 파토스

그리스철학의 에피큐로스 신은 자신의 지복과 안녕을 위해 세상사에 무관심하며 초연한 상태ataraxia를 유지하며 인간사에 관여하지 않는다. 마찬가지로 아리스토텔레스가 말하는 신은 스스로 움직이지 않으며 단지 운동의 원인자로서 '부동의 동자'이다. 완전한 신은 신 내부에 어떤 변화나 운동이 없으며, 다른 존재를 필요로 하지 않으며, 따라서 세상에 개입하지 않고, 무감정apatheia 無感情 17)으로 관조하는觀照的 신이다.18)

그러나 구약의 하나님은 타자에 대해 애끓는 마음을 가지고, 관심을 가지고, 즐거워하거나, 분노하며 후회하며 질투하는 신으로 세상사에 개입하시는 역사 참여적 신이다. 하나님에게 타자의 아픔을 자신의 아픔으로 받아들이면서 함께 아파하는 감정이 있는데, 그것이 하나님의 파토스 pathos of God이다. 그리스철학은 신에게 감정이 있다는 것은 신성과 어울릴 수 없으며, 더구나 자비와 동정은 신적 약함과 동요를 드러내는 것이므로 신적 본성과 어울리지 않는다. 스피노자는 열정이나 슬픔 따위 등 어떤 감정에도 영향을 받지 않는다. 엄격하게 말해 신은 사랑하지도 미워하지도 않는다고 말한다. 신은 오직 다른 대상에게 영향을 끼칠 뿐, 다른 대상으로부터 영향을 받을 수 없다.

그러나 하나님은 열정과 함께 아픔이나 즐거움 같은 감정을 함께 겪는

---

17) 주로 고대 그리스 철학의 스토아학파에서 강조된 것으로 감정이나 정열(pathos), 특히 고통(아픔)이나 욕망, 쾌락과 같은 정념에서 완전히 해방된 상태를 말한다.

18) 이것은 근대 이신론자의 신과 흡사한 점이다. 이신론에 따르면, 하나님은 세상을 창조하였지만, 세계로부터 초월해 있다. 신은 세상과 완전히 동떨어져 있는 존재로서 세계에 개입할 수 없다. 신은 세계에 자연법칙을 심겨주어 자율적으로 운영되도록 하였다. 이제 하나님과 세계는 어떠한 인격적인 관계를 맺고 있지 않다.

다.[19] 그래서 하나님은 타자의 아픔에 공감empathy을 느낀다. 그리하여 하나님은 인간의 고통에 함께 고통을 느끼며, 상처를 받으신다. 그것으로 인해 하나님은 자신과 계약을 맺은 이스라엘 백성의 고난 속에 개입하신다. 또한, 하나님은 하늘에 계시지만, 자기를 낮추심으로 과부와 고아들에게 공의를 베푸신다. 하나님은 높으신 분이면서 동시에 낮은 자들을 돌보신다. 하나님은 하인들처럼 광야에서 이스라엘의 선두에서 횃불을 들고 가신다. 또한, 그는 종과 같이 이스라엘과 그 죄를 그의 등에 짊어지고 가신다.십자가 290-291 예수 그리스도 안에서 계시된 하나님도 사람들의 고통에 불쌍히 여기는 마음과 아파하심과 동정심과 연민을 보여주셨다.막 6:34

**십자가에서 계시된 하나님은 고난받는 하나님이다.**

"하나님의 존재는 오직 그리스도의 십자가에서만 보여질 수 있다". 이 명제에 근거하여 하나님의 본질은 그의 위대하심, 전능하심, 지고至高의 존재를 특징으로 하는 '영광의 신학'이 아니라 신의 무력함과 고난당하심을 보여주는 '십자가의 신학'에서 찾아야 한다.루터 그래서 하나님은 신적 전능함이나 위대함을 통해 인식되는 것이 아니라 하나님과 반대되는 것, 하나님이 아닌 것, 즉 그의 무력함과 버림받음에서 인식된다.몰트만 그런데 사실은 고난받는 하나님만이 우리를 도우실 수 있다.본회퍼

하나님께서 십자가를 통해 자신을 계시하신다면, 이제 하나님의 정체성은 내쫓긴 사람들, 배척받은 사람들, 희생자들, 약자들 가운데서 찾을 수 있으며, 성문 밖과 변두리에서 하나님 인식과 하나님의 계시가 일어난 자리라고 할 수 있다.[20]

---

19) *passio*라는 단어는 '함께 당하다', '함께 겪는다'는 뜻을 지니고 있으며, 여기서 compassion(동정)이 유래한다.

20) 성서에서 하나님의 계시의 자리는 중심부, 주류, 내부가 아니라 중심의 바깥, 외부, 변두리성에서 발견된다. 반면 서구신학의 전통은 하나님, 그리스도, 교회의 자리를 사회질서의 외부나 바깥이 아니라 중심부와 지배적 자리에서 찾았다.

### 당신의 하나님은 누구의 하나님인가?

하나님은 누구의 하나님인가?. 하나님은 가난한 자들을 편드신다. 성경의 하나님은 모든 피조물을 창조하신 분으로 온 세상을 통치하시며, 가난한 자와 부자, 강자와 약자 모두의 하나님이시다. 하나님의 보편성 그러나 하나님은 특별히 가난한 자, 약자들, 희생자에 대해 깊은 관심과 보호, 연민, 동정심을 표명하신다. 하나님의 편애성시 146:6-19 만유의 통치자요, 주권자이신 높으신 하나님은 역사의 밑바닥underside of history으로 내려오셔서 가난한 자들을 우선적으로 선택하시고 편애하신다. 가난한 자들은 언제나 하나님 계시의 중심에 있다. 로날드 사이더 이제 우리는 다음과 같은 질문은 던져야 한다. "성경의 하나님이 누구인가"를 묻는다는 것은 당신의 하나님은 누구의 하나님인가?Whose God is Your God?를 묻는 것을 말한다. 모든 사람들은 보편타당한 하나님을 믿고 고백하는 것이 아니라, 자신의 사회적 존재에 상응하는 하나님을 고백한다. 참된 하나님은 좌로나 우로나 치우친 하나님이 아니므로, 우리의 하나님은 이데올로기를 초월하시는 분으로 말할 것이 아니다. 하나님은 가난한 자와 약자들과 피해자들의 편을 두둔하고 옹호하시는 '편드시는 하나님'이다. 신 10:17-21

### 거짓된 신, 우상을 파괴하라

성경의 하나님은 종교로서 신, 거짓된 신인 우상을 철폐하라고 하신다. 참된 신앙은 우상파괴와 우상투쟁에서 만들어진다. 그럼으로써 참되고 살아계신 하나님을 발견할 수 있다. "당신의 하나님은 어떤 하나님인가?"라고 질문할 때, 오늘의 우상 신은 부요의 신, 풍요를 약속하는 신, 소비주의 신, 번영과 형통을 꿈꾸게 하는 신, 나르시시즘을 격발하게 하는 신이다. 물신物神은 성경의 하나님과 반대편에 있는 신이다. 우리에게 참된 하나님은 이스라엘 역사 속에 보여주신 편드시는 하나님이요, 십자가에서 계시된 하나님, 그리고 예수 그리스도 안에서 계시된 하나님 안에서 참된 하나님을 발견해야 한다.

　많은 기독교인들은 내가 만든 하나님<sub>도널드 맥컬로우</sub>을 신봉하고 있다. 그들은 자신들이 성경의 하나님과 정통 기독교의 하나님을 믿는다고는 하지만, 사실은 자신이 희망하는 바를 성취시켜주는 '투사投射로서 신'<sub>포이에르바하</sub>을 믿고 있거나 '민중의 아편으로서 신'<sub>마르크스</sub>, 그리고 '문제해결사 하나님'<sub>본회퍼</sub>을 믿고 있다. 그러므로 작위적作爲的 신인 우상 신과 결별하고 참된 하나님을 사고하려면 '거기 계시며 말씀하시는 하나님', 그리고 우리에게 전혀 낯설게 발견되는 성경의 하나님을 만나야 한다. 참된 하나님은 문화와 역사, 도덕과 종교관념에서 생성된 하나님이 아니라, 전적 타자로서 하나님<sub>바르트</sub>, 우리 생각 밖에 계신 하나님, 우리와 전혀 다르게 새롭게 다가오시는 하나님을 숙고해야 한다.

### 이웃 안에 계신 그리스도

　하나님은 이웃 가운데서 현존하신다. 하나님을 만나는 길은 인간이 되신 그리스도를 통해서 가능하다. 왜냐하면, 그리스도께서 인간되심으로 인간적인 것, 자연적인 것, 지상적인 것은 하나님의 현실이 되었기 때문이다. 그러므로 초월의 경험은 하늘 저편, 영원에서가 아니라 지금, 여기, 즉 세속 한복판에서, 그리고 이웃 가운데, 즉 내재 안에서의 초월이다.<sub>내재적 초월</sub> 따라서 세속은 하나님 체험의 통로가 된다. 인간과의 만남에서 하나님 만남을 경험하게 되고, 윤리적 차원이 바로 종교적 차원을 포함하고 있다. 땅을 사랑하지 않는 자는 하나님을 사랑할 수 없다. 인간을 사랑하지 않는 사람은 하나님을 사랑하는 것도 아니다. 이웃사랑이 하나님사랑을 증명한다.

인간은 하나님 만남의 통로다.

인간을 사랑하지 않는 사람은 하나님을 사랑한다고 할 수 없다. 철저한 인본주의자가 되지 않고 하나님께 도달할 수 있는 방법이란 없다. 그리스도는 완전한 인간이 되심으로 하나님의 뜻을 성취하셨다. 이웃은 하나님을 만나는 통로다.

### a) 사마리아인의 자비의 행동(눅 10:25-37)

선한 사마리아인의 이야기는 자선이나 선한 행실에 대한 교훈만이 아니라 구원론적 질문을 담고 있다: "내가 무엇을 하여야 영생을 얻으리이까?". 이에 대한 예수님의 대답은 "가서 너도 그와 같이 행하라"였다. 위급한 상황에 처한 이웃과 긴급한 도움을 호소하는 이웃에 대해 우리는 어떻게 반응했는가, 우리는 어떻게 구체적인 선행을 베풀었는가는 구원론적으로도 결정적인 시금석이 된다. 더구나 선한 사마리안인은 유대교도가 아니라 타종교인이거나 무종교인을 가리킨다. 이웃에 대한 자비와 선행은 율법주의 종교가 된 기독교 안에서 발견할 수 없으며, 오히려 타종교인이나 종교 없는 사람들에 의해 찾아볼 수 있으며, 이 이야기는 기독교라는 종교와 종교인으로 살아가는 기독교인들에 대한 근본적인 비판을 담고 있다.

### b) 이웃에게 베푼 행위는 곧 그리스도에게 베푼 것이다.(마 25:31-46)

"너희가 여기 내 형제 중에 지극히 작은 자 하나에게 한 것이 곧 내게 한 것이니라."마태 25:40 이웃에게 베푼 자비와 사랑의 행위는 그리스도께 행한 일로 간주된다. 타인에게 베푼 선한 행위는 그리스도께 행한 일이 되면서, 그리스도와 이웃은 동일시가 일어난다. 그래서 그리스도는 이웃 안에서 현존하신다. 그리스도를 만나는 길은 기도, 금식, 고행, 제의와 같은 종교적 행위에 있지 않고, 이웃 사랑을 통해서이다. 병든 자, 헐벗은 자, 목마른 자, 감옥에 갇힌 자. 이런 고통받는 이웃이 바로 그리스도다. 하나님에 대한 초월적 경험은 이웃이라는 내재적 경험 속에서 일어난다.내재적 초월, 21)

### c) 약자에 대한 태도가 하나님과의 관계로 직결된다.

가난한 자를 학대하는 자는 그를 지으신 이를 멸시하는 자요, 궁핍한 사람을 불쌍히 여기는 자는 주를 공경하는 자니라.잠 14:31 인간에 대한 경멸이나 학대, 압제는 인간학적 불의나 부도덕의 문제가 아니라 그 행위는 하나님께 대한 불경건한 행위가 된다. 하나님의 형상으로서 인간에 대한 학대와 차별, 불공정은 그를 지으신 하나님에 대한 반역이며 그를 노엽게 하는 행위가 된다.

### d) 형제사랑이 하나님사랑을 보여주는 증거다. (요일 4:7-21),

형제사랑은 먼저 그리스도 안에서 나타난 하나님의 사랑으로부터 출발한다. 먼저 이웃사랑이 아니라 "우리에게 이렇게 나타난 하나님의 사랑", 즉 아들을 화목제물로 보내신 하나님의 사랑으로 인해, 그러한 신적 사랑이 동기가 되어 우리의 형제사랑이 요구된다. 성경의 도덕적 명령은 직설법indicative이 명령법imperative으로 옮겨가는 방식이다. "하나님은 사랑이시다" → "너희도 이렇게 사랑하라" 하나님의 사랑에서 이웃사랑으로 흘러간다. 사랑의 명령은 하나님께로부터 인간으로 내려간다.

그러나 반대로 형제사랑이 없이는 하나님사랑을 보여줄 수 없다. "누구든지 하나님을 사랑하노라 하고, 그 형제를 미워하면 이는 거짓말하는 자니, 보는바 그 형제를 사랑하지 아니하는 자는 보지 못하는 하나님을 사랑

---

21) "이웃이 곧 그리스도다". "그리스도는 이웃 안에서 현존하여 계신다". 이 명제는 자칫 우리가 믿고 고백하는 '신앙의 그리스도'를 동료 인간이나 이웃으로 동일화한다는 비판이 제기될 수 있다. 그러나 반대로 예수는 우리와 우정을 함께 나눌 형제요, 인간 그 자체라는 점을 배격할 수 없다.

할 수 없느니라"요일4:20 보이는 형제를 사랑하지 않으면 보이지 않는 하나님에 대한 사랑을 증거할 수 없다. 사랑의 실천은 하나님에게 시작해서 이웃에게 가는 것만이 아니라, 반대로 이웃에게 시작하여 하나님께 도달한다. 형제사랑이 없는 사람은 하나님사랑이 부재하다.

**e) 자비와 정의 실천이 종교적 경건보다 우선된다.**

제사보다 자비가 먼저다. 기도보다 정의가 먼저이다.사1:15-17 하나님께 제사보다 이웃과의 화해가 먼저 요구된다. 인간과의 화해 없이 하나님께 드리는 제사는 열납되지 않는다.마5:23-24 또한, 하나님은 금식보다 정의를 먼저 찾으신다.사58:3-11

**구원과 선한 행위: 올바른 구원관이 필요하다.**

나는 구원받았는가? 구원의 확신이 정말 있는가? 구원의 확신만을 되풀이하여 확인하는 질문을 넘어, 우리 구원이 진정한 구원인지 점검해야 한다. 구원과 윤리, 구원과 행위는 분리되어 있지 않다. 그리스도를 통해 이루어진 구원과 그것의 응답으로서 우리의 삶을 어떻게 연결지을 것인지 물어야 한다.

**1) 행위 무용론:** 행위는 구원과 전혀 상관이 없다. 왜냐하면, 오직 은혜로, 믿음으로 구원을 얻기 때문이다. 그러나 착한 행실로는 구원받을 수 없다는 생각을 극단적으로 밀고 나가면, 행위는 구원에 전혀 도움이 되지 않을 뿐이라는 극단적인 '행위 무용론'에 빠진다. 그리하여 "행위는 구원에 해롭기까지 하다"는 '반윤리적인 구원관'을 초래한다.

**2) 가톨릭의 구원관:** 구원은 은총으로 이루어지지만, 인간의 선행은 은

총을 효과 있게 한다.effectio 그리하여 인간의 선행은 은총을 증진시킨다.트렌트공의회 그러므로 가톨릭교회에서 구원은 "오직 은총으로"가 아니라 은총 외에 선행애덕을 덧붙이게 한다.

### 3) 균형잡힌 구원관

**a) 구원은 믿음으로 받지만, 행위를 수반한다.**

영혼없는 몸이 죽은 것처럼, 행위 없는 믿음은 온전한 구원에 합당한 믿음이 아니다.야 2:24 믿음은 행위를 동반한다. 믿음은 행함과 함께 일한다. 그러므로 행함은 믿음의 표식이다. 또한, 행위는 믿음의 열매 혹은 증거가 된다.

**b) 선행은 구원의 목표다.(엡 2:8-10)**

우리는 선행 때문에 구원받는 것은 아니지만, 선행을 하도록 구원받았다. 선행은 구원의 원인이나 구원의 근거는 아니지만, 구원의 목표가 된다. 우리는 궁극적으로 선행을 위하여 구원받았다.22) 따라서 선행은 구원의 수단으로는 필수요소는 아니지만, '구원 이후' 수반되어야 할 필수요소가 된다.

**c) 칭의와 성화**

우리의 구원은 칭의만이 아니라 성화로 이어져야 한다. 칭의가 죄인을 무죄하다고 선고하는 법정적으로 의롭다고 선언하고 인정해 주며, '우리 밖에 있는'extra nos 외적인 의의 전가imputation를 통한 의롭게 되는 것이라면, 성화는 실제로, 내용적으로, 도덕적으로 의로운 상태가 되는 것을 말

---

22) 너희가 은혜를 인하여 믿음으로 말미암아 구원을 얻었나니, 이것이 너희에게서 난 것이 아니요. 하나님의 선물이라. 행위에서 난 것이 아니니, 이는 누구든지 자랑치 못하게 함이니라. 우리는 그의 만드신 바라. 그리스도 예수 안에서 선한 일을 위하여 지으심을 받은 자니

한다. 칭의와 성화는 구분되어야 하지만, 분리되지 않는다. "너희는 하나님으로부터 나서 그리스도 예수 안에 있고 예수는 하나님으로부터 나와서 우리에게 지혜와 의로움과 거룩함과 구원함이 되셨으니". 우리에게 일어난 구원은 다양한 국면을 가져온다.지혜, 의로움, 거룩함, 구원함

### 4) 행위 없는 구원은 없다.

'오직 믿음으로만'의 구원이 기독교적 구원의 전부는 아니다. 성경의 구원은 믿음과 행함약2:22, 은혜와 믿음에 의한 구원과 선한 일엡2:8-10, 믿음과 선한 양심딤전1:19을 강조하고 있다. 무엇보다 구원받은 자들에게 그에 합당한 행위를 요구하고 있다. 최종적인 구원은 신자의 행위에 따라 심판받을 것이다. 그런 점에서 건강한 성경적 구원은 '행위론적 구원'이라고까지 말할 수 있다.23) 그렇다고 하여 기독교적 구원은 하나님으로부터 선물로 주어진 은총의 결과라는 근간을 배척하는 것은 아니다.

- 삭개오의 회심눅1-9
- 부자 관원눅18:18-23
- 하늘에 계신 내 아버지의 뜻대로 하는 자라야마7:21-23
- 양과 염소마25:31-46
- 선한 사마리아인눅10:25-37
- 불의한 자는 하나님나라를 상속받을 수 없다.고전6:9-10

---

23) 구원과 행위에 대해, 김동춘 외, 『칭의와 정의』, (서울: 새물결플러스, 2017)를 참고. 특히 김동춘, "칭의론, 무엇이 문제인가?: 오직 믿음에서 행함이 있는 믿음으로", 11-45, 권연경, "구원과 신자들의 행위: 바울은 구원과 행위, 믿음과 행함을 어떻게 말하는가?", 135-169.

# 보충강의1

# 사회적 죄로서 구조악에 눈을 떠야 한다

## 죄를 바라보는 3가지 관점

| 정통주의 | 자유주의 | 해방신학 |
|---|---|---|
| 실체론적, 본성적 죄 | 인격적이며 도덕적인 죄 | 사회악, 구조악으로서 죄 |
| 죄는 행위의 문제가 아니라 원죄가 근본적이다. 인간 본성의 타락이 핵심이다 | 죄는 원죄의 문제가 아니라 인간의 이기심의 문제다 | 죄는 인간 본성의 문제도, 개인적이며, 인격적 실재가 아니라 역사적 실재다 |
| 죄는 하나님께 대한 반역, 불순종, 교만이다 | 죄는 도덕적 결함이므로 학습과 교화를 통해 개선이 가능하다 | 죄는 사회구조 속에 내재된 악이다 |
| 하나님과의 관계의 문제 | 인간의 도덕성에 관한 문제 | 구조에 관한 문제 |

## 가난의 원인과 해결책을 바라보는 관점

■ 개인적, 도덕적 관점

가난은 게으름의 문제다. 가난은 개인적인 문제다. 개개인이 성실하게 노력한다면 가난을 얼마든지 극복할 수 있다. 기능주의 관점 개인의 불성실함과 게으름으로 초래한 가난을 국가가 떠맡아 해결하거나 책임질 필요는 없다. "가난한 자들은 항상 너희와 함께 있으리라" 마태 26:11라고 하신 말씀처럼 가난의 문제는 영구적으로 해결될 수 없는 문제다.

### ■ 사회-구조적 관점

가난은 구조의 문제다. 가난을 초래하는 구조적 원인을 제거해야 한다. 가난은 개인적인 문제가 아니라 부자와 가난한 자들, 가진 자와 가지지 못한 자들 사이의 계층적 갈등의 문제다. 갈등론적 관점 가난은 사회의 상위계층은 손쉽게 부를 축적하도록 되어 있고, 빈곤층은 더욱 가난의 상태로 빠져들도록 불공평의 시스템으로 짜여 있는 사회구조의 문제다.

### 구조악structural evil으로서 죄

구조악이란 사회악, 혹은 사회적 죄social sin라고 부를 수 있다. 죄는 인간 본성의 문제만이 아니며, 그렇다고 개인적이며, 인격적 차원의 문제만이 아니라 사회구조의 시스템안에 내재된 악이다. 사회적 차별, 신분의 계층화, 빈곤, 빚에 쪼들림 등은 개인의 잘못으로 초래하기도 하지만, 사회구조가 초래한 악이기도 하다. 구조악은 죄의 힘이 인간 역사 속에 스며들어 있는 악마적 실체다. 구조악은 사회질서와 문화현상에 깊이 뿌리 박혀 있는 힘의 실체로서 실존하는 악이다. 구조악으로서 죄란 악이 구조화된 시스템이며, 악이 사회적 제도와 체제 안에 자리잡은 '악의 왕국'이다.24)

세상과 구조악: 신약성경이 부정적인 의미로 사용하는 '세상'코스모스 cosmos은 '사회의 악한 질서'25)를 의미하는데, 이때 '코스모스'세상는 사회질

---

24) 월터 라우쉔부쉬, 『사회복음을 위한 신학』, 남병훈 역, (서울: 명동, 2012), 51-122.

25) 스티븐 모트, 『복음과 새로운 사회』, 이문장 역 (서울: 대장간, 1992), 22ff. 복음의 총체성을 강조하면서 로잔언약을 주도한 복음주의 신학자 르네 빠딜라(Rene Padilla)는 신약성경이 말하는 세상이란 1) 우주, 즉 하늘과 땅으로서 하나님의 창조세계이며, 2) 현재하는 인간실존의 질서이며, 3) 하나님을 대항하고 악과 어두움의 권세의 노예가 된 세력을 의미한다. 르네 빠딜라, 『복음에 대한 새로운 이해』, 이문장 역 (대전: 대장간, 2012), 54-61.

서 안에 스며들어 있는 구조악이다. 월터 윙크Walter Wink는 신약의 이 용어를 '지배체제'domination system로 바꿔 사용해야 한다고 지적한다.26) 구조악으로서 세상은 곧 지배체제인데, 그것은 집단인격, 사조思潮, 집단적 형태로 표현된다는 것이다. 구조악, 즉 지배체제는 사회질서, 문화현상, 가치체계, 집단의식 안에서 제도화된 영적인 실재인 것이다.

구조악 또는 사회적 죄는 단지 해방신학만이 아니라 여러 복음주의 신학자들도 널리 강조하고 있다. 복음주의 구약학자 크리스토퍼 라이트Christopher J. H. Wright는 '현대를 위한 구약윤리'에서 가난은 사회적 약자에 대한 착취, 즉 사회-경제적 압제구조악가 원인이라고 말한다. 죄가 사회악이요, 구조악이라면, 하나님의 구원 역시 영적인 차원만이 아니라, 사회-정치적이며 경제적 차원의 구원이 된다. 그러한 구원은 출애굽을 통해 보여지는데, 출애굽은 하나님의 구속사역의 원형이자 패러다임이다. 출애굽의 구원은 구속의 사회적 차원이며, 정치적 부자유로부터의 자유, 사회적 간섭으로부터의 자유, 경제적 압제로부터의 자유, 하나님을 향한 예배와 언약관계로 이끄는 영적 자유라는 총체적 해방의 구원이다.

고든콘웰신학교 기독교윤리학 교수였던 스티븐 모트Stephen C. Mott는 '복음과 새로운 사회'에서 악은 **사회질서와 사회구조 속에 실재하는 세력**이라고 말한다.27) 인간의 사회적 삶은 상징체계, 관습, 전통, 기본법, 권력분배의 법칙이 연속성을 발휘하면서 강력한 힘으로 작용하여30, 점점 집단적 사고방식과 집단적 행동양식으로 구성되어, 개인의 의사결정과 상관없이 굴러간다. 또한, 구조악은 삶을 죽음으로 몰아가는 절망적인 경제적, 사회적 및 정치적인 구조로 만들어가는 '악순환'이기도 하며, 혹은

---

26) 월터 윙크, 『사탄의 체제와 예수의 비폭력』, 한성수 역 (일산: 한국기독교연구소, 2004,), 35.

27) 스티븐 모트, 『복음과 새로운 사회』, 이문장 역, (서울: 대장간, 2008)

사회적 제도, 체제, 질서의 모습으로 나타나는 악의 형상들이다.

그런 의미에서 모트는 죄관에 대한 보완이 필요하다고 강조한다. "개인의 삶 속에 그뿐만 아니라 사회질서 속에도 악이 자리잡고 있다는 사실을 발견하게 되면, 죄의 개념에 대한 수정이 불가피하게 된다. 우리는 보통 도적질, 노름, 음란, 주일을 거룩하게 지키지 않는 것, 살인, 방탕 혹은 무엇이든지 영혼이 잘못된 것"과 같은 것들을 죄라고 생각해 왔다. 죄에 대한 이러한 전통적인 개념은 성경이 죄라고 말하고 있는 경제적인 착취, 압제, 혹은 가난한 자들을 착취하여 부를 축재하는 것 등과 같은 내용을 제거해 버린다. 그러나 선지자들은 개인들의 죄성罪性에 대해서 그뿐만 아니라 사회 계층들 간의 사회적 관계가 권력의 불공정한 분배로 말미암아 붕괴되는 것에 대해서도 경고하였다. 따라서 그들은 부자가 땅을 지나치게 많이 소유하는 것을 인정하고 있는 경제구조들을 공격하였다. 성경에서는 사회의 불의에 가담하거나 그 불의를 시정하지 못하는 것도 죄라고 말하고 있다.…"너희 죄가 주홍 같을지라도 눈과 같이 희어질 것이요.…"여기서 언급하는 죄는 특정한 사회악이라는 사실을 깨닫고 있는가? 그 앞의 두 구절은 다음과 같이 기록하고 있다. "너희는 스스로 씻으며 스스로 깨끗케 하여 내 목전에서 너희 악업을 버리며, 악행을 그치고 선행을 배우며, 공의를 구하며 학대받는 자를 도와주며 고아를 위하여 신원하며 과부를 위하여 변호하라."

또 다른 복음주의 조직신학자인 밀라드 에릭슨Millard J. Erickson은 죄론에서 '죄의 사회적 차원'을 소개하는데, 먼저, 신약성경이 말하는 죄에 물든 '세상' 개념을 상세하게 설명한다. 이런 의미의 세상은 보이지 않는 권세들이 배후에서 지배하는 곳으로, 악한 세력의 조직체이고, 악의 화신이다.

그것은 악한 개인들과 동떨어져 존재하지만 개인 안에 스며들어 있는 실체이고, 하나님과 대립하여 사탄의 지배 아래 있는 모든 실재의 구조이다. 에릭슨은 세상을 '정사'principalities와 '권세'powers골2:15; 롬8:38-39를 통해 분석하는데, 1) 정사와 권세들은 본래 하나님을 섬기기 위해 지음받은 선한 하나님의 창조물이다. 2) 그러나 타락은 전 피조물에까지 깊은 영향을 미쳤는데, 권세들까지 타락하였다. 그리하여 악의 세력은 사회와 문화의 구조와 조직의 배후에서 힘을 사용하면서 노예화하고 있다. 이 악의 세력은 요더John Yoder의 분석처럼 지적 구조이념이나 주의와 도덕적 구조전제군주, 시장, 학교, 법정, 인종, 국가를 포함하는데, 이를 구조structure라고 부른다. 구조악은 개별인간이 인식하거나 선택하기 이전에 제도나 시스템 안에서 악한 방향으로 이끌어 간다. 그러나 그리스도는 그의 구속으로 정사와 권세자들을 무력화시켰으며, 그 자신이 권세자들의 참된 모범이 되셨으며, 종국적으로는 권세들을 이기셨다. 28)

---

28) "또 너희의 범죄와 육체의 무할례로 죽었던 너희를 하나님이 그와 함께 살리시고 우리의 모든 죄를 사하시고 우리를 거스르고 불리하게 하는 법조문으로 쓴 증서를 지우시고, 제하여 버리사 십자가에 못박으시고 통치자들과 권세들을(정사와 권세) 무력화하여(혹은 폐하여) 드러내어 구경거리로 삼으시고, 십자가로 그들을 이기셨느니라". 골2:13-15.

# 보충강의2

# 악의 평범성

아이히만의 재판 과정을 취재한 후 출간한 『예루살렘의 아이히만*Eich-mann in Jerusalem: A Report on the Banality of Evil*』1963, 29)이라는 책에서 아렌트는 '악의 평범성이라는 개념을 제시했다. 정치사상가 한나 아렌트의 『예루살렘의 아이히만』은 나치 전범戰犯 아돌프 아이히만Adolf Eichmann, 1906~1962의 재판 과정을 담은 책이다. 아렌트는 독일 태생의 유대인 사상가로, 히틀러 정권 출범 후 반反나치 운동을 벌이다가 1941년 미국으로 망명했다. 아렌트는 1960년에 독일의 나치스 친위대 장교였던 아돌프 아이히만이 체포되자 미국의 잡지 〈뉴요커The New Yorker〉의 특파원 자격으로 재판을 참관하고, 이 기록을 1963년 『예루살렘의 아이히만*Eichmann in Jerusalem: A Report on the Banality of Evil*』으로 발표했다. 이때 제시한 개념이 '악의 평범성'이다. 아렌트는 유대인 말살을 저지른 아이히만은 그저 자신의 직무를 성실히 수행한 것이었으며 악의 근원은 평범한 곳에 있다고 주장했다.

아이히만은 히틀러 직속으로 소위 유대인 문제를 해결하는 총책임자 힘러Heinrich Himmler의 지시를 가장 효율적으로 해결하는 부하였다. 그는 유대인들의 재산을 빼앗는 서류를 작성하였고, 해외 이주나 강제 추방을 결정하였다. 재판 과정에서 아이히만은 "자신이 한 일에 대해 양심의 가책을 느끼지 않느냐?"는 질문에서 국가로부터 월급을 받는 공무원으로서 국가가 자신에게 명령한 일을 제대로 수행하지 않았다면, 오히려 양심의 가책

29) 한나 아렌트, 『예루살렘의 아이히만: 악의 평범성에 대한 보고서』 김선욱 역, 한길사, 2006.

을 받았을 것이라고 대답했다.그는 내적인 갈등 없이 관료주의의 효율을 위해 기술적으로 임무를 수행했을 뿐이었다. 재판장에서 보여준 그의 모습은 악마가 아니었다. 오히려 좋은 가장이자 탁월한 공무원이었다.

### 악의 평범성, 그리고 악인의 평범성

악의 평범성은 나치에 의한 유대인 학살Holocaust은 광신도나 반사회적 성격장애자싸이코패스가 아닌 상부의 명령에 순응한 지극히 평범한 사람들에 의해 자행되었음을 말하는 개념이다. 극악무도한 흉악범이 조사해 보니, 평소에는 지극히 온순한 성격에 이웃주민과 잘 지내는 평범한 사람이었다.

a) 히틀러 치하의 독일에서 학살된 유대인은 600만 명에 이르는데, 당시 독일 사회 전체가 인종차별 주의에 동조하는 분위기였다. 백인 기독교인들은 오랫동안 흑인 노예를 학대하고 비인간적인 처우를 저지르는데 전혀 양심의 가책이나 부도덕함을 느끼지 않았다.

b) 악의 평범성은 2014년 윤일병 사건에서 그가 선임병들에게 한 달여간 폭행과 가혹 행위를 당해 사망한 사건도 해당한다.유 하사는 가혹행위를 방관하고 폭행에 가담. 선임병의 지시를 받은 이 일병은 폭행에 동조하고 증거 인멸을 시도함. 폭행의 주범인 이모 병장은 평소 조용하고 얌전한 성격이었다. 상명하복의 군대문화에서 선임의 지시에 옳고 그름을 따지지 않고 무조건 따르기 시작하면 누구나 쉽게 '악의 평범성'에 빠질 수 있다

c) 광주항쟁에서 보여준 악의 평범성

그 당시 공수부대원과 장교들은 어떤 생각으로 광주시민을 학살하는데 가담했을까? 상부의 명명과 지시대로 작전을 수행했을 뿐이라고 뻔뻔

하게 대답할 수 있을 것이다.

아렌트는 악의 화신으로 여겨졌던 아이히만에게서 악이란 인간의 '악마성'에 있다기보다 악의 근원이 평범한 곳에 있다고 주장한다. 아이히만은 평범한 가장이었으며 자신의 직무에 충실한 모범적 시민이었다. 학살자였던학살에 부역자였던 아이히만은 히틀러의 명령을 그저 성실히 수행한 사람에 불과했다. 그는 평소엔 매우 '착한' 사람이었으며, 개인적인 인간관계에서도 매우 '도덕적'인 사람이었다. 그는 자신이 저지른 일의 수행 과정에서 어떤 잘못도 느끼지 못했고, 자신이 받은 명령을 수행하지 않았다면 아마 양심의 가책을 느꼈을 것이라고 대답했다.

무사유, 사고력의 결여에서 나온 악

나치 만행은 절대악이었다. 그러나 아이히만에서 아렌트는 절대악이 아니라 악이 악한 존재에서 나오는 것이 아니라 개인의 무사유, 즉 아무것도 생각하지 않는 사고력의 결여에서 나온 것이었다. 다시 말해 아이히만의 악행의 원인은 옳고 그름을 판단하고 사유할 능력이 결여되는 것에서 비롯되었다. 그는 권위에 대한 복종과 칸트의 의무를 구별하지 못했다. 그는 자신의 이상에만 충실하여 그것이 타인의 입장에서 어떻게 생각될 수 있는지를 판단하지 못한, 타인과의 소통하는 언어 능력도 부재했다고 아렌트는 결론 내렸다.

아이히만이 유대인 말살이라는 반인륜적 범죄를 저지른 것은 그의 타고난 악마적 성격 때문이 아니라 아무런 생각 없이 자신의 직무를 수행하는 '사고력의 결여' 때문이라고 주장한 것이다.

"다른 사람의 처지를 생각할 줄 모르는 〈생각의 무능〉은 〈말하

기의 무능〉을 낳고 〈행동의 무능〉을 낳는다."아렌트

자신의 의무를 다하고 있다고 생각하는 사람들에게서 악행은 얼마든지
다시 나타날 수 있다. 광주항쟁에서 명령을 이행하는 군인들은 자신의 의
무를 다했다고 말하겠지만, 그것은 무고한 시민을 살해한 행위였다.

옳고 그름에 대해 사유하기를 멈추었을 때 악의 평범성은 다른 세계에
서, 그리고 우리 주변에서 항상 나타날 수 있다.

**악의 일상성: 악의 평범성은 악의 일상성이다.**

여기서 악의 일상성이 발견된다. 악은 어떤 특별한 인간에게서만 찾아
내거나, 나쁜 직업이나 집단에서만, 혹은 특이한 행위에서만 발생되는 것
은 아니다. 평범한 행동과 아무렇지 않은 역할에서도 악은 시작되고 움직
여진다.

> "아이히만의 행위는 괴물같은 것이었지만, 그가 괴물은 아니었
> 다. 아이히만은 평범했고, 일상적이었으며, 그 자신의 상투어
> 와 언어규칙에 사로잡혀 있을 뿐이었다" 리처드 번스타인, 『우리는 왜
> 하나 아렌트를 읽는가』, 한길사, 94

**관료주의적인 인간**

아이히만과 관련하여 에리히 프롬은 관료주의적 인간의 문제를 제기했
다. 그는 "아이히만은 관료의 극단적인 본보기였다. 아이히만은 수십만의
유대인들을 미워했기 때문에 그들을 죽였던 것이 아니다"며 다음과 같이
말한다.

"그는 누구를 미워하지도 사랑하지도 않았다. 아이히만은 '자신의 임무를 수행한 것이다'. 유대인들을 죽일 때 그는 임무를 충실히 수행했다. 그는 그들을 독일로부터 단지 신속히 이주시키는 책임을 맡았을 때도 똑같이 의무에 충실했을 뿐이다. 그에게 가장 중요한 것은 규칙을 준수하는 것이었다. 그는 규칙을 어겼을 때만 죄의식을 느꼈다. 그는 단지 두 가지 경우에만, 즉 어릴 때 게으름 피웠던 것과 공습 때 대피하라는 명령을 어겼던 것에 대해서만 죄의식을 느꼈다고 진술했다."

아이히만의 죄는 '생각하지 않은 죄'였다. 아이히만은 자신에게 주어진 책임, 즉 기술적인 일만 성실히 수행했다. 이것이 아이히만의 대답이기도 했다. 내 결정의 인간적인 결과에 대해서는 아무런 책임도 없다는 것이다. 담당자는 관료주의의 효율성을 위해 맡은 역할에 대해서만 책임을 질 뿐이며, 이는 어떠한 희생을 치르더라도 계속되어야 하는 것이다"라고 말한다.

모범적 시민이 희대의 살인마가 될 수 있는 '악惡의 평범성'의 근거가 된 '권위에 대한 복종'은 이후 미국 심리학자 스탠리 밀그램Stanley Milgram과 필립 짐바르도Philip Zimbardo에 의해서도 입증되었다. '악의 평범성'은 권위에 대한 복종 의식이 우리 모두에게 있으며, 사람에 따라서는 그것이 엄청난 수준으로 발전할 수 있다는 것이다.

나치 친위대 사령관으로 유대인 대학살을 지휘했던 하인리히 힘러Heinrich Himmler, 1900~1945는 최근2014년 1월 공개된, 아내에게 보낸 편지에서 "히틀러가 내 어머니를 쏘라고 하면 난 그렇게 할 것이오"라고 말했다. 어머니조차 쏠 수 있다는 이 엽기적인 정신 상태는 도대체 어디에서 연유된 것일까?

베트남전쟁에서 미군 병사가 베트콩들의 시체 수를 확인하기 위해 시체마다 귀를 잘라 모으는 짓을 했다거나 하는 이야기는 베트남 전쟁에서도 수많은 아이히만이 존재했다는 것을 말해준다.

## 토론

1. 왜 많은 그리스도인과 목회자들은 본성적인 죄나 개인적, 인격적 죄는 강조하면서 구조악(사회악)에 대해서는 둔감하거나 불편해 하는가?

2. 도덕적 부패, 경제적 불평등, 인간 차별, 문화적 오염 등의 사회문제를 개선하고, 해결하는 방법은 개인이 먼저인가? 구조가 먼저인가? 다시 말해 개인의 도덕적 변화가 이루어지면 사회는 변화하는가?, 아니면 사회 구조를 바꾸는 일에 초점을 두어야 하는가?

3. 우리가 살아가는 사회와 문화, 제도와 시스템 속에 구조악이 실제로 어떻게 작동하며, 개개인에게 어떤 영향을 미치고 있는지 그 사례를 말해 보자.

# 제7강

## 혐오와 배타심을 넘어 관용과 다원성을 추구하는 신앙

### 왜 개신교는 혐오 종교가 되었는가?
### 왜 기독교가 사회로부터 비난받는가?

무례한 종교, 배타적 종교, 독선과 아집의 종교로 각인된 기독교

개신교는 독선과 아집, 배타심 강한 종교로 인식되고 있다. 왜 사회가 기독교를 부정적으로 바라보는가? 그 이유는 기독교인들의 배타성과 독선이다. 일반인들이 바라보는 기독교인들의 이미지는 종교적 우월감에 사로잡혀 타인의 의견과 생각을 포용하지 못하는 배타적인 인간이며, 교리적 독선과 아집에 사로잡혀 있으며, 공공질서에서 무례함의 극치를 보여주는 종교인으로 낙인찍혀있다. 교회 다니며 새벽기도에 열심인 권사, 신앙이 독실하다는 기독교인일수록 너무나 일방적인 교리적 주장을 내세우며, 자주 상식적인 사고에서 이탈하면서, 통념적 사고와는 동떨어져진 비상식적인 사고에 사로잡혀 있어, 사람들의 눈에 비친 개신교 신자들은 비이성적인 광신도처럼 보여지고 있다. 무엇보다 그들은 다른 종교에 대해 배타적인 언사를 사용하면서 경멸과 비하하는 태도를 취하기 일쑤이다. 사회는 전반적으로 다양성과 다원화된 방향으로 나아가고 있는데, 목사나 교인들은 타인의 신념, 의견, 가치의 다양성을 인정하지 않고 여전히 자신들의 종교적 잣대로 일방적으로 판단하는 경우가 다반사 하다. 개신

교가 불신자들로부터 존중감을 받지 못하는 이유 중 하나는 개신교인들의 배타성, 그리고 그들의 보여주는 오만과 독선이라고 할 수 있을 것이다.

### 병리적 신앙구조: 합리성, 상식, 타당성을 결여한 기독교

한국개신교가 세상으로부터 비난받는 또 다른 문제가 있다면, 그것은 합리성과 상식, 타당성이 결핍에 있다고 할 수 있다. 기독교 신앙은 그 특성상 이성의 한계를 뛰어넘는 영역이 분명 있다. 그러나 기독교 신앙이 이성을 초월한다는 점에서는 초이성적이지만, 이성을 아예 무시하거나 경시한다는 의미의 몰이성적인 것은 아니다. 한국개신교에 대해 세간이 요구하는 것은 세상 수준보다 훨씬 탁월한 신앙수준을 보여 달라는 것이 아니라 적어도 기독교가 사회적 통념에서 벗어나지 않고 상식 수준의 종교가 되었으면 하는 바람을 요구하고 있다는 점은 매우 서글픈 현실이 아닐 수 없다. 개신교를 향한 일반사회의 요구는 기독교 신앙인들과 교회가 사회가 보기에 좀 더 '타당성 구조'를 가졌으면 하는 것이다. 타당성 구조란 그럴듯하게 보여졌으면 하는 것, 말이 통하는 신앙이 되었으면 하는 것을 말한다. 그런 점에서 최근 들어 바람직한 교회상으로 갖추어야 할 덕목에는 '민주적인 교회', '상식에 충실한 교회'가 가장 개혁적인 교회로 평가받고 있다는 것은 교회를 바라보는 역설적인 인식이라고 할 수 있다. 지금 한국교회에 필요한 것은 사회법을 능가한 '신법'이 아니라 '자연법'이라고 할 수 있으며, 상식을 뛰어넘는 비상식이 아니라 그저 '상식적' 사고와 상식에 부합된 행동만 보여주기만 해도, 괜찮은 종교로 평가받을 상황에 이르렀다.

### 젠더 감수성과 페미니즘, 피해자 중심의 사고의 결핍

최근 들어 우리 사회는 여성에 대한 억압의 문화와 성폭력 실태들이 낱낱이 고발되고 있다. 소위 미투운동으로 사회의 지도층 인사들을 중심으로 그들의 감추어진 행태가 폭로되고 있다. 여기에 개신교 목회자들과 기독단체 지도자들이 교회의 여신도들에 대한 성폭력과 추문들이 일상처럼 파헤쳐지고 있다. 더구나 우리 사회의 젠더 감수성, 페미니즘적 사고, 그리고 피해자 중심의 문제의식은 증대되고 있는데, 교회 문화는 여전히 남성 가부장제에 익숙한 상태로 여성에 대한 성차별 문화가 상당 부분 잔존하고 있다.

### 근본주의 기독교의 등장과 병리적 행태

한국개신교에서 최근 두드러진 현상은 근본주의 기독교가 우리 사회의 공론장에서 목소리가 높아졌다는 것이다. 근본주의 기독교는 정치적으로는, 진보정권이 등장할 때마다 극우기독교의 형태로 태극기부대와 연동하여 정치적 선동과 집회를 벌이면서 국정교과서와 사학법 개정, 차별금지법 반대 운동 등을 이슈화하면서 새로운 정치세력으로 부상하고 있다. 문화적으로는 동성애, 퀴어축제 등을 반대하는 목소리를 높이고 있다.

그뿐 아니라 근본주의 기독교는 불신자와 교회 밖의 사람들, 그리고 양심적으로 살아가는 일반인들과 시민성을 발휘하며 살아가는 자연인을 향해 저주와 심판과 멸망 받을 죄인이라고 정죄를 일삼으면서 불신 인간들에 대해 적대적 언행을 빈번하게 표출해 내었다. 그리고 불신자를 전도하고 복음을 증거하는 방식에서도 다른 종교와 종교인들을 대화와 설득의 방식이 아닌 공격적이고, 무례한 전도방식을 사용함으로써 기독교에 대한 혐오감을 더 부추기고 있다.

## 1. 세상을 대하는 교회의 태도가 달라져야 한다.

교회 내부자 관점이 아닌 교회 바깥의 관점에서 교회를 생각하라.

교회의 시각으로 세상이 아니라 세상이 바라보는 교회의 모습을 돌아보아야 한다. 대부분 교회가 자정능력을 상실한 이유, 즉 교회에 잔존하는 문제점을 심각하게 의식하지 못하는 이유는 교회중심논리에 사로잡혀 있기 때문이다. 교회 문제가 불거져 나올 때마다, 교회 내부자 논리는 항상 동일하다: "이것은 교회 문제이니, 교회 밖의 세상 사람들이 뭐라고 말할 자격이 없다." 그러나 교회가 쇄신되려면 교회 바깥의 시선을 의식하는 것이 급선무이다.

또한, 교회가 세상을 바라보는 관점이 달라져야 한다. 교회 밖의 세상 사람을 태도는 늘 이런 방식이었다: 저 불쌍한 영혼들, 지옥 갈 죄인들, 악의 구렁텅이 빠져 있는 소망도 없이 살아가는 어둠의 자식들. 그리하여 교회가 세상을 향해 심판과 정죄할 수 있지만, 세상으로부터 교회가 판단받을 수 없다는 교회중심의 사고에 사로잡혀 있다. 그러나 과연 그런가? 이미 세상은 교회를 판단하기 시작했다. 지금은 세상의 기준과 잣대로 교회가 평가받고 있는 중이다. 그런데 웬일인가? 교회는 너무 형편없는 시스템과 폐쇄된 사고 속에 갇혀있었고, 늘 궁색한 변명만을 늘어놓는 집단처럼 보이기 시작했다. 기업과 사회조직이 투명성을 말할 때, 교회의 재정운용은 허점이 너무 많았다는 것이 드러났으며, 우리 사회가 합리적 운영을 말할 때, 교회는 신앙심과 은혜의 논리로 자신들의 불합리하고 엉망진창인 교회운영을 덮기에 급급했다.

그동안 교회가 얼마나 제왕적인 분위기를 연출하며 스스로 도취된 모습이었던가? 여기에는 교회는 세상을 위한 구원기관이라는 교회중심 논리와 함께 교회 바깥의 외부인들은 죄다 구원과 심판의 대상이라는 전제가 깔려 있다. 교회가 자신을 상대화하지 않으면서 교회우월주의 사고와 태도 이면에는 교회가 세상 '위에' 군림한다는 중세 가톨릭교회적 잔영이 반영된 측면이 있다. 예수의 복음정신에 충실했던 초대교회는 핍박받는 교회요, 사회 속에서 마이너리티 교회였고, 세속 권력자로부터 순교자 유형의 교회였으나, 교회사적 전환점인 콘스탄틴적 전환점에 따라 국가교회, 교회국가가 출현함으로써 정복자 교회, 승리자 교회, 군주론적 교회로 변모하게 된다. 교회는 점점 이 땅에서 부를 권세를 소유하면서 세상 속의 순례자들이 아니라 세상에 속하려는 정박자들이 되는 것이다.

**하나님은 교회 바깥세상도 사랑하신다: 일반은총의 사고는 기독교의 혐오와 배타성을 극복하는 신학적 근거가 된다.**

예수의 복음화 운동을 주목한다면, 예수는 타자에 대해 그렇게 배타적이거나 편협하지 않았으며, 포용과 관용의 모습을 보여주셨다. 수가성의 여인, 세리와 죄인들과 식사, 선한 사마리아인의 이야기 등 그러나 예수 운동 이후 교회는 관료화되고 제도화되면서 교회중심주의가 강화되기 시작하였다. 교회와 그리스도인들은 하나님께서 자신들에게만 특별하신 은혜를 수여하셨다고 말하면서 교회 밖의 사람들과 불신자들, 자연인에게 공통적으로 베푸시는 포용적인 일반은총을 무시했고, '교회 바깥'을 죄스러운 세상으로 정죄했으며, 구속받은 우리와 불신앙의 저 편을 갈라내어 그들을 배타시하면서, 하나님의 특별한 은총이 자신들에게만 향하도록 사고하였다. 교회 내부자들은 하나님의 특별은혜와 비상섭리 같은 초자연적 법칙을 너무나 자주 남용하여, 이 세상의 유지와 보존을 위해 허락하신 자연법칙을 위반하는 것이 신앙 좋은 태도인 양 가르쳐왔고, 그래서 상식적 판단이라든가 민주적 절차, 그리고 양심과 합리적 이성을 함부로 짓밟고 내동댕이침으로써 교회집단과 신앙인들이란 세상 사람들 보기에 대단히 몰상식하고 비이성적인 집단으로 비춰지게 만들었다. 그리하여 오늘날 상식과 합리, 도덕성을 강조하는 교회가 가장 개혁적인 교회로 인정받는 아이러니가 발생하고 있다. 곰곰이 생각해 보면, 기독교 간판을 내건 보육시설이나 기도원에서 어처구니없는 방식으로 저질러지는 구타와 학대로 인한 인권유린 등은 신앙의 결핍이 아니라 오히려 보편 상식과 합리적 이성, 도덕성의 결핍이 아니던가? 교회와 기독교 기관의 지도자들이 보여주는 너무나 일방적인 사고방식, 광신狂信과 맹신盲信을 성경적 신앙으로 혼동하는 신앙의식은 순진한 신앙인을 파괴하는 무서운 무기로 돌변하고 만다.

기독교인들은 세상 사람, 교회 바깥사람들, 불신앙인들, 타종교인들을 대하는 태도에서 자주 독선적이고, 배타적이고, 자아도취적 경향을 보여주고 있다. 많은 크리스천들은 교회를 출석하지 않고 살아가는 신앙 없는 일반인들이 지극히 모범적이며 정상적인 사회생활을 별문제없이 살아가는 불신자들의 도덕성과 인간성을 발견할 때마다 크게 당혹스러워 한다. 왜 그럴까? 세상을 죄악된 곳으로 바라보는—물론 세상과 인간은 죄로 물들어 있는 것은 사실이다—그리스도인들과 타락한 세상을 정죄하는 목사들의 설교 중에는 신앙없는 비교인非敎人들을 바라보는 태도에 비관적인 관점이 형성되어 있다. 교회 밖의 모든 세상은 죄악으로 물들어 있으며, 하나님은 세상을 향해 진노하심으로 형벌과 심판의 대기상태에 있다는 것이다. 그리고 교회의 설교단은 여전히 불신자들의 죄악된 삶을 지적하면서 그들은 흥청망청이며, 난잡스럽고, 무례하고 난폭한 악의 구렁텅이에 있다고 설교한다.

그러나 하나님은 교회에만 관심이 있으실까? 하나님은 그의 택한 백성들, 구원받은 자들, 칭의된 자들, 거듭난 생명 안에 있는 자들, 교회안에 있는 그들만 사랑하실까? 분명한 것은 하나님은 구속받은 그의 백성을 특별히 사랑하신다는 것이다. 그러나 불신자들도 하나님께서 창조하신 사랑의 피조물이며, 그들도 우리와 마찬가지로 그분의 사랑에서 제외되어 있지 않다. 왜냐하면, 그들도 신의 피조물이기 때문이다. 하나님은 교회당에서 울려퍼지는 성가대의 찬양소리만이 아니라 대중가수에 의해 불러지는 팝, 노래에 의해서도 영광 받으실 수 있다. 오히려 하나님은 악인들에게도, 그리고 하나님을 모르는 자들에게도 너그럽게 관용의 덕을 비춰주신다는 사실이다.

## 2. 혐오 종교가 아닌 관용과 포용의 기독교로 탈바꿈해야 한다.

### 1. 왜 한국사회는 관용이 부족한가?

'똘레랑스는 파리의 택시를 타고 한국에 도착했다.'하승우

1) 정치적 이유: 한국현대사회는 분단이 가져온 병적 현상으로 좌, 우 냉전 이데올로기의 격돌을 거쳐오면서 사상과 이념의 선택이 강압적으로 진행되었고, 그 과정에서 정치적 신념에 따른 희생자들을 무수히 양산하였다: 레드 콤플렉스, 간첩 누명, 억울한 옥살이와 고문, 해직과 해고.

2) 문화적 이유

• 한국사회는 독특한 집단주의 정서 때문에 개인주의가 억압되어 왔다1): 한국사회의 집단문화는 패거리 문화를 만들었으며, 유교적 서열구조는 라인과 계파를 중시하는 문화를 형성했다.

• 단일민족을 강조하는 사회적 경향으로 우리 안의 타자를 배제하는 다인종 사회를 거부하는 경향이 있다. 한반도의 지정학적, 정치적 요인으

1) 한국사회는 타인의 시선과 남이 나에게 뭐라고 하는지를 유달리 의식하며 살아야 하는 '집단 따돌림' 사회이다. 심각하게는 개인의 가치관과 개인의 자유로운 선택을 집단 폭력으로 말살하는 집단광기가 발동하는 사회이다. 이혼자, 혼기가 지난 여성, 동성애자 등에 대한 우리 사회의 인식이 그런 사례에 속한다.

로 인해 다종다양한 문화의 유입과 상호교류가 비교적 제한된 측면도 있다. 이것은 다양성에 대한 학습의 빈곤을 초래한다.

• 최근 우리 사회는 정치적, 사상적, 도덕적 획일성을 탈피하여 다원적 가치와 신념과 의견에 있어서 다양성을 존중하는 분위기, 즉 다원주의가 새로운 흐름으로 대두되고 있다.

• 반면 이러한 종교적 다원성, 정치적 다원성다양한 진보정치의 등장, 도덕적 다원성비혼문화, 동성애, 낙태에 대한 반발과 저항도 활발하게 일어나고 있다.

• 이런 사회적 분위기와 다릴 최근 근본주의 기독교가 집단화, 세력화 형태로 등장하면서 혐오와 배제의 기독교의 측면을 사회 곳곳에서 보여주고 있다.

## 2. 관용이란 무엇인가

1) **관용**똘레랑스 tolerance: 종교적 차이에 대한 반감과 혐오교리와 교파적 차이, 타종교에 대한 배타성과 증오감, 정치적 관점특정한 정치적 신념, 도덕적 가치관동성애, 트랜스젠더: 성적 소수자, 양심의 자유와 선택양심적 병역 거부, 학문과 사상 등의 영역에서 개인과 타인의 신념과 의견, 주장과 관점을 폭력적으로 강요하지 않고 이성적인 토론과 설득을 통해 합의점을 찾아가며, 극단적인 대립을 지양하고, 각각의 차이와 다양성을 인정하고, 존중하며, 배려하는 태도를 말한다.

• **관용이란 다양성과 차이를 인정하고 존중하는 태도이다. 타자에 대한 배제가 아닌 인정, 공감, 환대가 주된 덕목이다.**

• 관용은 극단을 부정하고 '차이'를 긍정한다. 단일성oneness과 일치성unity보다 다양성manyness/plurality을, 보편성보다 개별과 개체성을, 전체주의나 획일주의 사고가 아니라 개인주의와 자유주의를 강조하는 흐름을 말한

다.

• **종교적 관용**은 자유주의 기독교로부터 시작한다. 신학적 자유주의는 정통주의 기독교처럼 전통 교리의 존중과 계승보다는 교리에 대한 합리적 사고와 지적인 자유와 정직성을 추구한다.이치에 맞지 않고, 이해가 되지 않는 교리를 억지로 믿을 수 없다 그리하여 신학과 교리의 전통을 의문시하고, 비판하는 기능에 역점을 둔다.

• **도덕적 관용**: 개인주의와 자유주의 정신에 입각한 사회와 개인은 어떤 사회와 공동체가 지켜온 전통적 도덕관념이나 집단화된 도덕이념을 존중하고 따르기보다 모든 도덕적 문제는 개인의 취향과 신념에 따라 선택의 자유를 허용해야 하고 그것을 존중해야 한다고 생각한다.


### 2) 관용과 불관용의 역사

관용은 주로 종교적 배타성과 불관용에 대한 반성으로부터 시작되었다.

• 성 바돌로매 축일의 대학살1572.8.24: 3천 명의 개신교도를 가톨릭교도들이 꼬챙이, 떨어뜨리기, 화형 등의 잔인한 방식으로 학살한 사건이 대표적이다.

• 로크John Locke와 영국의 관용령Toleration Act, 1689, 2)

• 볼테르: 광신의 수레바퀴를 멈추라. 공공의 질서와 안전을 해치지 않

---

2) "자신들의 교회만이 참 교회이다". 영국 국교회는 비국교회에 대한 종교박해를 시행하였다. 모든 성직자는 국교회의 기도서 사용을 의무해야 하는 통일령(1662) 불순응한 성직자를 성 바돌로의 날에 자신들의 교구에서 2천 명 이상을 추방함. 국교회 이외의 집회를 금지하는 집회금지령(1664) 비국교회 성직자는 자신들의 이전 목회지에서 5마일 이상 떨어져 살아야 한다는 5마일령(1665)을 발표. 국가의 종교개입을 당연시하는 종교정책. "사랑하라, 그리고 네 마음대로 하라"는 어거스틴 전통에 따라 이방인을 사랑하므로 강제로 개종시켜야 한다. 산앙문제에 대한 국가의 강력력을 동원한 개입을 정당화함. 여기서 독립파 교회와 재세례파 교회는 국가의 교회에 대한 어떠한 간섭도 해서는 안 된다는 사상을 지니고 있었다. 당시 교회는 자신들의 교회만이 참된 교회라는 사고가 강했으며, 국교회는 비국교회를, 청교도는 국교회를 참된 교회가 아니라고 생각했다.

는 한 다른 목소리에 귀 기울이라.
- 유대인 학살,Holocaust 보스니아 인종청소.

## 3. 기독교는 왜 관용적이지 않는가?: 기독교의 불관용intolerance

- 굳어진 신념체계를 신봉하는 종교인일수록 나와 상대를 '선'과 '악'으로 인식하고 상대방을 정죄, 타도의 대상으로 규정한다.
- 배타적인 종교집단은 나와 다른 타종교와 타교파에 대해 집단광기를 발휘하여 이것은 물리적 폭력으로 발전되는 경우가 자주 있다.종교분쟁과 종교전쟁: 단군상과 불상 훼손. 이슬람 포비아, 동성애 문제.
- 근본주의 기독교 집단이 보여주는 불관용은 종교적 측면과 정치적 측면, 도덕적 측면이 서로 연동되어 표출되는 경우가 빈번하다. 반공이데올로기애국적 기독교, 자유민주주의 수호무상급식을 시행하는 것조차 분배와 정의를 말하는 빨갱이요, 종북좌파라는 논리, 친미자본주의미국은 기독교국가이며, 자본주의야말로 기독교적 사회라는 논리, 반동성애와 반이슬람.

### 기독교의 불관용의 요인들
- **유일신 종교로서 기독교**는 처음부터 다양성을 포용할 신앙적 학습이 결여되어 있었으며, 대부분 타교파에 대한 배타성을 견지해 왔다. 왜냐하면, 기독교는 '참된 신은 유일하신 하나님 한 분뿐'이라는 유일신 신앙을 고백하는 것 때문에 언제나 반anti 다원적 특징을 띠어 왔다.

더구나 이그나티우스를 비롯한 교부들에 의해 '교회 밖에 구원이 없다,extra ecclesiam nulla salus'는 명제는 예수 그리스도 구원의 유일성에 이어 구원의 유일한 통로가 가톨릭교회임을 천명한 것이었다. 더 나아가 기독교가 보편적 세계종교가 되었을 때, 로마 가톨릭 교회는 '한 하나님-한 황제-한 교회-한 제국'이란 위계적이며 단일한 도식 아래 현실세계 안에 단 하나의 보편 교회catholic church로 자신을 규정했으며, 세계 전체를 기독교왕 국, 즉 크리스텐덤Christendom을 구축함으로써 기독교 외에 그 어떤 이질적 종교나 세계를 용납하지 않았다. 기독교의 유일성과 보편주의는 교회와 국가가 분리된 근대적 분화 이후에도 지속되었다. 그러므로 교회와 국가의 분리는 사실상 다원주의의 시발점이 되었다. 유일 종교로서 기독교는 비서구 세계에 대한 제국주의 선교를 통해 복음화라는 명분 아래 타민족의 종교와 문화를 약 탈하고 정복하는 십자군적 선교를 재현하였다. 그 외에도 기독교는 유대 인 문제에 대해 얼마나 반인종적 잔혹함을 보여주었던가? 유럽교회사에 서 얼마나 많은 종교전쟁, 이단정죄, 그리고 마녀사냥이 정통교회에 의해 정통교리의 이름 아래 자행되었던가?

• **기독교의 절대성**에 대한 사고 역시 기독교를 관용없는 종교로 이해하 게 만들었다. 기독교가 표방하는 신앙고백과 교리는 절대 불변하고, 불가 침의 영역으로 주입하였다. 그러나 사실은 모든 교리는 특정 시대와 교파 와 문화 속에 형성된 그들 기독교 사고에 따른 이해이기도 하다. 물론 여기 에 기독교 신앙이 공유해야 할 보편적 진리가 포함하고 있는 것도 사실이 다. 기독교 교리는 보편적 진리의 측면과 특정한 신학의 상대적 입장을 동 시에 함축하고 있다.

• 내가 속한 교파와 내가 경험한 신앙만이 절대 진리요 참된 진리라는 의식, 그리고 그렇게 믿도록 훈육된 결과 때문에 불관용 사고가 나온다. 그러나 성경은 참된 진리의 하나님 말씀이지만, 그 성경이 누구에 의해 읽 혀지는가, 누가 그 성경을 해석하는가에 따라 다르게 이해된다. 여성의 눈 으로 읽는 성경은 남성의 눈으로 읽는 성경과 다르며, 가난한 자의 눈으로 읽는 성경은 부자의 눈으로 읽는 성경과 전혀 다르게 읽혀진다. 여기에 이 미 성경읽기에 다양성이 내포될 수밖에 없다. 물론 우리는 역사적 기독교

회의 공통 유산과 그 기반 위에 성경을 읽고, 교리를 가르쳐야 한다.

## 4. 관용의 종교로 나아가기 위한 덕목으로서 다원주의

### 1. '오직의 기독교'에 대한 도전으로서 다원주의

#### 1) 오직의 기독교의 신앙고백적 측면

기독교의 독특성은 '오직 예수'를 부르짖는 데서 나타난다고 할 수 있고, 기독교의 배타성의 원인도 '오직' 기독교에서 기원한다. 기독교는 "오직 예수만이 구원의 길이다"를 천명한다. 대부분의 그리스도인들은 '오직 그리스도 안에서' 계시된 구원의 진리만이 유일한 구원의 방편이라고 믿는다. 오직 십자가만이 구원의 길이며, 따라서 다른 복음은 없다. 오직 그리스도만이 유일한 구원의 길이요, 유일한 복음이요, 하나님께 이르는 유일한 길이다.

> "내가 곧 길이요, 진리요, 생명이니 나로 말미암지 않고는 아버지께로 올 자가 없느니라."요 14:6

> "다른 이로서는 구원을 얻을 수 없나니 천하 인간에 구원을 얻을 만한 다른 이름을 우리에게 주신 일이 없음이니라."행4:12

그리스도인들은 예수 그리스도의 구원의 유일성을 고백한다. 그러나 그리스도를 통한 구원의 유일성을 고백하는 순간 기독교는 기독교의 절대성과 배타성이라는 프레임에 갇히게 된다.배타적이란 exclusive로서 '독점적인', '양립할 수 없는' 의미를 지닌다 그럼에도 불구하고 구원에 있어서 기독교의 유일성은 기독교의 신앙고백의 터로서 굳건하게 견지되고 있는 가치이자 이념이다. 이런 우리의 태도는 타종교로부터 기독교가 구원의 유일성과 독점주의를 배타적으로 움켜쥐고 있는 독선과 오만의 종교임을 보여주는 것이라고 비난받는다.

### 2) '오직의 기독교'의 사회적 실현

오직의 기독교는 신앙고백 안에서만 멈추지 않고, 현실세계 안에서 실현하고자 한다. 기독교가 특정한 사회에서 보편 종교로 자리잡은 후 기독교는 온 세상 위에 '오직 그리스도'가 통치하는 기독교세계를 꿈꾼다. 그리하여 기독교세계화의 정치적 실현은 기독교 근본주의 집단인 기독당의 형태로 나타나며, 그것의 학문적 실현은 기독교학문운동으로 나타나기도 하고, 세계관과 문화운동의 형태로는 기독교세계관운동으로 나타나며, 기독교화된 과학적 구현은 창조과학회 같은 형태로 나타난다. 이런 맥락에서 '하나님의 대학'이라는 한동대의 모토로, '하나님이 경영하시는 기업'이라든가, '하나님이 통치하시는 대한민국'이라는 형태로 등장한다. 이런 흐름은 모두 다원적 사회와 세속화된 세계 속에서 '오직의 기독교'라는 꿈의 실현을 의미한다. 그러나 이러한 기독교적 사회형성을 향한 비전은 오직 예수를 소망하는 기독교 독점주의christian monopolism 사고 없이는 실현 불가능하다.

### 2. 다원주의 사회에서 기독교사회는 불가능하다.

그러나 오직 주님이 통치하시는 '오직 기독교 사회'only christian society라든가, '오직 기독교 세계'only christian world에 대한 순진한 꿈과 사회적 비전은 근대 이후 다원화된 사회에서는 실현 불가능하며, 도리어 갈등을 유발할 가능성을 내포하고 있는 잘못된 기획이 된다.

근대세계는 분화의 세계다. 신앙과 이성의 분리를 시작으로, 종교와 과학의 분리, 교회와 국가의 분리를 통해 세속적으로 분화된 사회를 구축함으로써 다원주의 사회가 열리기 시작하였다. 더는 단일한 기독교사회라든가, 기독교세계는 불가능하게 되었으며, 기독교와 국가, 신앙과 과학의 일치란 존재할 수 없게 되었다. 그 실례로 선교사들에 의해 기독교정신과 가치에 의해 건립된 한국의 명문 기독사학은 왜 대부분 탈기독교적인, 세속적인 대학으로 변모했겠는가 자문해 보라! 국가의 기독교화나 기독교의 국가화는 그 어느 것도 실현 가능성도 없거니와 기독교적이지 않으며, 오히려 위험성을 내포하고 있다. 왜냐하면, 다원적 사회에 대한 반성 없이 기독교가 이 세상에서 유일 독점적 종교가 되려 할 때, 종교와 사회의 심각한 갈등을 유발하고, 평화를 위협하기 때문이다.

오직 기독교 사회의 여망과 달리 한국사회에서 개신교의 독주와 독점이 무너지고 있다. 점점 개신교는 주변부 종교로 밀려나고 있다: 지금은 교회 성장기도 아니며 호황기가 아니다. 교인감소, 전도의 어려움, 탈교회 신자들은 급격하게 증가하고 있다. 여기에 개신교 신자들의 자의식도 위축되어 가고 있는 상황에 처해 있다. 점점 우리 사회는 이교도적 사회요, 불신자들의 세계로 변모하고 있다.


### 3. 다원주의란 무엇인가?

• 다원주의란 실재가 하나one만이 아니라 여럿many이 있다고 사고하는 것이다. 다시 말해 다원주의란 실재를 하나로 규정하는 일원주의monism나 두 개의 대립으로 보는 이원주의dualism도 아니라, 다양성과 다름, 그리고 차이를 인정하고 그것을 전제하는 관점이다. 다원주의는 나주체와 다른 인식, 나와 상이한 관점을 주장하는 타자의 신념과 가치를 포용하는 관점이다. 그것은 타자에 대한 다름과 차이를 존중하고 인정하는 관용의 태도를

말한다.

그런데 다원주의는 곧 종교다원주의를 지칭하는 개념이 아니다. 다원주의에는 인식론적 다원주의, 도덕적 다원주의, 문화적 다원주의, 종교적 다원주의 등, 다양한 형태가 있으며, 종교다원주의는 그 일부의 개념일 뿐이다.

## 인식론적 다원주의/정치적 다원주의/인종적 다원주의/도덕적 다원주의/문화적 다원주의/종교적 다원주의

또한, 다원주의를 서술적 다원주의와 규범적 다원주의로 구분하여 이해할 필요가 있다.

• **서술적 다원주의**descriptive pluralism: 사물은 하나가 아니라 여럿이 존재한다는 것을 인식하는 것이다. 사회안에 다원적 현실이 존재한다고 말하는 것으로, 문화의 차이, 가치의 차이, 신념의 차이와 다름을 인정하는 첫번째 길은 서술적 다원주의를 받아들이는 데서 출발한다. 의료적 치료방법은 양방만이 아니라 한방도 있다는 것, 사회체제에는 자본주의만이 아니라 사회주의도 있으며, 제3의 사회체제가 있다는 것, 인종은 백인종만이 아니라 흑인종과 황인종도 있다는 것, 종교는 기독교만이 존재하는 것이 아니라 불교, 이슬람도 존재한다는 것을 인정하는 것이 서술적 다원주의다.

• **규범적 다원주의**normative pluralism: 다양성과 다원적 사실을 인정하는 것을 넘어서 그 다양성을 각각 규범적으로 받아들이는 것을 말한다. 만일 삶의 형태로서 '결혼 후 동거'만이 아니라 '결혼 전 동거'와 같이 복수의 삶의 방식이 있다는 사실을 인정하는 차원을 넘어 혼전 동거도 잘못된 삶의 방식이라고 인정한다면, 규범적 다원주의가 된다. 기독교외에 다른 종교,

다른 신, 다른 구원의 길이 있다는 종교의 다양성을 인정하는 차원을 넘어 다양하게 존재하는 각각의 종교는 그 나름대로 참된 종교라고 인정한다면, 규범적 다원주의가 된다.

## 4. 기독교와 다원주의

• 기독교적 의미에서 다원주의란 '오직 기독교세계'라든가, 기독교적인 삶의 방식, 기독교문화, 기독교 가치, 기독교적 신념만이 존재하는 것이 아니라 기독교와 다른 세계, 즉 비기독교세계가 존재하며, 기독교와 다른 종교, 신념, 문화가 존재하며 그 다름과 차이, 다양성을 인정하고 존중되어야 한다는 관점이다.

**• 기독교 신앙 속에 존재하는 다원주의**

기독교 신관은 유일신론이라기보다 삼위일체 하나님을 고백한다. 기독교 신관에는 한 분 하나님에 대한 고백을 넘어 하나님, 예수 그리스도, 성령이라는 삼위일체 하나님을 처음부터 고백하였다. 삼위일체 신앙은 그 자체안에 이미 다양성과 다원성의 의미를 풍부하게 담고 있다. 그런 점에서 기독교 신앙은 처음부터 다원적pluralistic이다.

구약성경에는 다원주의를 풍부하게 담고 있다. 물론 유대교 신앙은 유일신 하나님을 고백하며, 하나님 외에 다른 신을 숭배하지 말아야 한다는 모노 야훼이즘mono Yaheism 사상이 강렬하게 깔려 있다. 그러나 요셉이 온 제사장의 딸과 결혼을 하거나, 구약의 사람들의 제단은 이방종교의 제단이었던 상수리나무에서 이루어졌다. 구약의 종교환경은 다신교 사회 속에서 유일신 신앙을 고백하는 흐름 속에 있었다.

**• 복음서의 예수님은 당대의 죄인과 세리, 수치스러운 여인들에게 지극히 관용적이었으며, 인간적인 면모를 보여주셨다.** 예수와 가까이 접촉했던

사람들은 대부분 사회에서 배척된 사람들이었다.

예수는 타종교의 구역인 수가성을 배제하지 않고 의도적으로 그곳을 거쳐 전도활동을 하셨을 정도로 관용의 선교사였다. "우리를 반대하지 않는 자는 우리를 위하는 자니라"라는 발언은 예수의 관용 태도를 분명하게 보여준다. 원시기독교는 유대기독교와 헬라 기독교가 공존하고 있었으며, 최초의 선교는 유대기독교에서 이방 기독교로의 전환, 즉 배타성에서 관용의 선교로 전환함으로써 시작되었다.<sup>행 11장</sup>

### 한국기독교에서 다원주의 문제의 등장

**강의석 사태**: 기독교 이념으로 설립된 미션스쿨 대광고 학생이었던 강의석은 의무적으로 규정된 채플 참석에 반기를 들고 예배 선택권을 주장한 사건이다. 이 사건은 기독교이념에 의해 설립된 학교에서조차 '기독교 일원주의'가 관철되기 어렵다는 것을 보여준 사건이었다. "종교의 자유와 관련해, 건학이념에 맞는 '종교교육의 자유'와 '종교선택의 자유'가 충돌했던 사건이었다. 결국, 법원의 판단은 학생의 선택이 더 중요하다는 것이었다. 기독교 학교의 설립 목적 달성이 제한받게 된 것이다. 이는 학생 강제 배정, 곧 평준화에 따른 결과였다. 그러므로 기독교 학교가 건학이념을 충실히 구현하기 위해선 학생들에게 학교선택권을 확실하게 부여해야 한다."3) 결국, 이 문제는 진보성향의 교육당국이 자율형사립고를 억제하고 공교육의 활성화를 꾀하는 과정에서 학생의 채플참석을 자유선택적으로 자율화해야 하는 <sup>종교</sup> 다원적 사회현상의 출현을 알리는 상징적 사건이었다.

**양심적 병역거부운동**: 개인의 종교적 신념과 가치를 국가질서 안으로 통제하려는 국가주의와 군사주의에 대한 항의이다. 이 운동은 개신교 비

---

3) https://www.christiantoday.co.kr/news/323765

주류, 특히 재세례파나 제칠일 안식일교회와 같은 마이너리티 기독교에서
터져 나왔다. 주류 기독교는 국가교회적으로, 혹은 국가신학state theology에
길들여진 것과 달리 평화주의 입장에서 각 개인의 종교적 신념에 따른 자
율선택적 행동이었다.4) 결국, 병영국가로 불리울 수 있는 대한민국에서
군복무의 다양성을 법적으로 인정받게 되어 양심적 병역거부자들의 선택
권이 보장받게 되었다.

### 5. 타종교에 대한 기독교인들의 태도는 어떠해야 하는가?

#### 1. 다종교 사회에서 공격적 선교방식에 대한 반성이 필요하다.

근본주의적 보수기독교는 타종교에 대한 무례한 태도, 공격적인 선교
방식을 반성하고 좀 더 예의바른 선교방식이 필요하다. 선교를 마치 십자
군적 선교방법으로, 전투적이며, 정복적 방식으로 일방적으로 전개해왔
던 개종 중심의 선교에 대해 반성이 필요하다. 비기독교 세계의 모든 불신
자들과 그들의 전통문화를 정죄했던 시각에서 기독교 이전의 문화의 상태
를 '복음의 준비'로 이해하면서 긍정적으로 끌어내는 교화敎化 paideia의 선
교가 필요하다. 베반스와 슈뢰더의 선교유형론의 분류처럼,5) 종래의 **영혼
구원과 교회의 확장으로서 선교A유형**만이 아니라 **진리발견으로서 선교B유**
**형**, **역사의 변혁으로서 선교C유형**에 대한 이해가 필요하다. 따라서 개신교
선교방식은 전투적, 공격적 선교에서 대화적 선교로, 타종교에 대한 전복
과 침투와 점유의 선교가 아니라 공존의 선교로, 그리고 행동주의적 선교
방식과 강요된 전도방식강권하여 데려다가 내 집을 채우라 눅 14:23에서 생활방식으

---

4) 국가교회적 현상은 일제시대의 교회지도자들의 신사참배, 박정희 추모예배, 일부 교회에서
   예배당내 국기 계양 관습도 이에 해당한다고 볼 수 있다.

5) Stephen B. Bevans, Roger P. Schroeder, 『예언자적 대화의 선교』, (서울: 크리스천헤럴드,
   2007), 107-177.

로서 존재의 선교가 필요하다.

## 2. 타종교를 일반은총의 산물로 인정해야 한다.

칼빈은 하나님께서 인류의 마음 속에 '종교의 씨앗'*semen religionis*과 '신성의 감지력'*sensus divinitatis*을 심어 놓았다고 말한다. 타종교도 다양한 종교적 형태를 통하여 종교성을 부분적으로나마 실현하고 있다고 생각하였다. 그리하여 종교도 마찬가지로 불신자와 자연인에게 주시는 햇빛과 단비와 같은 일반은총의 하나로 간주하였다.

네덜란드 개혁신학자 헤르만 바빙크는 일반 종교에서도 성령의 역사와 일반은총이 관찰되고 있으며, 종교의 창시자들은 사기꾼이나 사탄의 도구가 아니라, 자기들의 시대와 민족을 위해서 소명을 성취하고 백성들의 생활에 좋은 영향을 행사한 사람들이라고 평가하였다. 비록 종교에는 오류가 뒤섞여있지만, 인간에게 종교적 요구들을 만족시키고 인간의 고통에 위로를 제공하였으며, 종교 안에 깃들어 있는 신개념, 죄의식, 구원에 대한 약속, 희생, 제사, 성전, 의식, 기도 등 기독교에서 보여지는 것과 마찬가지로 발견된다고 말한다.

물론, 그러나 우리는 일반은총과 특별은총의 영역을 분명히 구별하여야 한다. 타종교에도 일반은총이 발견되지만, 그것은 종교성이라는 보편적 본성의 추구를 의미하는 것이지, 결코 구원을 보장하지는 않는다. 구원은 자연종교에서는 성취할 수 없는 특별은총의 결과이기 때문에, 다른 종교에 구원이 있다고 말할 수는 없다. 그럼에도 불구하고 그리스도인들은 다른 종교 안에서도 하나님의 은총과 성령의 역사를 감지할 수 있는 넓은 마음이 필요하다. 적어도 종교인들은 영원을 사모하고 하나님의 형상으로 창조된 인간의 본성을 거스르지 않으려고 노력하며, 아무렇게나 살아도 된다고 생각하는 무법한 사람들은 아니다. 실로, 죄인이 이와 같은 절제력을 가질 수 있는 것도 하나님의 일반은총의 결과라고 보아야 한다.

### 3. 타종교의 종교적 가치를 인정해야 한다.

기독교인들은 다른 종교의 종교적 가치를 인정하는 것이 필요하다. 기독교 진리가 절대적이며, 모든 사람들이 믿어야 할 진리인 만큼 타종교도 일반적인 의미의 진리를 보유하고 있다고 말할 수 있다. 예를 들어 금강경이나 다른 종교의 경전에는 인간의 삶의 방향을 안내하는 일반적인 진리의 가르침을 담고 있다. 우리는 타종교에도 구원의 길이 있다고 믿지 않지만, 적어도 타종교인들의 종교적 주장에 대해 진지하게 귀를 열고 대화할 수 있어야 한다. 무엇보다 타종교인들의 종교적 수행을 비하하거나 경멸하지 않아야 한다. 그들의 종교적 수행을 보면서 그것의 진정성을 인정해야 하며, 오히려 배우는 자세가 필요하다.6)

또한, 기독교의 진리가 모든 사람들이 믿어야 할 진리라고 주장한다면, 타종교도 적어도 종교적 진리를 간직하고 있다고 생각할 수 있다. 여기서 종교적 진리는 종교적 차원의 일반적 진리를 의미하는 것이며, 구원의 진리를 의미하지 않는다. 타종교가 여러 종교의 하나로서 상대화되듯이 기독교 역시 자기 상대화가 필요하다. 그러므로 우리가 타종교에도 구원의 길이 있다고 믿지는 않지만, 적어도 그들은 자기 종교에 구원의 길이 있다고 진지하게 믿는다는 것을 수용해야 한다.

---

6) 예를 들어, 불교의 스님들이 정기적으로 행하고 있는 동안거(冬安居)와 하안거(夏安居) 수행이나, 이슬람인들이 지키고 있는 음식 규칙에 대한 것을 생각할 수 있다.

## 6. 종교 간 대화의 3가지 틀: 배타주의-포용주의-다원주의

### 1. 배타주의(exclucivism)

배타주의에 따르면, 기독교만이 구원에 이르는 유일한 구원종교이다. 그리스도만이 하나님께 도달하는 유일하고도 궁극적 길이다. 모든 종교는 하나님께 도달하는 하나의 가능성이 아니다. 기독교를 제외한 타종교는 하나님께 대한 반역이요, 불순종이다. 배타주는 기독교와 타종교를 참-거짓의 도식으로, 기독교는 참된 종교이고 타종교는 거짓 종교라고 말한다. 또한, 기독교와 타종교를 구원종교 vs 비구원 종교의 관점에서 기독교는 구원의 종교요, 영생의 종교인 데 비해, 타종교는 심판과 멸망의 대상이요, 우상숭배라고 간주한다.

**실례: 근본주의 기독교, 대다수 보수기독교**

### 2. 포괄주의(inclucivism)

포괄주의는 기독교와 타종교에도 일반적인 차원의 구원의 진리가 있다고 인정한다. 다시 말해 다른 종교도 그들 나름대로 구원의 진리를 말하고 있다고 말한다. 그러나 포괄주의에 따르면, 타종교에도 **일반적인 구원의 진리**가 있으나 기독교에는 **참된 구원의 진리**를 보유하고 있다. 기독교는 역사 속에 존재했던 모든 종교 가운데 가장 우월하고, 고등한 종교다. 모든 종교는 예수 그리스도 안에 있는 기독교를 통해 구원이 궁극적으로 발전-완성된다. 따라서 모든 종교를 그리스도를 통한 구원을 가져오는 기독교 안에서 수렴된다. 기독교는 모든 종교의 수렴점이다. 포괄주의는 **발전-완성모델**이라고 부를 수 있는데, 여기에 대해, 다원주의는 포괄주의가 여전히 기독교 우월주의를 포기하지 않고 있다는 점에서 배타주의의 또 다른 형태로 비판하고 있으며, 배타주의는 포용주의를 사실상 타종교를 인정한다는 점에서 또 다른 다원주의라고 비판한다.

**실례: 한스 큉, 칼 라너를 비롯한 가톨릭교회, 상대적으로 진보적 성향의 개신교**

### 3. 다원주의(pluralism)

다원주의에 의하면, 기독교만이 유일한 구원 종교가 아니다. 타종교에도 기독교와 동일하게 구원이 있다. 다원주의는 이 세계에는 기독교 외에 불교, 이슬람, 유대교, 흰두교 등 다양한 종교가 있으며 그 종교들은 그들 나름의 일반적인 진리를 지니고 있다는 정도를 넘어서 모든 종교는 각각 저마다 기독교와 동등한 구원이 있다고 말한다. 종교다원주의자 존 힉에 따르면, 칸트의 물자체에 근거하여, 책상이라는 물자체는 하나지만, 인간은 현상Erscheinung으로 경험된 책상을 인식할 뿐이다. 신은 하나인데, 인간은 각자의 문화적 입각점에 따라 신을 다르게 경험하며, 그렇게 하여 나타난 것이 종교이다. 예를 들어 황하 지역에는 자연과 어울리는 신이 발달하여 음양오행의 신과 천天사상이 발달했으며, 유목민들에게는 정복적이고 전투적인 신이 발달하여 알라와 야훼가 발생했다. 신은 문화적 상황에 따라서 다른 이름을 가지고 나타났을 뿐, 본래는 하나이다. 산에 이르는 길은 많지만, 정상은 하나이듯 종교는 저마다 다른 신과 구원을 표현하지만, 그 지시점은 하나이다.정상이론 summit theory 힉은 신중심적 다원주의를 포방하는 데, 여기서 말하는 신은 반드시 기독교가 말하는 신이 아니라 '궁극적 실재'로서 신을 말한다. 궁극적 실재는 하나지만, 그것이 나타나는 현상은 여러 가지이다.

## 실례: 폴 니터, 존 힉, 길희성, 상당히 진보적인 기독교

### 종교다원주의에 관한 논쟁적 주제

#### 1. 익명의 그리스도인(anonymous christian)

칼 라너Karl Rahner에 의하면, 비록 그리스도를 고백하지 않더라도, 따라서 타종교인이라 해도, 즉 불교도라고 하더라도 그가 선을 행하고 있다면 익명의 그리스도인이라고 부를 수 있다. 익명의 그리스도인의 신학적 근거는 모든 인간은 초월적인 은총에 대해 개방되어 있으며, 자신이 의식하지 않고 있다 하더라도 이미 그를 기독교인이라고 말할 수 있다. 이것은 교회 밖의 구원 가능성을 말하지만, 결국은 그리스도의 구원을 의도한다. 이에 대한 반론은 그렇다면 선행을 실천하며 살아가는 사람들을 '익명의 불교도인'이라고 부른다면, 기독교 진영에서 이를 동의하겠는가 하는 반론을 제기하기도 한다.

#### 2. 그리스도 중심의 포괄주의

그리스도 중심의 포괄주의에 따르면, 기독교가 교회 중심주의를 벗어나야 하며, 교회 밖에도 구원의 가능성이 있다는 것, 그리고 타종교에도 구원이 있다는 것을 부정할 필요가 없다고 주장한다. 그러므로 기독교 밖에는 구원이 없다는 교리는 '신학적인 천동설'에 지나지 않는다. 지금까지 기독교는 여러 종교가운데 우주의 중심이고, 타종교는 그 둘레를 돌고 있다고 생각했다. 코페르니쿠스가 지구가 아니라 태양이 우주의 중심이고, 지구도 태양 주위를 돌고 있다고 말한 것처럼, 우리는 종교의 우주는 기독교도, 타종교도 아니고, 신을 중심으로 돌고 있다는 것을 승인해야 한다고 말한다. 그러나 이 입장은 다원주의를 말하면서도 그리스도의 종국성

finality을 말하고 있다.

폴 니터Paul Knitter는 예수의 유일성을 배타적, 포괄적, 관계적으로 분류하면서 관계적 유일성을 견지한다. 구원의 여러 길을 말할 뿐 아니라 하나의 규범을 포기하지도 열어 놓지도 않는다.

## 7. 관용과 다원주의에 근거한 종교간의 대화, 문제는 없는가?

### 1. 다원주의에 대한 균형잡힌 관점이 필요하다.

**관용과 다원주의는 타종교에 배타적인 기독교에게 필수적인 개념이지만, 타종교에 대한 기독교 자신의 정체성과 특수성의 관점에서는 비판적 접근이 필요하다.**

한국 교회는 종교적이든, 윤리적이든, 문화적이든 모든 종류의 다름과 차이를 인정하고 존중하는 관용의 정신과 다원주의 사고가 요구된다. 그러나 여기서 주의해야 할 것은 다원주의라 하여 본인이 따르고 있는 기독교적 윤리관과 종교관마저 포기해야 하는 투항은 아니라는 것이다. 타자에 대한 관용과 다원주의 사고는 사회안에 기독교인만이 아니라 불교, 유교, 이슬람교, 무신론자도 공존하고 있음을 인식하는 것, 다시 말해 최소한 '다원주의적 사실'만큼은 받아들여야 한다는 것이다. 다원주의적 삶의 태도란 우리의 가치관과 종교적 정체성을 견지하면서도 다른 사람들과의 평화로운 공존이 가능한 상호인정의 틀을 만드는 것이다. 따라서 타종교에 열린 자세란 자신의 신앙 정체성을 송두리째 단념하는 것이 아니라 타자들의 사고와 삶의 방식, 그들의 종교관을 인정하고 대화하려는 소통의 태도를 의미한다.

따라서 예수 그리스도의 구원의 유일성이라든가 기독교적 가치와 신념을 포기하는 허무주의적 태도만이 다원주의로 가는 귀착점이라는 생각은 판단중지가 필요하다. 다원주의 사회에서는 누구든지 각자의 신앙적 확신을 절대적 신념체계로 신봉할 수 있고, 그것을 다른 사람에게 변증과 설득을 통해 전달할 수 있다. 그것이 다원주의의 본래 정신과 일치한다. 다원주의라 하여 기독교적 특수주의particularism를 포기해야 한다면, 그것이야말로 다원주의가 아니다. 왜 타종교에 대한 기독교의 배타적 태도는 변화가 필요하며, 기독교는 더 관용적이어야 하고, 다원주의적이어야 한다고 말하면서, 기독교인들이 자신의 신앙 확신과 교리적 신념에 대해서는 다른 종교 앞에서나 공공에서 그것을 표명하는 것은 허용되지 않아야 하는가? 자신의 신념체계와 고유한 정체성마저 포기하라는 다원주의는 자신이 붙들고 있는 가치관과 윤리의식, 그리고 종교적 특수성을 고려하지 않는 또 다른 의미의 불관용이며 배타주의라고 할 수 있다. 따라서 참된 다원주의는 그것이 종교적, 윤리적 신념체계이든 여하한 특수성particularity과 정체성identity의 자포자기가 아니라 오히려 그것의 상호인정과 존중이어야 한다. 따라서 기독교 비판이 최고조에 다다른 지금 기독교가 타종교를 향해 자행되어 온 패권주의적 행위도 비판해야 하겠지만, 기독교인들 스스로 기독교를 향한 자해적인 공격으로부터도 정당한 변호가 필요하다고 생각한다.

### 2. 모든 관용은 절대선인가?

**관용과 다원주의는 공론장에서 기독교 진리와 가치에 대한 분명한 신념과 확신있는 의사표시를 주저하거나 단념하게 만드는 역기능도 내포하고 있다.**

타자와 타종교에 대한 기독교의 불관용의 행태는 분명 뼈아픈 자성이 필요하다. 관용은 다원주의 시대를 살아가는 기독교인들에게 필수적인 덕목이기 때문이다. 그러나 관용만이 최고선이 아니며, 전능한 해결사는 아니다. 예컨대 인간을 신의 제물로 바치는 야만적 종교행위를 다원주의와 관용이라는 이름으로 용인할 수 없을 것이다. 성경해석의 다원성을 빌미로 하면서 이방민족을 진멸하라는 특정한 성경기사를 이민족의 학살을 정당화하는 도구로 사용할 수 없다. 다원주의적 가치와 신념에도 불구하고 인류사회가 지향해야 할 보편적 규범이 제시되어야 한다.

더 중요한 것은 관용만이 절대선이라고 할 때, 지금 유럽의 기독교 정서에서 나타나고 있는 것처럼, 기독교적 정체성과 독특성을 관용과 다원주의라는 이유로 교회의 고백적 목소리를 신념있게 표명하지 못할 경우, 교회가 세상 속에서 복음의 증거를 스스로 위축시키며, 결국, 교회는 세속사회 속에서 어떠한 신앙고백과 기독교적 신념을 표명하지 못하는 역설적 결과를 초래할 수 있다. 이렇게 될 때, 기독교가 자신들의 신념과 주장, 그리고 확신을 말하는 것 자체를 타자에 대한 폭력이라고 간주될 위험도 있을 것이다. 이는 타자에 대한 환대가 언제나 무조건적이고, 무제한의 환대가 아니라 '원칙있는 환대'가 되어야 하는 것과 마찬가지이다. 타종교에 대한 기독교인의 관용은 기독교적 전제없는 무제한적 관용이 아니라 예수 그리스도에 대한 우리의 신앙과 가치에 토대를 둔 분별력있는 관용이 되어야 한다. 다원주의 시대를 맞이한 교회의 고민은 더욱 복잡한 상황을 고려하면서 분별력있는 판단력과 지혜가 요청되고 있다.

기독교의 타종교에 대한 우월주의나 정복주의적 태도는 비난받아야 하지만, 관용의 태도가 모든 종교간의 문제를 해결할 수 있는 것처럼 관용을 절대적인 행위의 원칙으로 접근할 때, 초래될 역기능에 대해서 진지한 숙고가 필요하다. 종교적 다원주의가 다종교사회 안에서 기독교와 타종교 사이의 대화와 학습의 수준을 넘어서 다원주의라는 원칙을 가지고 기독교의 정체성을 말살하거나 기독교 해체주의로 간다면 이 지점에서 무엇인가 분별력이 요청된다. 당연히 교회의 불관용과 다원적 상황을 고려하지 않고 처신하는 발언과 행태들을 비판할 필요가 있지만, 지나친 새디즘적자 기학대 기독교 비판이 궁극적으로 어디로 향하고 있는지 생각해 보아야 한다. 기독교 신앙에 대한 우리의 변호는 기독교 우월주의에서 비롯된 변호가 아니라 기독교에 대한 존중과 보호에서 그리스도의 유일성과 특이성이 지켜져야 한다.

## 기독교의 종교간 대화의 입장은 배타성의 문제가 아니라 독특성의 문제다

### 기독교 신앙고백과 진리 주장을 표명하는 것이 꼭 배타적 기독교인가?: 배타성의 오해

• **배타성은 불가피하다**: 국가 간의 경계설정에서 공동구역과 함께 배타적 구역이 있다. 개인의 소유권에 있어서 소유자에게 배타적 권리를 허용한다. 남편에게 결혼한 아내는 배타적 관계로 계약을 맺고 있다고 할 수 있다. 그러므로 관용이라는 이름으로 남편의 아내를, 또한, 아내의 남편을 구분 없이 공유해서는 안 되는 것 아닌가? 그렇다면 배타적인 구역과 배타적인 소유권, 배타적인 관계를 주장하는 것을 불관용의 태도라고 단정할 수 없는 것이다. 마찬가지로 기독교의 진리주장을 표명하고, 복음의 선포를 통해 참된 구원의 길을 주장하는 것조차 모두 독선이며 아집이라고 치부될 수 없는 것이다.

• 향후 한국교회는 근본주의 기독교의 편협성과 배타성에 대한 비판으로 점점 관용의 기독교똘레랑스 기독교가 긍정적으로 부상하게 될 것이다. 이때 기독교적 확신을 설교하는 것과 기독교적 진리를 공적으로 선포하는 것이 어려워질 수 있다. 왜냐하면, 세상을 향한 복음선포와 기독교적 진리

주장을 표명하는 것을 죄다 근본주의 기독교와 유사한 배타적인 행태로 취급하면서 기독교 내부 진영 안에서 조차, 그리고 우리 사회의 공공의 공간에서 기독교적 확신과 신념을 설파하는 행위를 철회하거나 양보해야 한다는 분위기가 팽배하게 될 것이다.

그런 의미에서 관용과 다원주의 사고 안에 양면성이 존재한다.

• 관용과 다원성의 미덕은 기독교의 타자와 타종교에 대한 배타성과 일방성, 공격적 태도를 교정하고, 공감과 소통으로 접근해야 한다는 긍정적 측면이 있다.

• 그러나 관용과 다원주의가 지닌 역기능의 측면은 기독교 신앙의 독특성과 교리적 확신을 분명하게 표명하지 못하면서 의식적으로든 무의식적으로든 기독교 진리의 기반을 약화시키는 부정적 결과를 초래할 수 있다. 결국, 그것은 기독교 내부에서 스스로 무장해제를 요구하는 '해체적' 기독교로 흐를 경향이 등장할 수 있다.

• 따라서 관용의 기독교는 항상 절대 선인가에 대해 냉정하게 논의할 필요가 있다. 관용은 교회에 역기능적 결과를 가져올 가능성을 배제할 수 없다.

## 8. 왜 종교간의 대화가 어려운가?: 종교간 대화의 걸림돌

### 1. 기독교의 근본 전제로서 기독교의 절대성

일반적인 의미의 기독교, 특히 보수기독교에게 종교간 대화란 근본적으로 어려운 문제 정도가 아니라, 거의 불가능한 문제라 할 수 있다. 기독교인들이 갖는 신학적 전제의 하나는 기독교는 절대 진리이며 유일한 구원 종교라는 것인데, 이것은 대화와 토론의 문제가 아니라 이미 명료한 진리로 전제된 것으로 불변의 교리이자 절대 규범과 같은 것이다. 기독교의 절대성과 타종교의 비진리성은 이미 전제된 사항이라면 무슨 대화가 가능하겠는가? 한스 큉은 기독교가 취한 타종교에 대한 입장을 다음과 같이 언급한 바 있다.

> "예수 그리스도 때문에 그리스도교는 자기 자신을 모든 사람들을 위하여 의도된 절대적 종교, 즉 자기 자신 외에 다른 종교들은 동일한 권리로 인정할 수 없는 종교로 이해한다. … 이러한 다원주의는 다른 그 어느 종교보다도 그리스도교에 대해 위협이 되고 있으며, 또 더욱 큰 불행의 원인이 되고 있다. 왜냐하면, 다른 어떤 종교도 그리스도교가 하듯이 —이슬람조차도— 자신이야말로 참 종교요, 살아있는 신의 유일의 타당한 진리라고 절대적으로 주장하지는 않기 때문이다. 그러므로 현재까지도 지속되고 있고, 때때로 그리고 2000년이 지난 현재까지도 적대적 관계에 있는 종교들 사이에서 다원주의를 말한다는 것은 그리스도교에 대한 최대의 모욕이요, 그리스도교를 가장 화나게 만드는 일이다."

우리가 여기서 확인할 수 있는 것은, 보수기독교가 종교간 대화에 절대불가의 원칙을 내세우면서 부정적인 태도를 밝히는 이유는 기독교의 절대성에 기인한다. 그럼, 왜 보수기독교는 기독교의 절대성과 구원의 유일성을 철저하게 신봉하는가?

1) 기독교가 유일한 구원의 종교요, 절대 진리라는 확고한 교리적 전제 때문이다. 이러한 기본전제로 인해 기독교는 참된 종교요, 다른 종교는 거짓된 종교라는 논리가 이미 설정되어 있다. 기독교와 다른 종교와 대화는 이미 기울어진 운동장에서 대화하는 형국이 된다

2) 한국의 보수기독교는 유럽 기독교처럼 근대 계몽기를 경험하지 않았다. 그들은 교리, 신앙고백, 그리고 신학을 수용함에 있어서 그것들이 역사적 맥락에서 형성되었다고 생각하지 않고, 성경문자주의처럼, 마치 하늘에서 떨어진 절대불변의 진리로 받아들였기 때문에 그 어떤 지적인 의심이나 성찰적 기회를 얻지 못했다. 전반적으로 한국교회는 기독교의 절대성에 대해서는 강한 자의식을 지녔지만, 기독교의 상대성에 관해서는 거의 사고할 기회가 전무했다.

3) 한국기독교는 다양성과 다원주의, 그리고 관용에 대한 이해가 거의 전무한 형편이다. 아직까지 한국기독교는 자신의 종교를 객관적으로 상대화하여 바라보는 지적 훈련을 거치지 않았다. 다양한 형태의 기독교 신앙과 신학과 소통이 결여된 환경 때문에 유럽의 기독교처럼 개방적인 기독교를 형성하지 못했다.

## 2. 타종교에 대한 포용적 사고가 아닌 배타적 사고 때문이다.

보수기독교는 종교일반 혹은 타종교를 가치중립적으로 바라보지 않는다. 보수기독교인들은 기독교만이 참된 종교이며, 타종교는 마땅히 배척되어야 할 종교라고 생각한다. 그들에게 다른 종교에도 최소한 일반적인 진리가 있으며, 더구나 타종교에는 **일반적인 구원의 길**이 있으며, 기독교는 모든 종교의 완성이며, 수렴점으로서 **특별한 구원의 길**이 있다는 포용주의inclucivism의 관점을 기대하기란 어려운 주문이다. 보수기독교인들은 거의 대부분 배타주의 입장에 서 있다. 그 어떤 종교도 하나님의 뜻에 역행하는 가증스러운 것이며, 멸망할 적그리스도와 같은 것이다. 이런 관점 때문에 극단적인 열성파 기독교인들은 법당 난입이나 불상훼손, 그리고 단군상 파괴 행위를 서슴지 않으며, 타종교에 대한 적대감과 증오감을 분출

한다.

3. 종교간 대화가 혼합주의와 다원주의로 흘러갈 것이라는 우려 때문이다.

보수기독교가 종교간 대화에 적극적이지 않은 이유는 타종교와 대화를 시작하는 순간 기독교의 절대성이라는 기본전제가 붕괴되거나 심각하게 약화된다고 생각하기 때문이다. 종교다원주의 도전 앞에서 보수기독교가 적극적으로 참여하지 않는 이유는 종교간의 대화나 다원주의에 대한 열린 태도가 필연적으로 기독교의 절대성을 부인하고 종국에는 종교혼합주의로 흘러갈 것이라는 염려 때문이다. 보수기독교는 석탄일에 개신교 목사나 천주교 신부가 사찰을 방문하여 축하 인사를 하거나, 성탄절에 스님이 교회와 성당을 방문하며, 종단 대표자 회의에서 함께 예배드리고 기도하는 장면에서 종교간의 갈등을 봉합하고 종교간의 공존을 시위하는 포용적 태도에 대해 안정감을 갖기보다, 그로 인해 기독교가 종교혼합주의로 흐를 것이란 위기감을 느끼며 불안감을 감추지 못한다. 그들은 종교다원주의는 기독교를 종교의 하나로 간주하게 될 것이며, 그것은 결국, 기독교의 절대성과 그리스도를 통한 구원의 유일성이 허물어질 것이라고 믿는다.

보수기독교가 다원주의를 거부하는 이유는 다원주의pluralism에 대한 모든 토론을 종교다원주의religious pluralism으로 간주하기 때문이다. 보수기독교가 지니고 있는 종교다원주의에 대한 부정적 시각이 다원주의 자체에 대해 부정적으로 결론짓는 것이다. 그러나 종교다원주의는 다양한 다원주의정치적 다원주의, 인종적 다원주의, 인식론적 다원주의 가운데 하나일 뿐이다. 보수기독교는 종교다원주의에도 다양한 관점이 있으며, 다양한 편차가 존재한다는 사실에 대해 분석적인 이해를 갖지 못하고 있다. 예를 들어 신중심적 종교다원주의나 그리스도중심적 종교다원주의 등에 관한 차이점이나 논의 쟁점에 대해 분명한 이해를 갖지 못하고 있다.

종교다원주의라는 주제는 보수기독교의 신학적 사고와 판단력에 심각한 영향을 미친다. 한국의 보수기독교계에서 민감하게 생각하는 신학적-사회윤리의 문제들, 예를 들어 WCC 찬반논쟁, 반공이데올로기, 동성애, 차별금지법 등의 모든 주제들이 종교다원주의와 연관이 있다고 단정한다. 그러므로 단선적 사고방식이 익숙해 있고, 자신이 속한 교단의 신학적 논리에 익숙한 보수기독교에게 종교간 대화와 종교다원주의를 논의한다는 것은 어려운 문제가 아닐 수 없다.

**종교간의 대화와 관용에 대한 구체적인 대안: 어떤 태도를 취할 것인가?**

1. 기독교인들을 향해 타종교에 대한 관용과 대화를 위해 당신들이 믿고 있는 기독교 신앙의 기본전제와 토대를 전부 내다 버리고, 타종교와의 대화에 임하라는 것은 불가능하며, 건설적인 방법이 아니다.

특히 기독교의 절대성과 구원의 유일성을 강력하게 붙들고 있는 보수기독교를 향해 그들의 교리적, 신앙적 전제를 포기하라는 것은 동의하기 어려운, 아니 불가능한 주문이다. 그러므로 우리는 종교간의 대화의 방법으로 교리적 배타성과 관계의 포용성을 제안하고자 한다. 기독교의 절대성과 교리적 배타성, 그리고 기독교 구원의 유일성은 붙들면서도 타종교와 대화와 관계형성은 유연하게 대처하는 방식을 모색해야 할 것이다. 물론 이것이 진정한 의미의 종교간의 대화인가 하는 문제는 별도의 사안이다. 따라서 보수기독교의 입장에서 종교간의 대화란 다음과 같은 내용일 것이다.

2. 교리적 배타성과 관계적 포용성을 구분하는 종교간의 대화
  - **교리적 배타성과 특이성은 붙들면서 타종교와 관계는 포용적으로**

## ■ 교리적 절대성은 견지하면서도 종교로서 기독교를 상대화하기

우리는 여기서 일반적인 기독교인들과 보수기독교에서 종교간의 대화에 취하는 몇 가지 입장을 세밀하게 분류할 필요가 있다.

첫째, 종교간의 대화에서 강한 보수적인 입장은 '단호한 배타주의' 입장이 있다. 이들은 기독교와 타종교를 참과 거짓의 도식으로 구분하며, 타종교를 심판과 멸망과 우상숭배로 단적으로 간주해 버린다.

둘째는, 종교간의 대화의 입장에 있어서 일반적인 기독교인들과 보수기독교에는 '적대적 배타주의자'가 있는가 하면, '포용적 대화론자'가 있다. 전자의 입장은 여하한 종교간의 대화라든가, 타종교를 기독교와 동등한 종교로 인정하거나, 그들의 종교적 진정성을 존중해야 한다는 그런 논리를 전적으로 반대하는 입장이다. 반면 후자의 입장, 즉 '포용적 대화론자'는 예수 그리스도를 통한 구원의 유일성을 고백하지만, 동시에 타종교에 대한 극단적인 혐오나 배제의 태도를 취하는 것에 대해서는 반대한다. 개신교의 종교간 대화의 물꼬는 후자의 입장을 중심으로 풀어가야 할 것이다. 여기서 중요한 문제는 기독교적 믿음과 신앙고백의 철저성의 문제와 종교간의 대화와 타종교에 대한 배려와 존중의 문제를 구분하자는 것이다.

마지막으로 점검할 문제는 종교간 대화에 적극적으로 임하는 국내 신학자나 기독교 진영이 정말 기독교로부터 타종교로 루비콘강을 건너갔는가 하는 점이다. 종교간 대화에 가장 선도적인 입장에 서 있는 신학자나 기독교 내의 대화적 그룹조차도 종교간 대화에서 목표로 하는 것이 무엇이냐 하는 것이다. 종교간 대화의 최종적 목표점이 기독교의 진리주장을 해체하고 타종교의 그것과 자신을 상대화하여 구원자 그리스도 중심성과 최종성finality을 포기하는 것이라면 이는 보수기독교만이 아니라 그것이 과연 에큐메니컬 진영 전체의 입장에서도 용인하기 불가능할 것이다.

다음의 측면에서 한국개신교 내에서 종교다원주의 문제는 실제 이상으로 왜곡된 인식이 가속되고 있다.

첫째, WCC와 종교대화주의자를 좌경, 종북, 종교혼합주의라고 극렬하게 반대하는 반에큐메니컬 보수기독교 진영에 의해 종교간 대화에 적극적인 한국기독교교회협의회와 진보 신학자들을 전부 종교다원주의자로 단죄해 왔다. 그러나 알고 보면 종교간 대화에 적극적인 신학자나 에큐메니컬 그룹의 스팩트럼은 실제로는 다원주의pluralism가 아니라 포용주의inclucivism 입장에 가깝다고 말하는 것이 객관적인 진실에 가깝다. 그들을 종교혼합주의라고 몰아가는 것은 실재 이상으로 확대된 측면이 강하다고 할 수 있다.

둘째, 과격한 종교간의 대화 반대론자들의 격렬한 주장과 달리 한국개신교 진영에서 종교간 대화에 가장 적극적인 편이라고 알려진 에큐메니컬 진영의 한국기독교교회협의회KNCC조차도 종교간의 대화의 수위는 어디까지나 타종교에 대한 관용의 입장이지 포용주의 입장을 넘어 종교 다원주의 입장까지 동의하는 것은 아니라고 판단한다.[7] 전체적으로 종교간 대화론자들은 대체로 포용주의에 가깝다고 규정할 수 있다.

**교리적 입장과 관계적 태도를 구분하여 대화할 수 있다.**

기독교와 타종교의 관계를 배타주의 입장에 서있는 기독교인이라 하여 모두 타종교를 극렬 혐오하거나 타종교 지역에 침투하여 법당이나 사원을 훼손하고 무례한 방식으로 포교를 하는 등, 공격적이고, 전투적 태도를

---

7) 변선환, 김경재, 손원영, 등 종교간 대화와 종교다원주의를 적극적으로 표명한 신학자들의 입장은 실재 이상으로 급진적으로 해석된 측면이 많다고 생각한다.

취하지는 않는다. 대부분의 보수기독교인들은 타종교에 대해 태생적으로 우호적인 태도를 취하는 것은 아니지만, 그렇다고 보수기독교인들이라 하여 타종교에 대한 무례한 행동을 서슴지 않고 전개하는 과격 극렬 기독교의 행동에 대해서는 포용적 배타주의자들도 결코 지지하지 않으며, 타종교에 대한 비상식적이며, 폭력적인 행위를 비난하는 입장이라고 본다. 더 나아가 타종교에 대해 포용적이고, 유연한 입장을 취하는 범상한 그리스도인들도 우리 사회에서 종교간의 평화와 공존을 원하지만, 그럼에도 불구하고 기본적으로는 넓은 의미의 배타주의 입장에 서 있다고 보아야 할 것이다.

### 타종교에 대한 존중과 배려의 사고

기독교적 사고안에 다원주의적 사고가 결핍되어 있는 것은 분명하다. 물론 이 문제는 비단 보수기독교만의 문제가 아니라 기독교 전체 안에 형성되어 있는 경향이라고 보아야 한다. 이러한 맥락에서 진리는 하나만이 아니라 여럿이라는 사고는 기독교적 사고방식에서 상당히 낯선 사고이다. 따라서 이 닫힌 사고의 개선을 위해 현실로서 다원주의서술적 다원주의 descriptive pluralism와 규범으로서 다원주의규범적 다원주의 normative pluralism를 구별하여 사고할 필요가 있다. 다시 말해 세계에는 하나의 실재만이 존재하지 않고 여럿이 공존하고 있다는 서술적 다원주의와 이를 전제로 그 여럿인 각각은 제각각 진리를 보유하고 있다는 규범적 다원주의를 구별하여 사고할 필요가 있다.

그동안 기독교와 타종교에 대한 태도는 참-거짓의 도식, 다시 말해 기독교는 참된 종교이고 타종교는 거짓종교이며, 혹은 기독교는 구원종교이고 타종교는 심판과 멸망의 대상인 우상숭배로서 비구원종교라는 도식으로 일관했다. 이 점은 간과되지 말아야 할 부분임에는 틀림없지만, 보수기독교인들도 타종교에 대한 인정의 자세가 필요하다. 무엇보다 보수기독교가 간과해서는 안 될 것은 종교에 대한 양면적 관점이 상존한다는 점을 인식할 필요가 있다. 이 점은 보수적 입장에 서있는 정통주의 기독교 안에서도 종교의 의미와 목적과 기능에 대해 긍정적인 관점을 분명하게 표명하고 있다는 점이다.